孙静琴 著

社区参与通论

**SHEQU
CANYU TONGLUN**

知识产权出版社
全国百佳图书出版单位
——北京——

图书在版编目（CIP）数据

社区参与通论/孙静琴著．—北京：知识产权出版社，2022.8
ISBN 978-7-5130-8259-4

Ⅰ.①社… Ⅱ.①孙… Ⅲ.①社区管理—研究—中国 Ⅳ.①D669.3

中国版本图书馆 CIP 数据核字（2022）第 134437 号

责任编辑：彭小华　　　　　　　　　　　责任校对：谷　洋
封面设计：张国仓　　　　　　　　　　　责任印制：孙婷婷

社区参与通论

孙静琴　著

出版发行：知识产权出版社 有限责任公司		网　　址：http://www.ipph.cn		
社　　址：北京市海淀区气象路50号院		邮　　编：100081		
责编电话：010-82000860 转 8115		责编邮箱：huapxh@sina.com		
发行电话：010-82000860 转 8101/8102		发行传真：010-82000893/82005070/82000270		
印　　刷：北京九州迅驰传媒文化有限公司		经　　销：新华书店、各大网上书店及相关专业书店		
开　　本：720mm×1000mm　1/16		印　　张：13.5		
版　　次：2022年8月第1版		印　　次：2022年8月第1次印刷		
字　　数：255千字		定　　价：88.00元		
ISBN 978-7-5130-8259-4				

出版权专有　侵权必究
如有印装质量问题，本社负责调换。

前　言

　　城乡基层社区，作为国家治理体系的基础环节，是国家与民众交互的基本界面，是社会治理的"最后一公里"。城市社区治理在建构国家政治形态和社会形态方面，与乡村治理有着同样重要的基础性意义。党的十九大报告指出，要"加强社区治理体系建设，推动社会治理重心向基层下移，发挥社会组织作用，实现政府治理和社会调节、居民自治良性互动"[1]。城乡基层社区成为社会治理的前沿和主阵地。城乡基层社区因其经济作用、政治地位和人口变动的特殊性，在国家治理体系和治理能力现代化的建设进程中具有极其重要的意义。

　　2004年，中国共产党十六届四中全会首次提出要"建立健全党委领导、政府负责、社会协同、公众参与的社会管理格局"[2]。2015年，中共十八届五中全会通过《中共中央关于制定国民经济和社会发展第十三个五年规划的建议》，提出"要加强和创新社会治理，推进社会治理精细化，构建全民共建共享的社会治理格局"[3]。2017年，中共十九大报告中强调，"坚持党对一切工作的领导"[4]，"加强社会治理制度建设，完善党委领导、政府负责、社会协同、公众参与、法治保障的社会治理体制""打造共建共治共享的社会治理格局"[5]。中共十九届四中全会强调"构建基层社会治理新格局"；"实现政府治理和社会调

---

[1]　习近平：《决胜全面建成小康社会　夺取新时代中国特色社会主义伟大胜利——在中国共产党第十九次全国代表大会上的报告》，人民出版社2017年版，第49页。
[2]　"中共中央关于加强党的执政能力建设的决定"，https://news.12371.cn/2015/03/12/ARTI1426130759097218_3.shtml，访问日期：2022年3月20日。
[3]　"中共中央关于制定国民经济和社会发展第十三个五年规划的建议"，http://www.rmzxb.com.cn/c/2015-11-03/613234_6.shtml，访问日期：2022年3月20日。
[4]　习近平：《决胜全面建成小康社会　夺取新时代中国特色社会主义伟大胜利——在中国共产党第十九次全国代表大会上的报告》，人民出版社2017年版，第20页。
[5]　习近平：《决胜全面建成小康社会　夺取新时代中国特色社会主义伟大胜利——在中国共产党第十九次全国代表大会上的报告》，人民出版社2017年版，第49页。

节、居民自治良性互动，夯实基层社会治理基础"①。2021年4月28日，中共中央、国务院颁布《关于加强基层治理体系和治理能力现代化建设的意见》，强调"加强基层治理体系和治理能力现代化建设"，指出"基层治理是国家治理的基石，统筹推进乡镇（街道）和城乡社区治理，是实现国家治理体系和治理能力现代化的基础工程"，要求"以加强基层政权建设和健全基层群众自治制度为重点"，"建立健全基层治理体制机制，推动政府治理同社会调节、居民自治良性互动，提高基层治理社会化、法治化、智能化、专业化水平"②。中共中央的战略部署，为今后社区建设和基层治理指明了方向。

参与是社区形成的核心机制，20世纪90年代以来，随着中国社区建设的启动，社区参与、居民自治成为社区建设研究的主要议题。社区参与是"政府治理同社会调节、居民自治良性互动"的实现机制，是社区建设和社区治理开展的基础，是提升基层治理效能的重要抓手。基层治理实践中，社区参与不足一直是理论界和实践界关注的重要议题。在"以加强基层政权建设和健全基层群众自治制度为重点"③的大背景下，研究社区参与问题，探讨推动社区参与的理论基础和实践路径，对于坚持以人民为中心，尊重和发挥人民群众的首创精神，推动基层治理迈向"社会化、法治化、智能化、专业化"的新阶段，具有现实意义和研究价值。由于笔者能力有限以及资料方面的缺失，本书主要以城市社区为例讲述社区参与问题，农村社区涉及较少，但是社区参与的理论基础和实践路径其实对于城市社区和农村社区是通用的。

---

① "中共中央关于坚持和完善中国特色社会主义制度 推进国家治理体系和治理能力现代化若干重大问题的决定"，载《十九大以来重要文献选编（中）》，中央文献出版社2019年版，第288页。
② 中共中央、国务院："关于加强基层治理体系和治理能力现代化建设的意见"http://www.gov.cn/zhengce/2021-07/11/content_5624201.htm，访问日期：2021年12月20日。
③ 中共中央、国务院："关于加强基层治理体系和治理能力现代化建设的意见"http://www.gov.cn/zhengce/2021-07/11/content_5624201.htm，访问日期：2021年12月20日。

目录 Contents

绪 论 ……………………………………………………………（ 1 ）
  一、社区 …………………………………………………………（ 1 ）
    （一）社区概念 …………………………………………………（ 2 ）
    （二）城市社区属性 ……………………………………………（ 5 ）
  二、社区参与 ……………………………………………………（ 7 ）
    （一）城市社区参与 ……………………………………………（ 8 ）
    （二）参与不足与"社区参与困境" ……………………………（ 11 ）

第一章 社区参与的基本概念与研究视角 ………………………（ 15 ）
 第一节 社区参与概念 ……………………………………………（ 15 ）
  一、概念由来 ……………………………………………………（ 15 ）
    （一）作为政治学范畴的"社区参与" ………………………（ 16 ）
    （二）作为社会学范畴的"社区参与" ………………………（ 19 ）
    （三）作为管理学范畴的"员工参与" ………………………（ 21 ）
  二、内涵界定 ……………………………………………………（ 23 ）
 第二节 社区参与研究视角 ………………………………………（ 24 ）
  一、国家与社会研究视角 ………………………………………（ 24 ）
  二、社会资本研究视角 …………………………………………（ 28 ）
  三、理性选择视角 ………………………………………………（ 31 ）
  四、社会治理视角 ………………………………………………（ 33 ）
  五、多中心治理视角 ……………………………………………（ 36 ）
 第三节 社区参与领域 ……………………………………………（ 39 ）
  一、社区管理与社区治理 ………………………………………（ 39 ）

二、社区参与旅游 …………………………………………（40）
　　三、健康领域与健康促进项目 …………………………………（43）

第二章　社区参与的基本场域与关键问题 ……………………（47）
第一节　社区与场域 ……………………………………………（47）
　　一、场域概念 ……………………………………………………（47）
　　二、社区作为场域 ………………………………………………（50）
　　三、公民参与场域 ………………………………………………（53）
第二节　社区参与的基本场域 …………………………………（54）
　　一、城市社区场域 ………………………………………………（54）
　　二、社区参与场域 ………………………………………………（56）
　　三、城市社区参与的关键问题 …………………………………（59）

第三章　社区参与的理论基础 ……………………………………（64）
第一节　参与性发展理论 ………………………………………（64）
　　一、参与性概念 …………………………………………………（64）
　　二、参与性发展的含义 …………………………………………（65）
　　三、参与性发展理论的基本内容 ………………………………（66）
第二节　参与式民主理论 ………………………………………（69）
　　一、公民参与理论 ………………………………………………（69）
　　（一）简要发展历史 ……………………………………………（69）
　　（二）卡罗尔·佩特曼的参与式民主的基本理论 ……………（71）
　　二、协商民主理论 ………………………………………………（71）
　　三、民主行政理论 ………………………………………………（73）
　　（一）多中心治理理论 …………………………………………（73）
　　（二）新公共服务理论 …………………………………………（74）
第三节　参与式治理理论 ………………………………………（77）
　　一、参与式治理的内涵 …………………………………………（77）
　　二、参与式治理的特征 …………………………………………（78）
　　三、参与式治理的模式 …………………………………………（79）
　　四、参与式治理在中国的实践 …………………………………（79）
　　五、社区的参与式治理 …………………………………………（82）

第四章 社区参与的实践形态与研究脉络 …………………………（86）
第一节 西方社区参与实践 ……………………………………………（86）
一、西方社区建设 ………………………………………………（86）
二、西方社区参与模式 …………………………………………（88）
第二节 中国社区参与实践 ……………………………………………（89）
一、中国城市社区建设 …………………………………………（89）
二、关于社区建设和社区治理的国家政策 ……………………（93）
三、中国城市社区治理实践 ……………………………………（97）
（一）党建引领 …………………………………………………（98）
（二）协同治理 …………………………………………………（105）
（三）社区服务 …………………………………………………（107）
（四）融合治理 …………………………………………………（111）
第三节 城市社区参与的研究脉络 ……………………………………（119）
一、实践起点 ……………………………………………………（119）
二、政策导向 ……………………………………………………（120）
三、现实驱动 ……………………………………………………（121）
四、理论研究 ……………………………………………………（123）

第五章 城市社区参与的理论逻辑与实践路径 …………………（127）
第一节 城市社区参与的基础 …………………………………………（127）
一、社区治理概念 ………………………………………………（127）
二、社区治理内容 ………………………………………………（129）
三、社区治理主体 ………………………………………………（130）
（一）社区党组织、社区政府 …………………………………（131）
（二）社区社会组织 ……………………………………………（131）
（三）社区居民 …………………………………………………（131）
四、社区参与主体 ………………………………………………（131）
第二节 城市社区参与的条件 …………………………………………（134）
一、城市社区参与的前提 ………………………………………（134）
（一）宏观层面与微观层面 ……………………………………（134）
（二）历史层面与现实层面 ……………………………………（135）

（三）体制层面和机制层面 …………………………………（136）
　　　（四）区域层面和个人层面 …………………………………（136）
　　二、城市社区参与的条件 ………………………………………（137）
　　　（一）社区公共事务 …………………………………………（137）
　　　（二）社区个体利益的实现 …………………………………（140）
　第三节　城市社区参与的动力机制 ………………………………（141）
　　一、动力机制分析 ………………………………………………（142）
　　　（一）宏观层面的分析 ………………………………………（142）
　　　（二）中观层面的分析 ………………………………………（142）
　　　（三）微观层面的分析 ………………………………………（144）
　　二、动力源分析 …………………………………………………（144）
　第四节　城市社区参与的实践路径 ………………………………（145）
　　一、党建引领：城市居民社区参与的引领路径 ………………（145）
　　二、"N社联动"：城市居民社区参与的基础路径 ……………（146）
　　三、志愿服务：城市居民社区参与的长效路径 ………………（148）
　　四、专业培育：城市居民社区参与的发展路径 ………………（150）
　　五、网络参与：城市居民社区参与的智慧路径 ………………（153）

第六章　社区自治与居民参与 …………………………………（159）
　第一节　社区自治的兴起 …………………………………………（159）
　　一、西方社区建设运动 …………………………………………（159）
　　二、中国社区自治实践 …………………………………………（161）
　第二节　社区自治的理论蕴涵 ……………………………………（167）
　　一、社区自治含义 ………………………………………………（167）
　　二、社区自治体系 ………………………………………………（168）
　　三、社区自治基础 ………………………………………………（170）
　　　（一）自治以参与为基础 ……………………………………（170）
　　　（二）参与以自治为目标 ……………………………………（170）
　第三节　社区自治实践机制 ………………………………………（171）
　　一、社区自治的实践属性 ………………………………………（171）
　　二、社区自治的实践机制 ………………………………………（173）
　　　（一）社区自组织机制 ………………………………………（173）

（二）居民制度化参与机制 …………………………………（173）
　　（三）社会工作专业服务机制 …………………………………（174）

第七章　社区参与主体性培育 …………………………………（176）
第一节　社区参与主体性研究 …………………………………（176）
　　一、主体性概念 …………………………………………………（176）
　　二、社区参与主体性 ……………………………………………（177）
　　（一）社区居民参与状况 ………………………………………（178）
　　（二）社区居民主体性分析 ……………………………………（179）
第二节　社区参与主体性培育 …………………………………（181）
　　一、一个简要调查研究 …………………………………………（182）
　　二、调查研究中相关问题的分析 ………………………………（185）
　　三、社区居民主体性培育机制 …………………………………（186）

结语　社区参与的新形式、新变化、新发展 …………………（188）
　　一、社区参与的新进展 …………………………………………（188）
　　（一）城市更新 …………………………………………………（188）
　　（二）城市社区更新 ……………………………………………（190）
　　二、社区参与的新变化 …………………………………………（191）
　　三、社区参与的新发展 …………………………………………（193）

参考文献 …………………………………………………………（197）

绪　论

"人民的生活有时空的坐落，这就是社区"①。当今社会，每个人都离不开社区。无论居住生活，沟通交往，还是诉求表达都离不开社区这一载体。社区的神奇魅力在于，平日里寂寂无声，人们各居其所、各行其是，却能在紧急时刻呼唤出集体力量。这种神奇性哪里来的？按照现代社会的组织化秉性，它应当来自于社区组织与管理，来自于社区参与与社区自治。社区建设和社区治理研究追溯社区的属性和本质，揭示社区演变的规律，发现社区集体性和秩序性的内在逻辑，研究原子化的社区个体如何成为团结性的社区主体的行动逻辑，为后人探索社区的神奇性提供了密钥。

现代城市社区，作为中国改革开放以后基层社会重构历程的见证，在社区类型、社区结构、社区人口、运行机制等方面，都与传统社区有着很大的不同。学界提出过这样的问题：城市社区是"共同体"还是"不相关的邻里"？身处城市社区，居民个体的原子化，邻里之间的陌生感，个体诉求过度，社区资源有限，公共场所不足，带给城市社区在建设和治理方面需要创新和突破的问题是：如何保持社区的神奇性魅力？怎样才能不断产生出团结性、行动力和安定秩序。按照党中央社会治理重心下移、创新社会治理的战略部署，作为基层社会的城市社区，要在社区共同体建设、社区自治和公众参与，尤其是城市社区居民参与方面，开展理论研究和实践探索。

一、社区

社区是社会学的传统概念。无论现代社区如何变迁，社区内部具有联系网络和互动机制，始终是社区不变的属性。这些因素是社区集体性和秩序性的天然基础。然而，只有对这些因素进行培育和发展，才能成为支撑社区良性运行和健康发展的真正基础。因此，就遇到以下问题：第一，社区的联系网络和互动机制是如何存在和实现的？第二，现代社区，比如城市社区，还有共同体特性吗？如果有，表现在哪里？第三，社区不是一盘散沙，它有内蕴的组织管理

---

① 费孝通：《乡土中国：生育制度》，北京大学出版社1998年版，第92页。

体系，是国家的社会基础。这样说来，社区的运行机制，无论社区动员、社区组织、社区管理还是社区自治，如何处理国家行政管理和社区自组织之间的关系？所有的问题都指向社区参与主体及其参与机制。在此，有必要重温社区概念和社区内涵。

（一）社区概念

"社区"一词源于拉丁语，意思是共同的东西和亲密的伙伴关系。① 1871年，英国学者H.S.梅因出版了《东西方村落社区》，首先使用了"社区"（Gemeinschaft）这个词。19世纪德国社会学家斐迪南·滕尼斯首次从学术角度提出"社区"概念。他开创性地将"共同体"与"社会"作为对立概念引进社会学语汇，对社区与社会作了系统的阐述和比较，从社会变迁的总体趋势，从社区与社会的区分上，认为社区是指在一定地域范围内有着共同价值观念、关系亲密、守望相助、疾病相抚、有人情味的社会生活共同体②。滕尼斯的"社区"概念，旨在强调人与人之间所形成的亲密关系和共同的精神意识以及对Gemeinschaft的归属感、认同感。因此，在滕尼斯的经典用法中，Gemeinschaft的含义十分广泛，不仅包括地域共同体，还包括血缘共同体和精神共同体，人与人之间具有共同的文化意识是其精髓，所以将Gemeinschaft译作"共同体"可能更贴近滕尼斯的本意。这个共同体不是人们选择的结果而是自然形成的，即人们生于此长于此，人们依自然意志结合，具有共同的情感和传统价值观念，人们之间具有密切但相对狭隘的生活关系。以后许多西方社会学家继承了这种观点，并对此作过种种阐述。但是，他们也发现滕尼斯的社区定义带有传统的农业社会乡村社区的特色，其特征是成员对本社区具有强烈的认同意识，他们重感情、重传统，彼此之间全面了解，不能完全说明现代工业社会的状况。所以，更多的社会学家是从一定地域社会关系结构的角度，或者从社区的功能与地域空间相结合的角度为社区下定义，他们把村庄、集镇、城市以及具有更广阔地域的都市带等称作社区。这样，他们的着眼点就不再是社会关系的亲疏程度，而是社会关系的地域范围，我们国家的社会理论也是从这个意义上理解社区概念的。

美国芝加哥大学的罗伯特·E.帕克（Robert Ezra Park）是最早对社区下定义的社会学家之一，强调地域和人群的汇集以及人群之间的互动。帕克认为，社区的基本要素可以概括为："一是有按区域组织起来的人口；二是这些人口

---

① ［英］H.S.梅因：《东西方乡村社会》，刘莉译，知识产权出版社2016年版，第3页。
② ［德］斐迪南·滕尼斯：《共同体与社会——纯粹社会学的基本概念》，林荣远译，北京大学出版社2010年版，第43页。

不同程度地与他们赖以生息的土地有着密切的联系；三是生活在社区中的每个人都处于一种相互依赖的互动关系中"①。以帕克为首的美国芝加哥学派注重区位对于人类组织方式和行为活动的影响，将"社区"发展为一个实地研究的单位和一种研究方法，社区研究逐渐成为一门新的社会学分支。他们认为，社区是指许多个人、家庭、团体，以及习俗、制度组合在一个地区之内，并从这种共同组合形式中形成种种联系。它是一个由多种力量——既包括生态学力量（主要是地形地貌、物质环境），也包括文化力量（特有的情感、行为方式、礼仪等），还包括政治力量（行政区划）——发挥作用、并相互影响的一个社会系统。在一定意义上，正是以帕克为首的芝加哥社会学派的研究者们赋予了社区更多的"地域性"含义，也真正形成了现在普遍使用的社区的意义，即"社区是一个地域性社会"。

菲利普在《概念到应用》中强调的是特定地域、共同实现的多元目标、群体三个要素。② 1955 年美国学者 G. A. 希莱里对已有的 94 个关于社区的定义作了比较研究。③ 他发现，其中 69 个有关的定义都包括地域、共同的纽带以及社会交往三方面的含义，并认为这三者是构成社区必不可少的共同要素。因此，人们至少可以从地理要素（区域）、经济要素（经济生活）、社会要素（社会交往）以及社会心理要素（共同纽带中的认同意识和相同价值观念）的结合上来把握社区这一概念，即把社区视为生活在同一地理区域内、具有共同意识和共同利益的社会群体。由于社会学者研究角度的差异，社会学界对于社区这个概念尚无统一的定义。但许多学者认为，社区概念是以一定的地理区域为前提的。尽管对社区的定义已经有多种讨论，但无不旨在强调"生活共同体"之意义。

在西方语言中，"共同体"与"社会"原本就是同义词，可以追溯至古希腊。滕尼斯用一对理想型概念概括为"传统的共同体"与"现代的社会"，将人类生活分为两部分，并提出这两种不同生活形式源于人类的两种不同意志，即"本质意志"与"选择意志"，作为分析和衡量现实的工具和尺度。这两种意志都存在于人的意识之中，任何一种具体的人类群体生活也都包含共同体的因素，又包含社会的因素。因此而成为政治哲学、社会哲学中重要的关键词设置者。他的追求是，从哲学层面为年轻的社会学提供概念工具和思考范式，用明确的概念设置及其阐释来精准把握社会现实的两极，即自由的、资本主义的

---

① ［美］罗伯特·E. 帕克等：《城市》，杭苏红译，商务印书馆 2020 年版，第 164－165 页。
② 方明、王颖：《观察社会的新视角——社区新论》，世界知识出版社 1991 年版，第 4－5 页。
③ G Hillary: "Definitions of Community: Areas of Agreement", Rural Sociology 20 (1955): 111－123.

"社会"与历史形成的"共同体"。滕尼斯借助共同体与社会的二元框架来叙写传统与现代的对立，尽力从这两个顶层概念来把握人类的生存和发展。他的批判性社会哲学把社会性概念分解为"做成的"社会与"形成的"共同体：共同体是持久的、真正的共同生活，社会只不过是暂时的、表面的共同生活。因此，共同体当被理解为活的有机体，社会则是机械的聚合和人工制品。滕尼斯关于社区的理论，为以后的社区研究打下了基础。

自滕尼斯开启社区研究以来，人们对社区本质的认定主要基于人与人构成的社会联系与组织方式[①]，这与社区工作中坚持的"社区治理核心在人"的理念是相通的[②]。社区研究，作为一种社会科学的研究方法和研究范式，更多的是把"社区"当作一种研究社会现象的特殊切入点，或者说把它作为研究其他主题的一个具体而细微的"场域"，从而更好地理解其他社会问题[③]。社区研究起源于西欧，发展于美国，流行于西方国家，并逐渐传播到发展中国家。中国的社区研究也是由西方引进社区理论和实证方法后，从20世纪30年代才慢慢发展起来的。吴文藻、费孝通等一生的重要学术成就便是社区研究。20世纪30年代初，费孝通先生根据滕尼斯的原意首先使用了中文"社区"一词。1948年10月16日，费孝通在学术刊物《社会研究》第77期上发表的论文《二十年来之中国社区研究》中谈到当初翻译滕尼斯著作及汉译词汇"社区"的形成过程，文中说："当初，community这个词被介绍到中国来的时候，那时的译法是'地方社会'，而不是'社区'。我们翻译滕尼斯的community和society两个不同概念时，感到community不是society，觉得两者成了互相矛盾的不解之词，因此，我们感到'地方社会'一词不恰当。那时，我还在燕京大学读书，大家谈到如何找一个确切的概念。偶然间，我想到了'社区'这个词，最后大家援用了，从此便慢慢流行起来。这就是'社区'一词的来由。"[④]

费孝通先生的老师吴文藻认为，"社区既是指一地人民的实际生活，至少要包括下列三个要素：(1) 人民；(2) 人民所居处的地域；(3) 人民生活的方式或文化"。[⑤] 这其中，人口是社区的生活基础，环境是社区的地理基础，文化

---

① 方亚琴、夏建中："社区治理中的社会资本培育"，载《中国社会科学》2019年第7期，第77-78页。
② 冯猛："特大城市社区分类治理：理论框架与实践应用"，载《福建论坛》（人文社会科学版）2020年第11期，第174页。
③ 肖林："'"社区"研究'与'社区研究'：近年来我国城市社区研究述评"，载《社会学研究》2011年第4期，第187页。
④ 费孝通：《费孝通全集（第六卷）》，内蒙古人民出版社2009年版，第296页。
⑤ 吴文藻：《论社会学中国化》，商务印书馆2017年版，第433页。

是社区的中心含义。若从文化与人口、地理及历史的关系来讲，人口代表了文化的民族性，地理代表了文化的地方性，历史代表了文化的时代性。现代社区已经完全不同于滕尼斯笔下以小共同体为本位的重整体和谐与有机团结的社区概念，而是在一定地域内发生各种社会关系和社会活动，有特定的生活方式，并具有成员归属感的人群所组成的一个相对独立的社会实体。社区不仅仅是一个地理性区域，更是一种社会团结纽带。社区作为居民的生活聚居地，不仅是一种居住形态，也是一种社会联结形态，社区居民之间存在共同利益和公共事务，可以称得上是微型的社会共同体。只是在现代化的趋势下，传统意义上的共同体不断被侵蚀，需要在开放、流动的社会中重构社会关系，培育"共同体"精神，重塑基层社会。2010年，民政部在《关于在全国推进城市社区建设的意见》（中办发〔2010〕23号）文件中提出："社区是指聚居在一定地域范围内的人们所组成的社会生活共同体。目前城市社区的范围，一般是指经过社区体制改革后作了规模调整的居民委员会辖区"[1]。根据民政部对社区的定义，社区不仅是以居住区为基础（物质层面）的满足居民日常生活需要的社会共同体（精神层面），还是行政上可管理的区域（管理层面），是治理和服务的载体和平台[2]。

中国当代语境下的"社区"本身就具有本体论和方法论上的双重意义，它既是基于行政划分和管辖的现代城市生活实体，同时也是复杂多样人群的日常生活之所，是各种社会组织、社会力量互动的博弈之地。自中国共产党十八届三中全会通过《中共中央关于全面深化改革若干重大问题的决定》起，社区治理就成为当前我国面对改革开放和社会主义现代化建设新时期的重要议题，也成为现阶段各级政府创新工作的重要着力点，更体现为一种实实在在发生于社区、和人民群众生活息息相关的社会现象[3]。

（二）城市社区属性

中国城市，从管理基层单元的角度看，是指以居委会辖区为范围的地域社会，是中国城市管理的最小行政单位。严格来讲，这样的城市社区是一个基层"政区"的含义，而非社会学意义上的"社会共同体"。社会学意义上的社区有

---

[1] 民政部："关于在全国推进城市社区建设的意见"（中办发〔2010〕23号）https://www.gmw.cn/01gmrb/2000-12/13/GB/12%5E18633%5E0%5EGMA1-109.htm，访问日期：2022年1月28日。

[2] 曹海军、鲍操："社区治理共同体建设——新时代社区治理制度化的理论逻辑与实现路径"，载《理论探讨》2020年第1期，第13页。

[3] 于显洋、任丹怡："社区研究方法：反思、实践与讨论"，载《学习与探索》2019年第9期，第53页。

"地域性"特征和"生活共同体"特征,其空间性、互动性、共同性兼而有之。当前,中国城市社区是由聚居在一定地理区域内的人所组成的社会单元兼治理单元,其基本特征是:一定的区域范围,一定数量的人口,受一定"政区"(如街道办)管理,社区居民之间享有一定的共同利益并结成一定的社会交往关系。社区既是城市社会的一个基本单元,构成了城市社会的基础社会结构和基础社会秩序,又是一个国家与社会交互投影,并由不同主体互构的治理单元①。中国城市社区,兼有居住区,生活共同体,政区的多重属性,既是国家行政管理体系的一个层级,是行政管理的社会末梢;又是居民的生活聚居地,是微型的社会共同体。社区承担着国家赋予的基层政权建设和公共服务供给的职能,还是社会自我调节的重要场域。"社区"这一概念,在社会学的分析中指向以邻里关系为主体的自然社区;而在今天的国家政治实践中指向城市基层行政辖区,可以是街道辖区或居委会辖区。两者在实际划分时某种程度上是趋向一致的,但行政社区的地域范围一般比自然社区大②。

城市社区一直存在两个面向的问题:作为"国家治理单元"的政区特征和作为社会基础单元的"地域性社会共同体"特征。当前,二者的建设不同步、不协调,造成基层社区治理出现诸多问题。

其一,城市基层治理实践中,政府管理、社区自治、社区居民参与的治理格局如何形成?多元治理主体之间的良性互动如何形成?这个问题具体表现为:政府、社区居委会、社会组织、社区居民在治理过程中的责任和权限不同,政府干预过多、居委会行政事务过于繁重、社会组织难以融入社区治理格局内部,居民社区参与的积极性、主动性缺乏,等等。

其二,城市基层社区治理实践中,由"管理"转向"治理"的基础是以社区居委会为代表的社区自治体系,包括社区居民议事会、社区居民自治组织等。但是,当前的社区治理体系是以政府行政体系为依托的,社区居委会作为政府行政系统的社区"神经末梢",其自治空间和自治能力皆有不足。这一现象包含的问题是:社区治理的主体是谁?社区治理的资源在哪里?"自上而下"的管理体制与"自下而上"的治理系统的对接点或契合点在哪里?

其三,城市基层社区治理实践中,如何提高社区居民社区参与的积极性?尤其是如何提高社区青壮年居民社区参与的积极性?这是目前社区治理的现实

---

① 李怀:"社区社会需求治理:社区治理能力现代化的重要议题",载《中国社会科学报》2017年1月6日,第3版。

② 叶南客:"中国城市居民社区参与的历程与体制创新",载《江海学刊》2001年第5期,第34–41页。

难题。针对这一问题，如何提高居民社区参与的主体性？需要在社区治理实践中加以探索。

参与是社区形成的重要机制。基层治理实践中，一直存在居民参与程度低、参与意愿不强、参与积极性不高的问题；也存在社区自治组织、社会工作机构"政府主导下的专业弱自主性嵌入"[①] 问题。社区参与不足是学界长期关注的议题。社区参与，尤其是居民参与社区治理，是衡量社区自治、完善基层民主的重要指标。能否有效地实现社区成员积极的社区参与，决定了基层社会能否成为有自治能力、能够互助合作、积极参与公共事务的共同体，决定了基层社会能否实现社会治理的共建、共治、共享。因此，社区参与是当前需要高度重视、认真研究的基层社区治理的关键问题。

二、社区参与

社区参与是一个动态的、历史的概念，在不同的时序空间，具有不同的含义。就中国城市社区建设而言，社区参与泛指社区成员参与社区公共事务和社区公共活动，影响社区权力运作，分享社区建设成果的行为和过程。这里的社区成员既包括社区居民个体也包括社区内的各类组织。[②] 社区参与，是"社区成员自觉自愿地参加社区各种公共活动或公共事务决策、管理和运作，影响社区权力运作，分享社区建设成果的行为和过程"。[③] 与自上而下的社区建设过程相比，社区参与是一个自下而上的社区发育过程。[④] 从广义上说，社区参与是指社区主体包括社区政府、社区自治组织、社区居民等，对于社区建设与社区发展的参与过程与参与行为。从狭义上说，社区参与主要是指社区居民自愿、自主、自觉地参与社区公共事务和公共决策的行为，是一种以社区整体利益为出发点的具有公共参与精神的社区行动。[⑤] 从一般意义上来说，社区参与是社区居民既作为社区治理的客体，又作为社区治理的主体，自觉自愿地参与社区各种活动或公共事务的决策、管理及运作，据此影响社区权力的运行和结构，分享社区建设成果的过程和行为。[⑥] 社区建设的主体是多元的，其组织方式是

---

① 姚进忠："社区治理专业化何以可能"，载《中国社会工作》2021年第10期，第9页。
② 杨荣："论我国城市社区参与"，载《探索》2003年第1期，第55页。
③ 姜振华：《社区参与与城市社区社会资本的培育》，中国社会出版社2008年版，第19页。
④ 杨敏："公民参与、群众参与与社区参与"，载《社会》2005年第5期，第78页。
⑤ 付诚："公民参与社区治理的经验与民主实现形式"，载《社会科学战线》2015年第12期，第192页。
⑥ 刘岩、刘威："从'公民参与'到'群众参与'——转型期城市社区参与的范式转换与实践逻辑"，载《浙江社会科学》2008年第1期，第86页。

协同合作,其实现路径是广泛的社区参与。社区参与根据参与主体、参与形式、参与渠道、参与客体的不同分为四种形态。第一,根据参与主体意识的强弱,社区参与划分为动员型参与和自主型参与。第二,根据参与主体的组织形式,分为组织参与和非组织参与。第三,根据参与渠道的制度化水平,分为制度化参与和非制度化参与。第四,根据参与客体的内容不同,分为社区政治参与、社区经济参与、社区文化参与、社区社会参与等方面。[①] 社区参与是社区建设得以展开的基础,是社区治理重心下移的承载,也是创新社区治理机制和格局的落脚点。社区参与在社区治理中的实现程度,关系到社区治理的动力和目标,更关系到社区治理体制的建立。[②]

在社会学和政治学的范畴中,"社会参与、公众参与、政治参与、社区参与"几个概念经常交替出现。社会参与常常是指社会公众的参与。公众参与意味着在政府决策过程及决策执行落实过程中社会公众的参与程序、方式、内容、程度及各种矛盾冲突的调处方式方法。从狭义上讲,公众参与是指公民在代议制政治中参与投票选举活动,即由公众参与选出代议制机构及人员的过程,这是现代民主政治的一项重要指标,也是现代社会公民的一项重要责任。从广义上讲,公众参与除了公民的政治参与外,还包括所有关心公共利益、公共事务管理的人的参与,同时要有推动决策过程的行动。也就是说,公众参与泛指普通民众作为参与主体,在实际的活动中推动社会决策和活动实施。政治参与是公众参与的重要内容。政治参与是公民直接或间接地以各种方式对与其利益相关的政治活动施加影响的活动,其目的是使自身的利益在公共政策中得到最大的满足。社会参与基本上就是公众参与;公众参与包括两部分:狭义的公众参与基本上等同于政治参与,广义的公众参与就是公共事务参与。社区参与属于广义的公众参与中的公共事务参与。社区参与是社区居民自觉自愿地参加社区各种活动或事务的过程。社区参与是一种公众的参与,意味着社区居民对社区责任的分担和成果的共享,它使每一个社区居民都有机会为谋取社区共同利益而施展和贡献自己的才能。社区参与是对各种决策及其贯彻执行的参与,它使每一个居民都有机会向地方政府表达意见,维护自己的利益。

(一)城市社区参与

既有研究文献显示,城市社区参与研究,更多的是关注社区居民的参与。

---

① 王刚、罗峰:"社区参与:社会进步和政治发展的新驱动力和生长点——以五里桥街道为案例的研究报告",载《浙江学刊》1999年第2期,第72页。

② 唐有财、胡兵:"社区治理中的公众参与:国家认同与社区认同的双重驱动",载《云南师范大学学报》(哲学社会科学版)2016年第48卷第2期,第69页。

学者们认为城市社区参与是指城市社区居民自觉自愿地参与社区公共事务和公共决策的过程①。城市社区居民既作为社区管理的客体，又作为社区管理的主体，参加社区的各种公共事务和公共活动②，通过参与决策和表达诉求，促进社区达成安全、平安、和谐、幸福和美好的状态。城市社区参与这一概念具有四方面的内涵：社区参与的主体是社区居民；社区参与的客体是社区各种事务；社区参与的心理动机是公共参与精神；社区参与的目标取向是社区发展和人的全面发展。在微观层面，社区参与是社区发展的内在动力，社区参与的规模、效度和制度化水平将直接关系到社区发展的整体变迁与目标模式。在宏观层面，社区参与作为基层民主最广泛的实践，将是社会进步和政治发展的新的结构性驱动力和生长点③。

随着中国城市社区建设的启动，学界迅速开展研究并指出，社区参与、居民自治是20世纪90年代以后中国社区建设的新主题④。1991年民政部提出"社区建设"概念；2000年国务院办公厅转发《民政部关于在全国推进城市社区建设的意见》，启动中国社区管理体制改革，单位制逐步解体，社区制逐步形成。中国城市社区在这个过程中被重新建构，社区区位、社区形态、人员构成、社区组织管理和运行方式，都受到来自国家意志、行政体制和市场机制的深刻影响。被重新塑造的社区居民，在行政和市场的双重逻辑下，成为社区的基础力量和主体成员。随着国家行政体制的转变和社会自主性呼声的高涨，城市社区居民日益成为公众参与的基本部分，社区参与成为社区自治的重要前提，成为社区自治属性的有效支撑⑤。社区成员（主要是社区居民）自我管理、自我服务、自我教育、自我监督的程度和力度，成为社区参与的重要体现。无疑，参与是社区形成的核心机制⑥。

围绕社区参与这一研究主题，中国学界在社区参与的背景、内涵、分类、途径、意义和功能、发展现状、存在的问题及原因等诸多方面进行过探讨。随着中国社区从"单位制"转向"社区制"的改革进程，很多学者从国家—社会

---

① 杨荣："论我国城市社区参与"，载《探索》2003年第1期，第55页。
② 王刚、罗峰："社区参与：社会进步和政治发展的新驱动力和生长点——以五里桥街道为案例的研究报告"，载《浙江学刊》1999年第2期，第72页。
③ 王刚、汪丽萍："社区参与简论"，载《城市研究》1998年第5期，第53页。
④ 叶南客："中国城市居民社区参与的历程与体制创新"，载《江海学刊》2001年第5期，第34页。
⑤ 姚进忠："邻里本质：社区治理自治性的主体回归"，载《中国社会工作》2021年第1期，第9页。
⑥ 杨敏："作为国家治理单元的社区——对城市社区建设运动过程中居民社区参与和社区认知的个案研究"，载《社会学研究》2007年第4期，第140页。

关系的理论视角，指出"中国城市的社区参与是一个含义复杂的概念，既包括社区建设过程中国家动员之下的参与，也包括国家动员之外居民为了共同的兴趣爱好和相同利益而自发进行的参与，后者往往被认为是中国公民社会的萌芽，但实际上在现有体制框架之内，即使是权益性的参与，也只可能遵循一条公民参与理论所无法解释的独特路径"①。"在动员居民参与社区事务过程中，基层政府和社区居委会采取地方性权威式动员，它是社会转型背景下适应城市社会变迁的一种新型的权力技术，既运用原有行政组织网络的强大动员力量，又借用基于人情的地方性互动网络等非正式因素，将社区居民纳入社区建设和国家政权建设过程之中"。②

随着中国社会管理转向社会治理，学者们运用治理理论开展城市社区研究，发现社区参与对于社区治理具有基础性的促进作用。城市社区居民参与社区治理，对于促进基层社会民主化进程，解决政府治理危机，保障公共政策运行，锻炼公民参政能力等都有主要作用。有学者指出，居民的社区参与对社区建设和发展具有重大意义。只有当居民将自己作为社区的主体，自愿参加社区的各种活动和事务的决策、管理和运作，为谋取社区共同利益而施展、贡献自己的才能，分担社区责任、共享社区成果时，整个社区才会具有勃勃生机。③有学者认为，在社区建设中，只有社区居民的直接参与和治理，才能培育居民的社区归属感、认同感和现代社区意识，有效地整合社区的各种资源。从这个意义上说，社区参与其实是居民社区生活方式的一种表现，居民的社区参与是社区建设的内在动力和源泉。④

学界研究继续指出，城市社区参与问题一直是社区自治研究中的难题。一方面，居民参与是城市社区治理中绕不开的问题，是社区自治的基础。"小巷总理""一根针万条线"述说的是社区工作的繁忙，也侧面反映了居民社区参与的重要和必要。另一方面，城市社区参与一直有参与范围有限、参与程度不足、参与积极性不高的问题，已成为社区治理的瓶颈。已有的研究做了大量的探索，却始终无法破解这个难题⑤。何雪松等学者进一步研究指出，自中华人

---

① 杨敏："公民参与、群众参与与社区参与"，载《社会》2005年第5期，第79－95页。
② 刘岩、刘威："从'公民参与'到'群众参与'——转型期城市社区参与的范式转换与实践逻辑"，载《浙江社会科学》2008年第1期，第86页。
③ 李婷玉："社区发展与居民参与"，载《湖北社会科学》2001年第12期，第69页。
④ 涂晓芳、汪双凤："社会资本视域下的社区居民参与研究"，载《政治学研究》2008年第3期，第18页。
⑤ 何雪松、侯秋宇："城市社区的居民参与：一个本土的阶梯模型"，载《华东师范大学学报》（哲学社会科学版）2019年第51卷第5期，第34页。

民共和国成立以来，居民参与经历了街居制、社区建设以及社区治理等多个阶段的发展。从最初为了政治社会化目的的参与①，到居民缺乏热情和意识的义务性参与②，再到基于不同原动力的实质性参与探索等，都表明每一个社区发展时期都需要居民参与，只是不同时期有着不同的居民参与模式。其中，"社区居民自己有了参与意愿，就会不断增强自己的行动能力"；③ 在解决社区矛盾等问题上，"当地的自愿行动远比国家干预的效果要好"④。由于具体社区类型各不相同，社情民意各具特色，因此，社区参与研究一直在路上，城市社区参与在中国社区建设和社区治理的发展进程中，在社会工作参与社会治理的实践中，任重而道远。

（二）参与不足与"社区参与困境"

参与不足作为社区治理和社区参与的关键问题之一，其实质就是"社区参与困境"。"社区参与困境"是社区参与主体"不参与""少参与""低参与"的状况。"社区参与困境"由来已久。借用亚里士多德的话，"凡是属于最多数人的公共事务常常是最少受人照顾的事务，人们关怀着自己的所有，而忽视公共的事务；对于公共的一切，他至多只留心到其中对他个人多少有相关的事务"⑤。早在20世纪30年代，梁漱溟先生倡导乡村建设运动时，就曾经感慨"号称乡村运动而乡村不动"⑥。美国社会学家罗伯特·D. 帕特南分析指出，"在居民个人眼里，公共事务是别人的事务——是高级人士的事务，老板们的、政治家们的——不是自己的事务。很少人有心去思考对于共同利益的参与，提供给他们的这种机会也不多。政治参与的动机是个人化的依附或私人的贪欲"⑦。

中国学界对社区参与问题作过系统的研究探讨，共同认为"社区参与困境"是由多种因素共同作用导致的，既有历史原因也有现实原因，既有体制原

---

① 彭慧青：《城市社区居民参与研究——以武汉市社区考察为例》，华中科技大学出版社2009年版，第29页。

② 何艳玲、蔡禾："中国城市基层自治组织的'内卷化'及其成因"，载《中山大学学报》（社会科学版）2005年第5期，第107页。

③ 陈伟东："社区行动者逻辑：破解社区治理难题"，载《政治学研究》2018年第1期，第103页。

④ David Bray, Building "Community": new strategies of governance in urban China, Economy and Society, Vol. 35 No. 4, 2006, pp. 530–549.

⑤ [古希腊] 亚里士多德：《政治学》，商务印书馆1983年版，第48页。

⑥ 梁漱溟：《乡村建设理论（梁漱溟全集·新编增订本）》，中华书局2018年版，第465页。

⑦ [美] 罗伯特·D. 帕特南：《使民主运转起来》，王烈、赖海榕译，江西人民出版社2001年版，第133页。

因也有文化原因，既有群体性原因也有个体性原因。其中，中国社区行政化色彩浓厚，社区自组织发育不足、自治能力薄弱是造成"社区参与困境"的现实原因。向德平、高飞认为，"社区参与困境"是指社区建设过程中出现的社区参与主体"不参与"的境遇。在社区参与所面临的各种困境中，政府自上而下的行政管理与社区居民自下而上的社区自治不能有效对接互动，始终是横亘在破解社区参与困境中的元问题①。刘少杰等指出，社区参与是社区建设或社区治理的一个非常重要的问题。只有社区成员热情关心社区事业，积极参与社区活动，社区才能从一个地理空间生成为充满活力的社会空间②。王德福概括了社区参与不足的表现："社区参与不足，主要是指居民直接参与社区事务的状况不理想。这可以归结为三个'有限'：参与规模有限，参与内容有限，参与效果有限。"③ 向德平、高飞在分析社区参与不足的原因时指出："政府对于社区建设的积极性似乎高于社区中的居民。在政府通过各种措施大力推进社区建设和社区发展的同时，许多地方的社区成员对于社区建设和社会发展却抱着一种冷漠的态度，甚至并不觉得社区建设同自己有什么关系，或者干脆将社区建设看作与自己没关系的政府行为，成为一种缺乏居民主动参与的某种形式的外来社会动员。"袁成方认为参与不足是当前社区治理面临的重要现实问题，其实质是作为现代社会共同体的居民主体性的缺失④。针对居民社区参与不足，学者们进行了很多有启发性的研究：其一，目前城市社区治理单元和社会单元的二重性特征，带来一系列的治理难题。从社区制推行初期的情形来看，国家的政策意图是希望能够以自组织的方式将社会单元整合起来，这就要求把社区作为一种社会生活共同体来建设。但从后续居委会的发展来看，居委会成了治理单元构建中的重要组织，社区作为治理单元的性质日益强化，从而逐步脱离了原本构思的生活共同体的意图⑤。其二，从政府角度分析政府权力与居民参与之间的关系，认为政府权力的运行会导致居民参与机制不健全⑥。其三，作为末端治理的城市社区的性质影响居民社区参与。具体可以从社区利益结构、

---

① 向德平、高飞："社区参与的困境与出路——以社区参理事会的制度化尝试为例"，载《北京社会科学》2013年第6期，第63页。
② 刘少杰、聂石重："社区参与不足的结构分析与空间考察"，载《河北学刊》2020年第40卷第4期，第172页。
③ 王德福："创新社区参与形式"，载《中国社会科学报》2019年6月5日，第6版。
④ 袁方成："增能居民：社区参与的主体性逻辑与行动路径"，载《行政论坛》2019年第26卷第1期，第80页。
⑤ 蔡禾、黄晓星："城市社区二重性及其治理"，载《山东社会科学》2020年第4期，第91页。
⑥ 冯钢："现代社区何以可能"，载《浙江学刊》2002年第2期，第9页。

城市功能结构和城市治理系统三个层面分析：第一层面，城市社区维持性的利益结构注定了大多数居民对社区参与的冷漠。第二层面，城市社区对于大多数居民而言就是一个生活居住空间，发挥的只是居住功能，而政治参与和社会交往等功能可由其他空间来替代，社区居住空间内部人与人之间的利益关联和相互依赖程度是很弱的。第三层面，城市治理系统是一个"有机体"，系统性和外部性强，而社区是城市治理的末端，自主性、独立性弱，具有较强的依附性，其依附性特征决定了社区无力通过自治来完成人们期望它承担的各种职能及事务①。其四，社区居民和社区管理部门在参与社区公共活动的内容、目标和形式等方面存在结构性矛盾，造成居民社区公共参与不足②。其五，社区居民之间陌生感强，居民异质化程度高，价值观念、生活方式有很大差异，这种变化对于培育居民自觉主动的社区参与意识在客观上产生了阻碍和困难③。其六，社区参与的缺位，源于作为行动主体的居民主体性的缺失。而主体性缺失的后果，是社区参与的动力和持续性的弱化，居民主体性的培育和生成是多元行动主体的合作基础④。

由于中国城市基层社会管理中长期存在着"行政整合过度而社会自治能力不足"的现实困境，居民总体上缺乏参与的主动意愿⑤。首先，在居民参与中，参与群体以老年群体、退休人员居多，中青年人的参与积极性没有调动起来；其次是参与程度不深，目标层次较低，大多数情况下只是参与社区的娱乐性活动而非权益性的决策与监督、管理。总体而言，城市社区居民对社区参与的意义与价值还缺乏整体性认知，参与实践中存在的参与预期与参与现实之间的落差和矛盾⑥，导致了居民参与态度冷漠、能动性不足。就社区社会组织而言，由于自我发展的机制尚不健全，对上级的行政依赖无法避免，自身资源有限，自治能力不足，社会资本存量不够等问题，导致其社区参与的主体性缺乏，对居民参与缺乏组织和带动作用。当前城市社会治理面临的最大挑战是社区参与

---

① 张雪霖、王德福："社区居委会去行政化改革的悖论及其原因探析"，载《北京行政学院学报》2016年第1期，第36页。

② 刘少杰、聂石重："社区参与不足的结构分析与空间考察"，载《河北学刊》2020年第40卷第4期，第174–175页。

③ 张亮："上海社区建设面临困境：居民参与不足"，载《社会》2001年第1期，第6页。

④ 陈伟东、陈艾："居民主体性的培育：社区治理的方向与路径"，载《社会主义研究》2017年第4期，第89页。

⑤ 任克强："社会治理视域下城市社区居民的形式参与：逻辑、困境及其出路"，载《南京政治学院学报》2018年第34卷第5期，第56页。

⑥ 宋文辉："城市社区文化建设中居民参与认知的困境及其排解"，载《行政论坛》2013年第20卷第4期，第91页。

主体——无论是社区居民还是社区组织——都面临参与能力不足,参与机制不通畅,参与规则与社区现实不匹配等问题。因此,开展社区治理和社区参与研究,把握"社区参与不足"和"社区参与困境"的根源和现实原因,探讨城市社区参与中"谁参与""如何参与""参与什么"的元问题,对于提高治理效能,焕发社区活力,增强社区参与主体的获得感、幸福感、效能感,完善共建共治共享的社区治理格局,具有重要的现实意义。

第一章 社区参与的基本概念与研究视角

"社区参与"是社区建设与社区发展的重要概念，也是衡量社区治理成效的重要指标。"参与"作为学术概念，与20世纪40年代以来的"发展"概念相关。"社区参与"概念及其理论的形成，与20世纪60年代以来政治学、管理学、社会学等学科的研究有着深刻的渊源。联合国在全球范围内倡导的"社区发展计划"，以及许多国家和地区"参与式发展""参与式民主""参与式管理"的实践，为社区参与概念和社区参与理论的形成与发展奠定了基础。

第一节 社区参与概念

一、概念由来

第二次世界大战以后，由于受战争等诸多因素的影响，发展中国家面临民生凋敝、贫困、疾病、经济增长迟缓等多种限制社会发展的问题。传统的西方发展理论无法解决这些问题，于是一种运用社区组织方法，合理利用民间资源，发挥社区自助力量的构想开始酝酿。自20世纪50年代以来，联合国推出了一系列"社区发展计划"，致力于推动社区发展运动。1951年，联合国推出旨在推动全球经济和社会发展的社区福利中心，后改为"社区发展计划"；三年后又建立了社会事务局社区发展组，专门致力于推动社区发展运动。1955年，联合国社会事务局发布《通过社区参与发展促进社会进步》专题报告，沿用F.法林顿的社区发展概念，并明确指出，"可以暂时把社区发展定义为旨在通过整个社区的积极参与和全面依靠社区的首创精神，来为社区建立一种经济条件和社会进步的过程"[①]，认为社区参与是社区发展的基础性因素，从而把"参

[①] United nations, Social progress Through community development. 1955. ibid p17. 转引自姜芃："社区在西方：历史、理论与现状"，载《史学理论研究》2000年第1期，第110页。

与"和"社区"结合起来，将社区发展转化为社区参与。1960年联合国出版《社区发展与经济发展》一书，将社区发展进一步解释为"社区发展是一个过程，即由社区人民以自己的努力与政府当局的配合，一致去改善社区的经济、社会、文化等环境"①。这一概念不仅强调社区发展是一个过程，而且指出在此过程中人民要与政府配合，强调了政府的作用。1966年，在英国剑桥召开过一次非洲行政官员会议，这次会议提出在非洲一些殖民地国家发展社区，并对"社区发展"作出以下定义：社区发展"是通过整个社区的积极参与和首创精神，旨在提高整个社区生活质量的运动"②。这样，社区发展理论的应用从相对贫困的发展中国家的农村扩展到了城市，并且为很多发达国家所认可并加以广泛应用。随着社区发展运动的开展，社区发展的概念逐渐转变为社区参与。联合国大会1969年发表了《社会进步与发展宣言》，指出公民参与是社会发展进程中不可或缺的部分；在1971年发表了《广泛参与》和1981年出版了《广泛参与作为一种战略推动社区层面的行动和国家的发展》，对社区参与进行了详细阐述，凸显出社区参与的重要性。"社区参与"概念因此走向世界，并进入政治学和社会学的学术话语系统。

"参与"作为一个学术概念，在政治学、管理学等学科中开展过广泛的讨论。政治学把"参与"看作民主制度的核心概念。管理学对"参与"的讨论集中在企业管理中的员工参与问题。社会学的"参与"研讨始终离不开社会变迁与社区发展的时代主题。社区参与概念的雏形被认为是美国社会学家F. 法林顿1915年在《社区发展：将小城镇建成更适合生活和经营的地方》一书中提出的社区发展概念③，对社区参与概念的形成起到了积极作用。

（一）作为政治学范畴的"社区参与"

"社区参与"概念最初体现的是政治内涵，指的是社区主体在遵守法律法规的基础上，通过一定组织或其他渠道，积极参与到社区的政治、经济和事务管理，进而影响公共权力运转，维护自身权益，增进社区福利的过程。政治学把"参与"看作民主制度的核心概念。作为政治学概念，"参与"通常与民主制度相联系。在政治学的范畴里，参与是民主的核心。民主制度决定了参与的程度和类型。当代西方的"参与式民主"来源于卢梭、密尔和科尔。卢梭的整个政治理论集中围绕政治决策过程中每个公民的个人参与而展开。在他的理论

---

① United Nation, Community Development and Economic Development, Bankok, 1960.
② Central Office of Information, Community Development 1966, London：COI, ibid. P16. 转引自姜芃："社区在西方：历史、理论与现状"，载《史学理论研究》2000年第1期，第110页。
③ 尹保华：《社会学概论》，知识产权出版社2018年版，第224页。

中，参与不仅是一套民主制度安排中的保护性附属物，它也对参与者产生一种心理效应，能够确保政治制度运行和这种制度下个人心理品质之间具有持续、互动的关联性①。密尔也特别强调参与所具有的教育功能，特别是对公民公共精神和品格的培育及训练功能。密尔认为，如果人们还没有在微观层面上准备好参与，全国性政府的普选和参与的效果将受到影响。正是在微观层面上，人们才学会了如何管理自己②。科尔强调：民主原理"不仅或主要运用于社会行动的特殊领域或如人们所熟悉的'政治领域'，而且也应当运用于任何一种社会行动的领域，特别是要像运用于政治领域那样，运用于工业和经济活动领域"③。他强调只有通过地方层次的参与，个人才能学会民主的方法。"个人对现代政治这一庞大机制无法施加控制，不是因为国家的巨大，而是因为他在更小的单位中缺乏机会学习基本的自我管理的知识"。如果个人缺乏自我管理的能力，就难以摆脱被控制、被奴役的命运。当代社会中最大的邪恶，不是贫穷，而是奴役。④

20世纪六七十年代，西方世界兴起参与式民主，并成为当代民主理论的新热点。1960年，阿诺德·考夫曼首次提出"参与民主"的概念，随即被广泛运用于社会各个领域。⑤但最初倡导的积极民主参与，主要是关注社会领域的民生，特别是与工作场所紧密联系的民主管理，如学校、社区、工厂、政策制定等领域，并没有上升到政治生活和国家层面的民主。1970年，佩特曼的《参与和民主理论》一书的出版，标志着当代参与式民主理论的正式形成。佩特曼（Pateman）进一步将参与的领域从微观领域拓展到政治领域，发展了一种"参与民主理论"，在政治层面上，参与式民主被认为是"解决"自由主义民主诸多问题的方案。1984年，美国学者巴伯（Barber）出版了《强民主：新时代的参与政治》一书。巴伯将自由主义民主称为"弱民主"，认为自由主义民主更多关注个人自由，而不是保障社会正义；只关注增进利益，而不关注公共的"善"。巴伯所提出的"强民主"强调扩大公民对政治的直接参与，以"社群"

---

① ［美］卡罗尔·佩特曼：《参与和民主理论》，陈尧译，上海人民出版社2006年版，第22－23页。
② 王锡锌："公众参与：参与式民主的理论想象及制度实践"，载《政治与法律》2008年第6期，第9页。
③ ［美］卡罗尔·佩特曼：《参与和民主理论》，陈尧译，上海人民出版社2006年版，第35页。
④ 王锡锌："公众参与：参与式民主的理论想象及制度实践"，载《政治与法律》2008年第6期，第10页。
⑤ 陈尧："参与式民主：一种新的民主范式"，载《贵州师范大学学报》（社会科学版）2010年第5期，第15页。

"共识"等理念为中心将市场社会中游离的个人重新连接在一起①。

通过强民主的政治参与，使单独的个人转化为相互联系和相互依赖的公民，减少人们对于权力中心的疏离感，培养对公共问题的关注，不仅有利于塑造出积极的、富有知识的并能对政府事务敏感并有兴趣的公民，而且有助于改善政治质量，解决国家或私人领域不能以有效方式解决的共同问题，使政治决定易于实施和被接受。而发轫于20世纪80年代的协商民主理论，进一步推动了当代参与式民主理论的发展，代表了参与式民主理论在当代发展的新趋向。当代参与式民主理论的核心主题是公民参与。

按照佩特曼的观点，公民参与政治最恰当的领域是与人们生活息息相关的领域，如社区或工作场所。因为在现代条件下，只有个人有机会直接参与地方层次的决策，才能实现对日常生活过程的控制，才能培养责任意识和参与的技能，推动其向更广泛的领域行动。因此，参与式民主更倾向于鼓励公民从参与和自身密切相关的公共事务开始，如社区治理、地方层面的政治以及行政。而一旦在与个体生活密切相关的领域落实了社区参与，这种政治行动必将自下而上，最终达到国家层次上的参与。因此，民主就是一种生活方式，社区参与则是其践行。正是在这一理论基础之上，社区参与成为当代西方社会一股生生不息的潜流。在欧洲，社区参与不仅是城市规划中的重要内容和必经程序，而且已经被视为一项基本权利；欧洲各国有关城市规划、社会规划等公共事务都是依赖于社区平台实现的。在英国，社区制度是国家自治制度的重要依托；如2007年，英国政府就颁布了"社区赋权行动方案"和"社区赋权白皮书"，迫切地推行其社区赋权议程，以使公众能被最大限度地授权②。

社区参与作为西方民主社会自治精神的基本体现，与公民参与紧密结合，包含着公民参与这一政治理念。托克维尔（Tocqueville）早已指出，民主制度的核心要素之一就是公民参与。"在实施人民主权原则的国家中，每个人都平等地享有国家主权，平等地参与国家管理。"③ 通过对19世纪美国社会政治生活的考察，托克维尔认为，民主就是让公民参与社会管理、平等行使政治权利；正是乡镇自治，使美国变成充满自豪感与进取精神的社会，成为西方民主社会的典范。真正的民主应当是所有公民直接充分参与公共事务决策的民

---

① 王锡锌："公众参与：参与式民主的理论想象及制度实践"，载《政治与法律》2008年第6期，第11页。
② 蔡定剑：《公众参与：欧洲的制度和经验》，法律出版社2009年版，第144页。
③ ［美］托克维尔：《论美国的民主》，吉家乐编译，中国华侨出版社2014年版，第35页。

主；从政策议程的设定到政策的执行，都应该有公民的参与①。"在美国，社会是由自己管理，并为自己管理。……人民通过选举立法人员参与立法，通过选择行政权力的代理人参与执法。"② 可见，西方社区参与是建立在参与民主理论基础之上的，社区参与通常肩负着实现社区自治、促进民主政治发育的理想主义使命。

社区参与不只是一个简单的理论问题，还是一个复杂的实践问题；它包含着不同的意识形态观念、政治力量、政治体制和不断变化的感知。在不同的社会和政治语境中对其的阐释以及体现这一理念的制度设计都会有相当大的差异。就中国而言，与社区参与含义相近的概念就有"群众参与""公众参与""大众参与""居民参与""公民参与""社会参与"等不同表述。见表1-1。

表1-1 社区参与及其在中国语境中的几种近似概念

参与形式	参与者身份	参与途径	事务属性	参与目的	对决策的影响
社区参与	公民	组织化/非组织化	社区公共事务	社区公共权益	有
公民参与	公民	组织化/非组织化	个体或更广泛的公共事务	个体权利与公共利益	有
公众参与	群众、公众	非组织化	社区或更广泛的公共事务	公共利益	不确定
群众参与	群众	组织化	社区或更广泛的公共事务	公共利益	无（被动服从）
个体参与	个体	非组织化	个体事务	个体利益	无

资料来源：左冰论文"社区参与：内涵、本质与研究路向"，载《旅游论坛》2012年第5卷第5期，第4页。

（二）作为社会学范畴的"社区参与"

"参与"通常与"社区"紧密相连。"社区"是社会学的基本概念，有悠

---

① [美] 卡罗尔·佩特曼：《参与和民主理论》，陈尧译，上海人民出版社2006年版，第16页、第8页。

② [美] 托克维尔：《论美国的民主》，吉家乐编译，中国华侨出版社2014年版，第31页。

久的学术研究历史。"社区参与"则是社会学关于社会变迁和社会发展研究主题的基本概念。德国社会学家滕尼斯就是基于对当时社会变迁进程的考察提出了"社区"概念。美国社会学家 F. 法林顿 1915 年在《社区发展：将小城镇建成更适合生活和经营的地方》一书中提出的社区发展概念，成为社区参与概念的雏形，为国际社会推动"二战"以后的社区发展提供了理论参照。社会学认为，参与是一种权利，也是一种责任和义务。社会参与是指社会成员以某种方式参与、干预、介入国家政治生活、经济生活、社会生活、文化生活和社区的公共事务从而影响社会发展。从根本上讲，现代化和社会发展最终决定于各方面现代性因素自下而上地逐步积聚和升华。社会进步和政治发展的根本动力在于基层社区发展的程度。在微观层面，社区参与是社区发展的内在动力。社区参与的规模、社区参与的途径和制度化水平将直接关系到社区发展的整体变迁与目标模式；在宏观层面，社区参与作为基层民主最广泛的实践，将是社会进步和政治发展的结构性驱动力和新的增长点[1]。社区参与是社会参与的重要一环，社区参与是一种公众参与，意味着社区居民对社区责任的分担和成果的共享，它使每一个社区居民都有机会为谋取社区共同利益而施展和贡献自己的才能。社区参与是对各种决策及其贯彻执行的参与，它使每一个居民都有机会向地方政府表达意见，维护自己的利益。在现代社区生活中，社区居民及其组织参与社区事务和活动已变得越来越重要，它是社区组织和社区发展工作的基本原则和方法，是社区规划赖以形成和实现的重要前提和基础。为居民提供参与机会是社区的重要功能之一，社区参与本身又被视为一种新的价值和目的。社区参与的根本原因，是社区居民及其组织与社区的利益相关；参与的具体动机，则直接出于各种各样的考虑，如为了对社区未来发展的计划施加某种影响，为了与社区中某些重要组织保持联系或协调一致。有效的社区参与，取决于信息的畅通、居民的知识与能力、付出精力和时间的意愿，以及对促进自我服务的心理态度等。

　　社区发展理论是社区参与实践的重要依据。社区发展理论在实践中，尤其强调社区成员参与社区事务的管理，通过全体成员的共同努力解决社区所面临的共同问题，以改善社区的经济、文化、社会环境，从而促进社区的进步与发展，并使社区成员从中受益[2]。见表 1-2。

---

[1] 王刚、汪丽萍："社区参与简论"，载《城市研究》1998 年第 5 期，第 53 页。
[2] 冯山："一花四叶：社区发展理论及其实践流派初探"，载《社会福利》（理论版）2020 年第 5 期，第 7 页。

表 1-2 社区发展理念及其实践脉络

时间	代表性国家/地区	代表性事件	主要特征及影响
20 世纪初	英国、法国和美国等	"睦邻运动"	培养社区居民的自治和互助精神,动员社区居民参与改造社区生活条件
第一次世界大战期间	美国	"社区组织运动"	改进社区工作,开展战时服务
1939 年	美国	桑德斯和波尔斯合著《农村社区组织》一书	首次提出社区发展的基本理论和方法
1951—1954 年	世界许多国家/地区	联合国 390D 号议案"社区发展计划"	建立联合国社会事务局社区发展组,在世界许多国家和地区积极推动社区发展行动
1993 年前	欧美地区	多种传统社区发展模式	从社区问题和需求出发,依赖外部资源介入,获取社区发展
1993 年至今	美国	资产为本的社区发展模式	资产为本、内在取向、关系驱动;不忽略社区的需求和问题,但更看重社区自身的实力和成就

资料来源:冯山论文"一花四叶:社区发展理论及其实践流派初探",载《社会福利》(理论版)2020 年第 5 期,第 7 页。

(三)作为管理学范畴的"员工参与"

参与式管理早期是作为员工在组织中权力分享程度的表征,最突出的是参与式管理企业管理决策过程。参与式管理定义众多,但都包括这些核心本质:企业吸收员工介入管理决策制定和实施,通过与管理层的交互作用,参与和影响管理行为[1]。

20 世纪 60 年代,参与式管理在美国出现,并在现代产业实践中得到了日

---

[1] 陈万思、余彦儒:"国外参与式管理研究述评",载《管理评论》2010 年第 22 卷第 4 期,第 73 页。

益广泛的应用。参与式管理要求员工广泛地参与组织的各种决策和实践活动。参与管理的理论基础是管理学家所提出的关于人性假设的理论。20世纪30年代，美国心理学家乔治·埃尔顿·梅奥（George Elton Mayo）在霍桑实验后提出了"社会人"假设，认为人的工作以社会需要为动机，人们希望管理者能够满足自己的社会需要和自我尊重的需要①。持这种人性假设的管理者提出了"参与管理"的形式，让职工在不同程度上参加企业决策的研究和讨论②。20世纪50年代末，美国学者道格拉斯·麦格雷戈（Douglas M. Mc Gregor）等人提出了"自动人"假设，并结合管理问题，概括为Y理论。这种理论认为人有自我实现的需要，人的才能和潜力充分地发挥出来，人才能感受到最大的满足。麦格雷戈认为，在适当的条件下采取参与式管理，鼓励人们把创造力投向组织的目标，使人们在与自己相关的事务的决策上享有一定的发言权，为满足他们的社会需要和自我实现需要提供了机会。③ 一方面，参与式管理意味着在一个机构的各部门内应由领导者和职工共同讨论、议定工作目标；共同进行决策分析。这样既可以使职工了解接受议定的目标和策略，又能使职工产生一种亲切感和责任感；促使职工以"自我指导"和"自我控制"的方式代替大量的外在指导与控制，积极致力于整体的目标。另一方面，参与式管理可以鼓励职工展现管理智慧、提供丰富的经验、创造性意见及合理化建议，使机构整体能集中全体职工的智慧和创造力。

管理学对"参与"的讨论集中在企业管理中的员工参与问题。员工参与一般是指员工参与工作场所的决策和管理。美国加利福尼亚大学的斯蒂芬·班布里奇认为，员工参与和参与管理是两个经常混用的概念，员工参与是指将员工纳入企业决策，发挥员工在企业决策中的作用的所有制度。洛恩·普龙克特和罗伯特·富尼认为，参与管理是这样一种哲学，它要求组织作出决策时将员工意见输入并将责任扩大到适合共同决策的最低层次。参与就是保证由适当的人作出正确的决策。参与一方面要求授权，授权是取得参与的方法，通过授权将责任赋予团队或个人；另一方面要求介入，介入是为了保证决策时适当的员工

---

① [美] 乔治·埃尔顿·梅奥：《工业文明的社会问题》，时勘译，机械工业出版社2016年版，第77-88页。
② 方建威："简论发达国家职工'参与管理'制度的形成与发展"，载《工会论坛》（山东省工会管理干部学院学报）2013年第19卷第3期，第16页。
③ [美] 道格拉斯·麦格雷戈：《企业的人性面》，韩卉译，中国人民大学出版社2008年版，第119页。

意见输入。所以，授权和介入是参与管理的两个基础①。

员工参与是为激发员工潜能，鼓励员工参与企业经营决策的一种管理行为。麦格雷戈将员工参与管理定义为：为发挥员工所有的能力，并为鼓励员工对组织成功做更多的努力而设计的一种参与过程。其隐含的逻辑是：通过员工参与影响他们的决策、增加他们的自主性和对工作生活的控制，员工的积极性会更高，对组织会更忠诚，生产力水平更高，对他们的工作更满意。

由此，政治学、社会学、管理学共同为社区参与概念提供了理论根据和实践基础。社区参与的理论渊源则分别来自政治学的参与式民主理论、社会学的社会发展理论和管理学的员工参与理论等。

二、内涵界定

社区参与是指社区居民作为社区管理的客体，更作为社区管理的主体，参加社区各种事务的行为，这一概念界定具有四方面的内涵②：

其一，社区参与的主体是社区居民。参与主体是指在参与行为中起决定性作用的人。当然，社区参与不仅包括各自然人——社区居民，同样也包括社区内的政府、单位、社会团体三种法人。但归根结底，社区参与的终极点是社区居民。居民的参与行为将直接或间接地影响社区发展。

其二，社区参与的客体是社区各种事务。从宏观上看，社会现代化是包括政治、经济、文化、社会等各方面现代化在内的系统工程。从微观上看，社区发展也同样包括社区政治发展、社区经济发展、社区文化发展等诸多方面。社区事务千头万绪，社区发展离不开对社区事务的系统治理，而系统治理的效果离不开社区居民自觉主动的社区参与。

其三，社区参与的心理动机是公共参与精神。心理动机是参与活动的起点，是激励并维持参与行为达到一定参与目标的内在动力。公共参与精神的兴起不仅体现了居民要求自我价值的实现和自身潜能的发挥，表明社区主体心态的发育成熟和对公共利益和公共领域的自觉认同，而且是实现社区发展和培育市民社会的精神支撑。

其四，社区参与的目标取向是社区发展和人的全面发展。社区居民通过广泛参与，促进社区的积极变革和演化，推动社区发展与社会的全面进步。而社会发展的核心在于人的发展，人的全面发展是社会发展的终极目标。以人为本

---

① 谢玉华、何包钢：《西方工业民主和员工参与研究述评》，载《经济社会体制比较》2007年第2期，第139页。

② 王刚、汪丽萍：《社区参与简论》，载《城市研究》1998年第5期，第53页。

的发展观要求社区发展不仅要满足生活安全等需要,而且还要满足自我实现的最高需要,以实现社会的可持续发展。

社区参与包括"谁来参与""参与什么"和"怎样参与"三个面向的问题。(1)谁来参与。社区参与主体主要是以社区居民为主体的社区成员,参与主体与社区之间存在权利、义务和责任关系。作为社区成员,社区参与既是分享权利的过程,也是履行义务的过程。(2)参与什么。主要是参与与社区相关的公共事务和公共活动。这些公共事务与公共活动与社区成员息息相关,不仅事关社区整体的安全、利益和福祉,也毫无例外地会涉及每个社区成员的个体利益,是个体利益得以实现的公共服务系统。(3)怎样参与。社区参与的最终目标是建立和完善社区公共服务系统,保障社区成员的需要和利益得以实现,促进社区与人的共同发展。因此,社区参与需要在公共利益和个人利益、公共领域和私人领域之间找到平衡点,建立有序的制度化参与机制,保障社区参与的目标和效率。

第二节 社区参与研究视角

在一系列社区参与的相关研究中,出现了几个影响深远的研究视角,带动了学界对社区参与的研究。

一、国家与社会研究视角

国家与社会的关系是观察和研究社区参与的重要视角。从传统意义上讲,国家与社会的关系存在两种鲜明的主张:国家高于社会;抑或市民社会先于国家。由此形成一个理论预设,即国家和社会是相互抗争的两股力量,要么社会力量生长发育并最终实现自治,要么国家力量在社会变迁中能够延续对基层的掌控[①]。从理论上说,国家代表了统合性力量,社会代表了自主性力量,二者的关系可以分为以下四种类型:(1)强国家—强社会;(2)强国家—弱社会;(3)弱国家—强社会;(4)弱国家—弱社会。其中,"强国家—强社会"模式自然是一种理想的模式。这种模式意味着:第一,国家对外实力强大,维护国家主权与尊严不受侵害,对内管理有效,提供高质量的公共服务和社会保障;第二,公民生活富裕,社会高度自治,民间力量在经济、社会、文化等生活领域具有较强的自主性、自立性和自助性;第三,在公共事务的管理中,国家权

---

① 孙小逸:《城市社区治理:上海的经验》,上海人民出版社2017年版,第3页。

力机关—政府—政党组织、社区和社团组织所构成的"社会"大体上各守本位，各司其职，形成良性互动关系，彼此分工协作。20世纪90年代以后，学界开始广泛运用国家与社会关系视角研究城市基层社区，社区成为理解中国的国家与社会关系的一个绝佳观察窗口。中国的改革开放本身就是对国家与社会关系的重塑；"国家"在经济、政治和社会方面的改革始终是无法绕开的因素。借用熊易寒的分析[①]，如果在社会建设实践中没有"国家"，也就是国家退出，为社会提供自主成长的空间，其结果不一定就能带来社会的成长，反而有可能出现某种失序。社区作为社会的核心组成部分，社区居委会既是居民自治组织，又是国家行政职能的末梢，具有"国家—社会"二重性，也必然是国家与社会直接互动的重要场域。

中国学者普遍认为：国家与社会在城市社区这一场域中彼此相遇和深入互动，形成了错综复杂的相互关系。李友梅指出[②]，随着经济体制改革的深化，"城市基层社区生活越来越显露出它的社会性"。她认为中国城市的基层社区组织由居委会、物业公司、业委会构成，分别由行政性的、经济性的、社会性的关系组成。"据我们观察，关系的建立如同市场的构造，它离不开社会行动者的参与，建成的关系总带着自己的结构，该结构如同规则对其参与者的行为有制约功能，因而关系建立的过程往往是参与者为支配某种局面而进行'协商'或'交易'的过程"。李友梅进一步指出，改革开放以来的制度变迁带动了国家行政、社会以及市场经济之间关系的重构，政府逐步放松了对经济与社会领域的直接控制，经济、社会领域不断获得自主性。不过，政府仍然掌握着"公域"控制权的分配，经济与社会领域的自治还是"受限制的"。桂勇[③]认为，国家对社会的控制力的强弱、作用范围的大小，在不同领域、不同条件下也许会表现出多重面目，呈现纷繁复杂的局面。目前城市基层中国家与社会的关系并非是断裂的，也不是嵌入式的，而是呈现一种"粘连"状态。王汉生等[④]认为："参与是国家与基层社会联结的重要方式。国家作为一个重要的行动者，正是通过对社区事务的频繁'参与'，在参与的过程之中，将自己的力量深入到了

---

① 熊易寒："国家助推与社会成长：现代熟人社区建构的案例研究"，载《中国行政管理》2020年第5期，第99页。
② 李友梅："基层社区组织的实际生活方式——对上海康健社区实地调查的初步认识"，载《社会学研究》2002年第4期，第15–16页，第19页。
③ 桂勇："邻里政治：城市基层的权力操作策略与国家—社会的粘连模式"，载《社会》2007年第27卷第6期，第103–104页。
④ 王汉生、吴莹："基层社会中'看得见'与'看不见'的国家——发生在一个商品房小区中的几个'故事'"，载《社会学研究》2011年第1期，第85–86页。

社会的最基层，通过其政策及其与社会团体的关系模式来实现对基层自治与基层社会生成及生长进程的影响"。

国家和社会真正直接接触的层次在基层。① 在城市社区中，国家介入是否有助于提高社区参与？学界一直存在不同的观点。第一种观点认为，行政力量的介入会降低社区参与的水平，阻碍社区自治的发展。国家通过转变治理结构、完善社区福利和服务提供、巩固党组织在城市基层的地位等治理创新，使得市场改革形成的城市基层管理的空白由国家行政力量而非地方自治力量来填补。②第二种观点认为，城市社区是促进公共参与乃至市民社会形成的摇篮。随着治理理念的广泛传播，国家在推进社区参与式民主上发挥了积极的作用。刘春荣的研究发现，③ 国家主导的组织创新，比如推动居委会直选或社区协商会议制度，有助于增强地方治理权力。国家的治理创新可以促进社区居民"非正式的、公共的、日常的参与"。肖星进一步指出行政权力、社区传统以及精英参与是促进城市社区的社会资本生成的重要动力。"行政力量、社区传统和精英参与三个模块依据信任、规范、网络的相关原则发生相互作用，最终决定了社区社会资本的存量和构成情况，并直接影响到社区建设与社区发展的进程与方向"④第三种观点认为，社区参与的根本动力是居民与社区的利益联系；在社区利益结构没有发生变化的情况下，国家社区建设的努力并没有对社区参与产生实质性的影响。桂勇指出："对于一般的社区居民来说……居民和居委会之间只有很微弱的利益联系，这种弱联系使得居委会直选只是停留在'居民有了选举权'这种抽象的层次。没有了切身的利益，民主的权利只不过是一种装饰而已。⑤""尽管直接选举包含着推进城市民主、促进基层自治的意图，但在放手给居民民主权利的过程中，国家的力量仍时隐时现地存在着"⑥。熊易寒认为⑦，"为什么城市社区居民对选举普遍持冷漠的态度？通常的解释是利益缺

---

① 马卫红、桂勇、骆天珏："城市社区研究中的国家社会视角：局限、经验与发展可能"，载《学术研究》2008 年第 11 期，第 63 页。
② 孙小逸：《城市社区治理：上海的经验》，上海人民出版社 2017 年版，第 113 页。
③ 刘春荣："赋权下的自主性：对上海社区治理革新的政治分析"，载《复旦公共行政评论》2009 年第 1 期，第 288 页。
④ 肖星：《社会资本视角下的城市社区建设》，上海大学 2007 年博士学位论文，第 138 页。
⑤ 桂勇、黄荣贵、李洁瑾等："直选：是社会资本开发还是行政推销民主？"，载《上海城市管理职业技术学院学报》2003 年 12 卷第 6 期，第 23 页。
⑥ 桂勇、黄荣贵、李洁瑾等："直选：是社会资本开发还是行政推销民主？"，载《上海城市管理职业技术学院学报》2003 年 12 卷第 6 期，第 24 页。
⑦ 熊易寒："社区选举：在政治冷漠与高投票率之间"，载《社会》2008 年 28 卷第 3 期，第 193 – 196 页。

位"。"然而,只要有利益就会有行动吗?问题可能并没有这么简单。……社区居民的共同利益主要是维持性而非分配性的,这就是社区政治冷漠背后的社会事实"。"当前城市社区政治参与的根本症结就在于公共空间和公共生活的缺失,因而导致社区选举与居民日常生活的疏离"。

在我国社区从"单位制"转向"社区制"的改革进程中,很多学者从国家—社会关系的理论视角,指出①"中国的城市社区参与是一种出于国家治理需要的自上而下的制度安排,居民的行动逻辑与行动策略以及政府与居民的互动过程呈现出不同的特点"。"在动员居民参与社区事务过程中,基层政府和社区居委会采取地方性权威式动员,它是社会转型背景下适应城市社会变迁的一种新型的权力技术,既运用原有行政组织网络的强大动员力量,又借用基于人情的地方性互动网络等非正式因素,将社区居民纳入社区建设和国家政权建设过程之中"②。

国家—社会的研究框架本质上是基于西方或欧洲国家的实际情况提出的。它关注国家与社会的关系,强调国家建设和市民社会的形成之间的关系,并认为经济发展对民主进程有积极的影响。从经验层面上看,中国自1978年以来的经济改革和政治转型同国家—社会范式的主题正好相吻合。国家建设、市民社会和民主化都是当代中国研究的热点话题。这也是为什么西方学者和国内学者都特别愿意用国家—社会的视角来剖析中国政治转型的特征及后果,尤其关注国家机器与社会之间的互动。在某种程度上用国家—社会视角来解释中国的情况有着突出的优点。"国家—社会"范式在一些关键问题的把握和理论分析上都显示着巨大潜力。不过,由于被纳入分析框架的主体是整体的(作为整体的国家和作为整体的社会)而不是分化的,是二元的而不是多元的,一旦被研究的主体并不像其所假定的那样具有整体性,国家—社会范式的局限性也就突显出来。随着改革的深化以及利益的多元化,国家与社会随着改革而趋于分化,不能够简单地将某些部分归入国家或者社会。这种复杂性说明,仅仅从国家—社会范式出发来分析当代中国社会是远远不够的。国家—社会关系视角的前提预设是国家和社会之间的分离。然而,无论是国家还是社会都不能被清晰地描述为单一或统一的行动者。比如,街道办事处和居民委员会承担着很多行政职能,但他们并不总是遵循与国家行政管理体制相同的逻辑。同样,社会中的行动者也是多种多样的。

---

① 杨敏:"公民参与、群众参与与社区参与",载《社会》2005年第5期,第86页。
② 刘岩、刘威:"从'公民参与'到'群众参与'——转型期城市社区参与的范式转换与实践逻辑",载《浙江社会科学》2008年第1期,第86页。

二、社会资本研究视角

社会资本理论进入中国，因其对观察和分析社区治理很有启发性，逐渐成为社区治理的重要研究视角。法国社会学家皮埃尔·布迪厄（Pierre Bourdieu）首次对社会资本理论作了系统阐述。他正式提出并将"社会资本"概念引入社会学，指出社会资本的概念即为"实际或潜在的资源集合，这些资源与拥有相互熟识和认可的、或多或少制度化的关系的持久网络相联系"。① 布迪厄分析了经济资本、文化资本和社会资本等各种形式的转化，并认为社会中的个体通过社会资本能够获得经济资源，这些经济资源包括投机方法、补助性贷款以及市场的保护等。另外，行为主体通过与拥有知识的专家交往，可以提升其知识资本以及文化资本等。最后，通过社会网络可以与网络中的机构形成密切的关系，建立相应的关系网络。总之，社会资本的积累主要依靠网络中的行为主体拥有的资本数量和质量，依赖于其关系网络的规模以及主动性。

詹弗斯·科尔曼（James S. Coleman）是另一位系统阐述社会资本理论的社会学家。1988年，科尔曼首次在《美国社会学杂志》发表题为《社会资本在人力资本创造中的作用》一文，对社会资本作了初步论述，后在其所著《社会理论的基础》一书中，对社会资本理论作出较为系统的阐述。科尔曼对社会资本的研究在一定程度上继承和吸收了布迪厄的某些观点，但他对社会资本概念作了扩展，提供了对社会资本的更广泛的理解，被认为是从理论上对社会资本进行了全面而具体的界定和分析的第一位社会学家。他认为，"社会资本的定义由功能而来，它不是某种单独的实体，而是具有各种形式的不同实体；其共同特征有两个：它们由构成社会结构的各个要素组成，它们为结构内部的个人行动提供便利。"他同时指出了社会资本的三个特性：社会资本具有不可转让性；社会资本的公共物品属性，如信任、规范、信息网络等；社会资本与其他形式的资本（主要是货币资本和人力资本）地位同等重要。

真正使社会资本概念引起广泛关注的是哈佛大学教授罗伯特·D. 帕特南（Robert D. Putnam）。1993年，帕特南出版了《让民主政治运转起来》一书，其中的核心概念就是"社会资本"。他通过对意大利政府进行的长达20年的跟踪调查和对比分析，提出社会资本在地区之间具有差异性，这些差异是意大利中部企业和南部企业存在差异的根本原因。他认为社会资本的基本特征是基于社会组织提出的，比如信任、规范以及相应的网络。这些基本特征如果能够在

---

① Bourdieu P: *The Forms of Capital*, In Richardson (ed), Handbook of Theory and Research for the Sociology of Education [M], Westport, CT: Greenwood Press. 1986. P248.

社会中体现出来,将能够提高社会效率,因为人力资本以及物质资本可以通过社会资本予以提高。帕特南认为,社会资本不是一种私有财产,它常常是其他社会活动的副产品。如果一个社会是信任和互惠的,将使得社会更加和谐,因为信任、规范和网络对于社会的发展具有润滑作用,且具有积累和强化的效应。这些观点大大拓展了社会资本研究的视角。

在社会资本的理论研究中,布迪厄、科尔曼、帕特南被公认为是最重要的代表人物。帕特南认为,社会资本通过居民的参与网络、社会规范与信任等要素,能够培养居民的公共精神和公民意识,进而促进居民的民主参与。帕特南所说的社会资本属于集体社会资本范畴,反映的是社会组织或共同体共有的社会性资源。这种蕴藏于社区中的集体性社会资本制约着人们的行动选择,促使人们采取一些公共性的社区参与行动,更多地与社区联系起来①。参与网络包括正式参与网络和非正式参与网络。居民邻里之间的交往属于非正式参与网络,这种非正式的联系对于保持和维护居民关系网络十分重要,通过频繁的互动可以增进彼此之间的联系。社团参与属于正式参与网络,社团组织作为一种合作的社会结构,对于培养社团成员的合作精神,形成团结氛围,培养公共精神,增进居民的"利益表达"和"利益集结"②都具有积极作用。可以说,在社会资本的三个要素中,参与网络具有基础性地位,是普遍信任与互惠规范产生的基础。参与网络增加了博弈的重复性,培育了强大的互惠规范,促进了交往及有关个人品行的信息流通③,从而作为一种具有文化内涵的模板,抑制了个人的投机主义动机。"因此,在一个社区中,居民参与网络越密集,社区居民就越有可能为了共同利益而参与合作"④。

20世纪80年代以来,社会资本分析被广泛应用于社会治理、公共管理领域。孙秀林采用社会网络的分析视角,实证验证了社会网络对于城市移民政治参与的效果。研究结果显示:"拜年网"的规模对于城市居民(包括上海户籍与非上海户籍)的政治参与具有负向的效果;"讨论网"的规模只对城市移民群体(非上海户籍居民)具有正向的促进作用;而"社会参与网"表现出了非

---

① 黄荣贵、桂勇:"集体性社会资本对社区参与的影响——基于多层次数据的分析",载《社会》2011年第6期,第234页。
② [美]罗伯特·帕特南:《使民主运转起来》,王列、赖海榕译,江西人民出版社2001年版,第103页。
③ [美]罗伯特·帕特南:《使民主运转起来》,王列、赖海榕译,江西人民出版社2001年版,第204页。
④ 高红、王佃利:"人力资本、社会资本与居民公共参与行为",载《山东大学学报》(哲学社会科学版)2021年第6期,第17页。

常显著的正向作用,而且,城市移民群体的"社会参与网"比上海户籍居民具有更强的正向效果①。黄荣贵、桂勇研究了垂直型社会资本与水平型社会资本对社区参与的不同影响。他们列举了不同类型的社会资本对社区参与的影响,如表1-3所示。他们分析指出:"垂直型社会资本与水平型社会资本的区分来源于联系纽带的方向的不同,在水平型社会资本中,社会资本源于横向的联系纽带;而在垂直型社会资本中,社会资本源于纵向的联系纽带,以及由上至下的社会资本构建行为。"②就公共型社区参与而言,"垂直型社会资本对其影响应该不大;但是,任何居民都居住在特定的社区环境之中,必然要受到社区自身存在的社会资本的影响。因此,以居民之间的横向联系为核心而产生的社会资本对公共型社区参与具有正面的影响。"③

表1-3 不同类型的社会资本对社区参与的影响

不同类型的社区参与	不同类型的社会资本	
	垂直型社会资本	水平型社会资本
体制化社区参与	促进	促进
抗议型社区参与	抑制	促进
公共型社区参与	无影响	促进

资料来源:黄荣贵、桂勇论文"集体性社会资本对社区参与的影响——基于多层次数据的分析",载《社区建设与社区治理》,社会科学文献出版社2012年版,第115页。

社会资本对社区参与和治理有积极的作用,但不同类型的社会资本以及社会资本的不同维度与构成要素在社区参与和治理中的具体作用不尽相同④。杨秀勇、高红分析了社会资本构成要素对社区治理绩效的影响以及这种影响的社区差异⑤。应优优分析认为:"从表面上看,社会资本是一种抽象的、难以观测的非具体化事物,似乎难以对其剖析和分解,而实际上社会资本具有可分割性,可分为特定性社会资本和共通性社会资本。特定性社会资本对城市居民参与社

---

① 孙秀林:"城市移民的政治参与:一个社会网络的分析视角",载《社会》2010年第1期,第61页。
② 黄荣贵、桂勇:"集体性社会资本对社区参与的影响——基于多层次数据的分析",载《社区建设与社区治理》,社会科学文献出版社2012年版,第114页。
③ 同上,第115页。
④ 方亚琴、夏建中:"社区治理中的社会资本培育",载《中国社会科学》2019年第7期,第67页。
⑤ 杨秀勇、高红:"社区类型、社会资本与社区治理绩效研究",载《北京社会科学》2020年第3期,第81页。

区治理产生负向影响,共通性社会资本对城市基层治理产生了显著的积极影响"①。"社会资本的多维性对公众参与也将产生显著的差异化影响"②。

自20世纪90年代开始,"社会资本"成为许多学科关注的概念和分析起点,它关注网络、规范、信任等社会内部的文化机制,强调借由集体行动形成的社会关系所产生的沟通、协调、互惠合作等价值是推动社会发展的关键因素,认为在社会组织中人们之间的彼此信任和相互合作所蕴涵的价值比物质资本和人力资本更为重要。如何通过社群组织的黏合作用重振公民精神,提高公民的参与意识,是社会资本研究的重要课题。学者们对社会资本的构成要素论述很多,各有侧重。总结起来主要有三点:信任、参与和关系网络。当社会关系处于高度信任状态,人们将有较高的意愿与他人进行交易或合作性的互动。这种以信任、参与和关系网络为主的社会资本构成了一种非制度化规范,使各方以信任、合作与承诺的精神集合起来,实现组织绩效的提高。可见,社会资本是特定群体所拥有的带有公共性质的资源,这种资源可以用于改善群体的生活状态,增加群体的福利。

运用社会资本视角研究中国社区问题,必然带有一定的局限性。中国学者杨敏指出:西方的社会资本理论仅能提供一种参照模式,但不能对当前我国的社区参与提供解释。③ 刘岩、刘威也提出,西方的社会资本理论仅能提供一种参照模式,但不能对当前我国的社区参与提供解释。中国和西方在社会制度和社会体制方面存在根本性差异,而体制和制度对参与具有决定性影响。换句话说,特定的权力运行制度和分布结构会形塑不同的社会参与动机和逻辑。④

三、理性选择视角

理性选择理论是社会学用经济学的方法研究社会学问题最为重要的理论之一。该理论的核心观点是人以理性的行动,满足自己的偏好,并使效用最大化。理性选择理论产生于20世纪50年代,科尔曼在分析批判传统社会理论的基础上,创立了新的社会行为理论。科尔曼的理性选择理论认为行动者以其资源为资本,以利益为行动目标,可以对城市社区居民参与行为进行一定的解释。理

---

① 陈捷、卢春龙:"共通性社会资本与特定性社会资本——社会资本与中国的城市基层治理",载《社会学研究》2009年第24卷第6期,第98-99页。

② 应优优:"公众参与行为的影响因素及城乡差异——基于社会资本的视角",载《甘肃行政学院学报》2018年第4期,第77页。

③ 杨敏:"公民参与、群众参与与社区参与",载《社会》2005年第5期,第82页。

④ 刘岩、刘威:"从'公民参与'到'群众参与'——转型期城市社区参与的范式转换与实践逻辑",载《浙江社会科学》2008年第1期,第88页。

性选择理论指出,任何行动系统都是由三种基本元素构成的,即行动者、资源和收益。行动者是具有能动选择的主体,处于社会关系和社会互动之中,控制着资源并且能够从中获得收益。资源是行动者行动的基础,资源的种类很多,包括财富、物品、信息、技能、情感等。收益是行动者行动的动机和目的,这个收益包括经济、社会、文化、政治、情感等多方面的收益。

就社区参与而言,理性选择理论关注的主要问题是:哪些类型的公民参与?参与的目的是什么?该理论的主要立足点在于,制度与组织的安排是否可以激励公民的个人参与,这种安排又是否能够促进社会资源配置的最优化(但这种情况下通常是不会实现的)。① 理性选择理论将收益最大化原则贯彻到所有研究议题中,同时该理论还力图揭示行动者的行动是怎样结合起来并产生社会后果的。② 就理论上来说,个体之所以参与集体行动或是进行公共事务的管理,其动力主要来源于以下两个方面:一是通过参与争取自身和群体的利益最大化;二是在参与的过程中表达意愿,寻求共议,实现价值认同。在社区参与中,居民对于社区的归属感和认同感是参与的一个重要动力,很多时候居民参与社区活动正是基于寻求联系和互动的需要而非某种理性的计算。③ 在现代社会中,虽然居民由于利益分离而受到社区外组织的强力牵拉,导致其对居住社区的依赖大为降低,但是在情感上,居民对于居住地的归属感和依附情绪仍然是一个不容忽视的心理动力,这在很大程度上成为克服社区参与中集体行动困境的一个重要基础。就当前的社区参与现状来说,由于居民对社区缺乏群体性认同和情感联系,因此对社区公共事务表现出漠不关心。居民和所属社区的实际利益联系越紧密,社区的事务越是和居民利益攸关,则居民对其越关注,参与的意愿就会越强。否则就可能"事不关己,高高挂起"。④

理性选择视角把获取最大化的报酬视为居民社区参与最主要的动力,凸显了居民在社区参与中的理性意识,在一定程度上解释了居民在社区参与过程中的分化。然而该理论视角下的不同研究都忽视了一个现象,即参与积极分子的权益性参与极其有限。权益性参与有利于维护包括积极分子在内的每一个居民

---

① 李黎明、王惠:"社会资本、制度供给与居民社区参与",载《西安交通大学学报》(社会科学版)2016年第36卷第6期,第48-49页。

② [美]詹姆斯·科尔曼:《社会理论的基础(上)》,邓方译,社会科学文献出版社1992年版,第28-30页。

③ 陈振华:"利益、认同与制度供给:居民社区参与的影响因素研究",清华大学2004年硕士学位论文。

④ 王小章、冯婷:"城市居民的社区参与意愿——对H市的一项问卷调查分析",载《浙江社会科学》2004年第4期,第5-12页。

的权益，而实际上积极分子却极少参与，这与理性选择理论的"理性人"假设相矛盾。①

四、社会治理视角

20世纪90年代，"治理"概念和治理理论进入人们的视野。治理理论一经产生，很快就被运用于多个领域，如全球治理、国家治理、区域治理、公司治理以及社区治理等。治理理论的主要创始人罗森瑙（Rosenau）在其代表作《没有政府统治的治理》和《21世纪的治理》中将治理定义"为一系列活动领域里的管理机制"。与统治不同，治理指一种由共同目标支持的活动，管理主体未必是政府也无须依靠国家强制力量来实现。全球治理委员会于1995年发表了题为《我们的全球伙伴关系》的研究报告，对治理作出了如下界定："各种公共的或私人的个人和机构管理其共同事务的诸多方式的总和。它是使互相冲突的或不同的利益得以调和并且采取联合行动思维持续的过程。这既包括有权迫使人们服从的正式制度和规则，也保留各种人们同意或以为符合其利益的非正式的制度安排。"②

治理作为使相互冲突的或不同的利益得以调和并且采取联合行动的持续的过程，它不是一整套规则，也不是一种活动，而是一个过程；治理过程的基础不是控制，而是协调；治理既涉及公共部门，也包括私人部门；治理不是一种正式的制度，而是持续的互动，以最大限度地增进公共利益。其基本要素包括合法性、法治、透明性、责任性、回应性、有效性、参与、廉洁、公正。现代政府正日益从统治走向治理，从善政走向善治。统治追求的是统治利益的最大化，而治理的目标则在于最大限度地追求公共利益。统治权威是政府，施威方式是通过自上而下地发号施令，施威领域是在国家界限之内。治理通过由公民社会组织、非政府组织与政府部门、私营经济部门等多元治理主体间建立合作、协商、伙伴关系来共同实现对公共事务更有效率的管理。

社会治理的主要内容包括：其一，公共管理权力的重新配置。社会治理是在治理理念的引导下，社会管理领域内的一场深刻变革。社会治理的主体包括个人、政府组织、自治组织和各类经济社会组织。首要解决的是关于社会公共管理权力在这些主体间得到科学、合理地分配，这是充分调动这些力量参与社会公共管理的基础。这其中就包括社会公共管理的决策权、执行权、财权和事

---

① 方亚琴："社会控制的延续，抑或公民社会的发轫？——不同理论视角下的城市居民社区参与"，载《城市发展研究》2012年19卷第7期，第101页。

② 俞可平：《治理与善治》，社会科学文献出版社2000年版，第4页。

权的归属问题，自治组织、各种经济社会组织参与社会公共管理的权力保障问题，政府与社会各类组织间的权力范围和边界问题等。

其二，不同利益的充分表达和整合。社会治理以兼顾绝大多数人利益为基础，具备完善的利益表达和博弈机制，最终实现不同利益的有机整合。这是因为社会治理的主体就是不同利益群体，他们是不同利益群体为解决社会公共问题而结成的组织体系。特别表现在公共政策的制定上，不同社会治理主体通过各种途径进入公共政策的决策和实施中来，实现对社会公共利益分配的公平、公正。因此社会治理是一个充满协商、沟通、协调的利益博弈和整合过程，在社会治理主体间达成共识，最终合理配置社会公共资源。

其三，政府的自我调适和重新定位。社会成长本身就取决于国家的权力自觉，社会治理也是政府自我调适和重新定位的结果。这是因为自20世纪80年代以来，面临日益复杂的社会环境，社会问题和社会事务增多的情况下，政府通过激发各种社会力量，通过不同方式、手段，来解决共同面临的社会公共问题，取得了显著成效。政府和各类社会组织间互信、合作关系的形成与发展，是社会治理的核心环节，也是政府关于自身在社会管理中的重新调适和新的定位。这种变化包括政府职能转变，政府角色的重新定位，政府社会管理和公共服务方式的转变，政府机构调整以及政府与个人、社会团体关系的重新调整，等等。

其四，公民社会的培育和成长。公民社会的强大和公民积极参与公共事务是社会治理的基础，取决于政府对公民社会的培育。这就要求政府重新认识公民及各类社会组织在社会公共事务管理中所起到的作用。政府放宽对社会的管控，降低各类社会组织进入社会管理、开展社会活动的门槛。授权给社区、授权给各种社会组织，让他们参与到社会管理中来，积极培养和提升各类社会组织自我管理、自我服务的能力，让公民在参与中成长。实现权力真正回归于民、回归于社会，建构起新型政府—社会关系。

中国的社区治理过程本质上是行政性向自治性、公共性的转化过程。在这一过程中，社区的作用主要体现在应对国家和市场难以解决的困境，比如在诸多社会问题的解决过程中，政府通过社区居民参与来克服万能市场"失灵"，以及全能政府"失效"导致的公共物品生产和供给困境；通过社区治理，培育公民的参与精神和社区团结，缓解城市生活中由于人际关系冷漠、归属感和安全感缺乏而引发的"社会病"。需要指出的是，社区公共空间的存在意义及其价值的实现，都是以居民的自主参与作为核心条件的。学界已有的研究分析了个体因素（如性别、年龄、政治面貌、经济收入、教育程度、就业状况等）与社区参与的关系。"总的来说，女性、老年人及退休人员参与社区活动与居委会活动的积极性更高，居民的收入与受教育水平则与社区参与成反比关系"①。其中，从社区参与需要的时间和精力成本来说，女性、年龄偏大，或者已经退休在家的居民更倾向于参与社区事务；与此同时，经济收入、社会经济地位、受教育程度对居民参与呈现负向影响，即这三者的指标越高，居民参与社区活动的可能性反而越低②。因此，与西方社会参与模式不同，中国城市社区的参与主体呈现非常态分布状态③。

随着我国社会管理转向社会治理，治理视角成为基层社区研究的重要理论视角。中国学者认为，治理是一个上下互动的管理过程，它主要通过合作、协商、伙伴关系等方式实施对公共事务的管理，其权威主要源于公民的认同和共识④。居民参与对于推动社区治理，促进基层社会民主化进程，增强社区自治能力能够起到积极作用。中国学者认为，在基层治理实践中，居民参与与社区治理模式之间具有互动关系：一方面，居民参与意愿和参与程度制约着社区选择何种治理模式；另一方面，选择何种社区治理模式对于促进或制约居民参与程度具有重要影响⑤。有学者分析了社区治理对于居民参与的影响，认为善治取向的治理模式具有向社会授权的效果，能够引导社区居民发现自身与社区的利益关联，激发居民民主参与社区事务的意识和热情，提高居民的自治能力。而且，治理主体间的权力配置和互动方式，治理效益在多元主体间是否实现公平分配，也会影响居民参与的热情⑥。也就是说，在公共事务管理中多元利益主体的合作，以及在多元利益主体之间利益的公平分配，有助于激励居民主动参与社区治理。然而研究也发现，当前我国居民的社区参与意愿普遍不高，主要由于缺乏利益关联，居民出于时间和精力的考虑，对社区事务冷漠，而且新型商品房社区居民构成复杂，邻里间彼此陌生，交往和联系也不多。这就造成了由于社区居民邻里互动较少而导致的"无意识隔阂"。因为相互隔离造成"无敌意冷漠"，致使社区居民虽居住在同一空间，但相互之间只是"于己无关

---

① 桂勇、黄荣贵："城市社区：共同体还是'互不相关的邻里'"，载《华中师范大学学报》（人文社会科学版）2006年第6期，第39页。
② 桂勇、黄荣贵："城市社区：共同体还是'互不相关的邻里'"，载《华中师范大学学报》（人文社会科学版）2006年第6期，第39页。
③ 张宝锋："城市社区参与动力缺失原因探源"，载《河南社会科学》2005年第4期，第23页。
④ 李建斌、李寒："转型期我国城市社区自治的参与不足：困境与突破"，载《江西社会科学》2005年第6期，第34页。
⑤ 马西恒："社区治理框架中的居民参与问题：一项反思性的考察"，载《上海行政学院学报》2004年第2期，第59页。
⑥ 涂晓芳、汪双凤："社会资本视域下的社区居民参与研究"，载《政治学研究》2008年第3期，第17－21页。

的他人"①。

社区参与是社区建设和社区发展的议题之一。由于中国城市社区建设主要来自政府的大力推动和倡导，社区管理和社区动员带有浓厚的行政化色彩，与社区居民自身的参与需求和参与预期并不一致，因而居民社区参与的动力更多地来自外部推力而非自身驱力。也就是说，政府推动和民间需求这两种力量没有起到同等作用，政府的推动意愿明显高于居民本身的需求②。中国城市居民社区参与不足，参与意愿和参与程度都比较低，与上述原因不无直接关系。因此，善用基层治理视角，分析和构建居民参与与社区治理的双向促进关系，是破解社区参与不足这一瓶颈的途径之一。

五、多中心治理视角

多中心理论是由埃莉诺·奥斯特罗姆和文森特·奥斯特罗姆夫妇在波兰学者迈克尔·波兰尼（M. Polanyi）的多中心秩序基础上共同创立的。奥斯特罗姆夫妇认为集权制和分权制作为过去经常用到的两种制度安排有无法克服的缺陷，如集权制增加管理过程的信息成本和策略成本，并容易滋生寻租与腐败；分权制则难以避免制度的缺失和规避责任。正是为了解决这两种单中心制度安排所无法解决的"一收就死，一放就乱"的两难选择格局，她提出了多中心治理概念，建立了多中心的制度安排。所谓多中心理论，便是行为单位既会独立自由地追求自己的利益（即传统的市场行为），又会相互协调合作（自主治理）。所有的公共当局具有有限但独立的官方地位，没有任何个人或群体作为最终的或全能的权威凌驾于法律之上。这样它就打破了单中心制度中最高权威只有一个的权力格局，形成了一个由多个权力中心组成的治理网络。多中心理论的核心在于因地制宜，主张采用分级、分层、分段的多样性制度安排，主张政府、市场和社区间的协调与合作③。奥斯特罗姆夫妇认为，由于市场或政府在公共事务的治理过程中失灵，公共事务的治理应该摆脱市场或政府"单中心"的治理方式，建立政府、市场、社会三维框架下的"多中心"治理模式，以有效地克服单一依靠市场或政府的不足。多中心治理理论的核心是，主张采用分级别、分层次、分阶段的多样性制度设置，加强政府、市场、社会之间的协

---

① 李黎明、王惠："社会资本、制度供给与居民社区参与"，载《西安交通大学学报》（社会科学版）2016年11月第36卷第6期，第48—49页。

② 马西恒："社区治理框架中的居民参与问题：一项反思性的考察"，载《上海行政学院学报》2004年第2期，第59页。

③ 张克中："公共治理之道：埃莉诺·奥斯特罗姆理论述评"，载《政治学研究》2009年第6期，第87—88页。

同共治。该理论的价值在于,通过社群组织自发秩序形成的多中心自主治理结构,以多中心为基础的新的"多层级政府安排",具有权力分散和交叉管辖的特征,可以在最大限度上遏制集体行动中的机会主义,实现公共利益的持续发展。

多中心治理理论强调治理的主体是多元,而不是一元的,各主体相对独立且彼此之间相互联系,在一定范围内共同承担公共事务治理的职责。多中心治理实质上是构建政府、市场、社会共同参与的"多元共治"模式①。见图1-1。

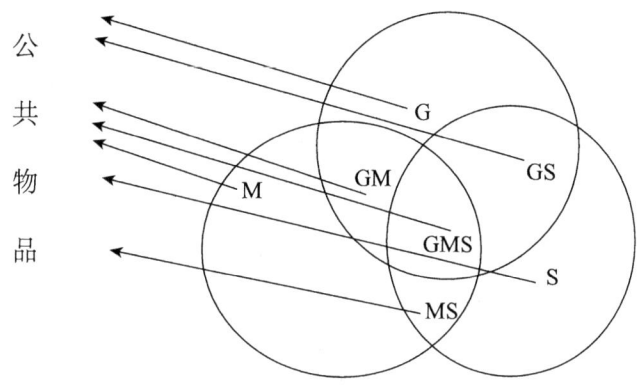

图 1-1 多中心治理模式下公共物品的供给示意

资料来源:李平原、刘海潮论文"探析奥斯特罗姆的多中心治理理论——从政府、市场、社会多元共治的视角",载《甘肃理论学刊》2014年第3期,第129页。

(1)政府维度。政府不是单一的治理主体。在多中心治理理论的视域下,同时存在政府、市场、社会参与公共事务的治理与公共物品的供给过程中,政府不是单一的治理主体,政府与市场、社会不再是对立的,而是相辅相成的。正如奥斯特罗姆夫妇所指出的那样,"把有局限的但独立的规则制定和规则执行权分配给无数的管辖单位,所有的公共当局具有有限但独立的官方地位,没有任何个人或群体作为最终的和全能的权威凌驾于法律之上"②。公共物品和服务的供给不再是政府这一单一主体,而是通过政府、市场、社会之间的竞争和协作促进公民享有更多的选择权和更好的服务。对于公共事务的治理,政府不

---

① 李平原、刘海潮:"探析奥斯特罗姆的多中心治理理论——从政府、市场、社会多元共治的视角",载《甘肃理论学刊》2014年第3期,第129页。
② [美]埃莉诺·奥斯特罗姆:《公共事务的治理之道:集体行动制度的演进》,余逊达、陈旭东译,上海三联书店2000年版,第286页。

再是简单地发号施令或采取行政强制措施来解决问题，而是要借助市场、社会的协调和合作，实现治理目标。在多中心治理中，政府更多的是扮演中介者的角色，制定多中心治理格局的宏观框架和参与主体的行为规则，运用经济、法律、政策等多种手段为公共物品的提供与治理提供依据和便利。

（2）市场维度。市场参与公共事务的治理。在多中心治理理论的视域下，公共事务的治理不仅仅有政府的参与，同样也需要市场的协同参与。现代社会分工协作体系的进步促进了公共物品生产体系和供给体系的分离。政府可以通过将公共物品生产外包给市场的形式，市场参与公共事务的治理提供了可能。在市场机制下，由于严格地按照供求关系生产公共物品，基本达到了供给与需求之间的平衡。另外，在市场机制下，企业在生产公共物品过程中严格地按照成本—收益分析生产，提高了公共物品的供给效率和效能，这些都使得市场成为公共事务治理主体中不可或缺的重要组成部分。

（3）社会维度。社会作为第三个中心参与公共事务的治理。奥斯特罗姆在系统地分析了公共事务的治理典型模型"公地悲剧""囚徒困境""集体行动的逻辑"之后得出结论：每个个体的理性行为可能造成集体的非理性后果，个体从自身的利益最大化的角度出发，导致往往会忽视公共事务的利益。奥斯特罗姆用博弈论这一分析工具，否定了前人认为公共事务的治理或彻底私有化或强化中央集权的观点，提出了政府与市场以外的解决方法，那就是，人们通过自筹资金与自主合约可以达到问题的有效解决。奥斯特罗姆经过大量的实证调查、分析发现，与政府的强制管理和纯粹的市场化运行方式相比，一些社区为了管理好森林、湖泊和渔场等公共资源，相互依赖的个体组织起来，通过自筹资金与自主合约的形式进行自主治理，从而规避了公共事务治理的困境，取得持续的共同收益。

多中心治理理论打破了以往学者认为只有国家或市场是解决公共事务治理之道的定式思维，提出了政府与市场之外新的可能性方式，即在政府、市场两个中心之外引入社会作为"第三个中心"，这是该理论的贡献与创新之处，也是奥斯特罗姆在探寻公共事务治理过程中的跨学科研究成果。但是，该"理论模型可能在特定的情况下是有效的，但是未必一定能够提供理想的政策选择方案"。[1] 多中心治理理论成立的制度环境是西方民主社会，该理论是否适用于世界范围内的其他社会模式还有待商榷。

---

[1] 毛寿龙："公共事物的治理之道"，载《江苏行政学院学报》2010年第1期，第101页。

第三节 社区参与领域

"社区参与"概念来源于西方,最初更多体现的是政治内涵。当前,社区参与无论是在社会全方位的发展、环境保护领域还是在健康领域,都占有很重要的地位。

一、社区管理与社区治理

社区成员参与社区公共事务和公共决策,本身就是参与社区管理或参与社区治理,这是社区参与的核心领域和主体内容。居民参与社区公共事务的管理与决策,是基层民主的体现,是社区管理和社区治理的基础。

居民参与是中国社区建设的主题之一。中华人民共和国成立之后,中央人民政府为了整合社会、重建秩序,在城市中实行了单位制和街居制相结合的治理体制。改革开放以来,随着计划经济的逐渐解体与单位制整合模式的日趋式微,城市生活中愈发呈现出"原子化"、个人化以及逐渐"碎片化"社会的特征,曾经嵌入在单位模块中的社会服务和公共事务逐步市场化与社区化,各种社会问题和矛盾也需要在社区中得到解决。这些现象都使得社区作为城市社会治理的基础单元发挥着越来越重要的作用,城市社区建设的启动和推进成为社会改革和发展的必然。

中国城市社区建设,是在单位制解体、社区制确立的过程中,对基层社会秩序和社会关系的重建,包括城市社区秩序的重建和社区社会关系的整合。国家的大力倡导和推动,落实到基层,则需要社会公众和社区居民的广泛参与。城市社区中的居民是否具有参与社区公共事务的"主体性"以及参与社区管理和社区治理的自治性,都是社区建设过程中需要关注的核心议题。可以说以社区居民为主体的社区参与如果不能涌现出来,社区管理和社区治理将不会落到实处、作出实效。社区居民有没有能力和意愿参与、如何参与、参与什么的问题,学界已有很多的讨论,看到了居民群体在社区生活中的参与行为的不同类型,甚至认为民众的参与能力与民主意识能够在一定程度上对政治力量进行约束和限制,[①] 并且认为,对于参与主体、参与类型、互动形式,必须开展细致的讨论。因为"居民"的概念并不是统一的、总体性的,而是内部具有细分的

---

① 王迪:"中国城市社区研究述评与分析视角探索",载《学术论坛》2015年第38卷第3期,第85页。

差异性。在社会生活的不同领域中,其活跃程度、自身诉求都有着很大的不同。因此居民社区参与会呈现复杂的差异化特征,要把居民内部的区别和分化的特征纳入分析的范围中来。这是开展社区管理和社区治理,引导社区参与、居民自治过程中必须关注的问题。

学者王迪作过如下分析:首先,同一社会领域中,不同群体的态度会存在显著差异。以社区政治生活为例,在诸如居民代表推荐、居委会候选人提名和委员选举之类的活动中,具有较高知识水平和经济能力的社区居民或单位人员往往会坚持独立的意见、看重民主原则、对选举过程施加一定的影响,社区工作人员也会特别留意这部分人。而更多的普通居民的关注点主要集中在相对现实、具体的事务上。对政治参与、民主权利并不十分看重,即便意识到选举过程中存在不规范的现象也不会发出反对的声音,再加上不了解情况、不知道该推荐谁、提名谁、选举谁,所以自愿将民主权利让渡给了社区工作人员。其次,同一群体对社区生活不同领域的积极性也会有很大变化。比如参加一些例行公事的文化活动、配合完成上级检查的情况,对普通居民而言既缺乏充分的权责或利益的驱动,又没有足够的福利性和娱乐性可言,即表现为一种被动配合与毫不关心的漠然型参与状态;而在一些与居民生活息息相关的领域,当福利性资源(如发放生活用品)或服务性资源(如入户灭虫灭害)出现的时候,社区居民的"利益表达因子"就会开始发挥作用,是相关社区服务项目或公共物品引起居民强烈的参与意愿和权益诉求。

另外,对于社区组织而言,处在不同类型事件中的居民群体具有不平等的重要性和不同程度的压力感,比如在涉及财产纠纷或家庭矛盾的调解案件中。居民的态度和需要就不会对社区组织的行为构成特别重要的影响因素,可以简单处理甚至敷衍了事;而在可能会发生群体性事件、刑事案件、群众上访的事件中,居民就变成需要被充分重视、开导和安抚的群体,形成社区工作中无可回避的影响变量,带来实实在在的压力。综合上述三个方面来看,如果说民众参与能够给中国城市社区发展带来一定的促进和推动的话,这种作用是随着人群的分化、社会领域的性质变化和社会事件的类型差异而有所不同的。因此,对社区人口的区分、将居民看作是有着内部差异性的(而非总体的、统一的)群体,是研究城市社区运作的一项重要原则。

二、社区参与旅游

社区参与旅游是指在旅游的决策、开发、规划、管理、监督等旅游发展过程中,充分考虑社区的意见和需要,并将其作为开发主体和参与主体,以保证旅游可持续发展和社区发展。① 就本质而言，社区参与旅游发展是公众参与在旅游领域的延伸。西方学者墨非在 1985 年出版的《旅游：一种社区方法》，使社区因素在旅游业发展中受到学者的关注。随着可持续发展理念在全球范围内的普及，越来越多的学者认识到社区参与在实践旅游可持续发展中的重要性，社区参与已然成为旅游研究的主流领域之一。

我国社区参与旅游发展的实践早在 20 世纪 80 年代就已展开。改革开放以来，为了满足我国居民日益增长的旅游活动需求，国家有计划地在全国范围内建设了一批以风景名胜区为代表的旅游区，这些旅游区的出现提供了大量新的就业机会，吸纳了不少周边农村地区的剩余劳动力，带动了所在地区的社会经济发展。80 年代中期以后，伴随着我国扶贫策略从输血式的救济型向造血式的开发型转变，旅游业巨大的扶贫效益逐渐得到重视，在实践中出现了大量成功的案例。进入 90 年代后，旅游扶贫的成效引起了旅游部门和理论界的重视，以贵州省旅游局为代表的一些省级旅游局认真总结旅游开发带动脱贫致富的经验，率先在 1991 年全国旅游局长会议上提出了"旅游扶贫"口号。90 年代中期，我国学术界开始对旅游发展中的社区因素予以正式关注。八九十年代的旅游扶贫实践虽未直接催生社区参与研究，但为其出现奠定了一定的基础。表现如下：其一，近年来旅游扶贫的深入进一步强化了社区参与研究，学者们逐渐意识到社区参与是实现旅游扶贫目标的有效途径。其二，近年来国家民主建设的深化，科学发展观、和谐社会的深入人心，以及新农村建设的发展，成为推动社区参与乡村旅游的强大政治力量。其三，经济发展和美好生活是旅游地社区居民自下而上的内在需要，尤其在经济发展滞后而生态旅游资源富集的中西部地区。旅游业的出现为当地居民增加经济收入提供了新的途径，使得当地社区居民产生了强烈的参与愿望②。见表 1-4。

表 1-4 社区参与旅游的模式比较

类型	开发模式	使用背景	特点（效果）
社区参与乡村旅游	"公司＋农户"模式	在发展乡村经济的实践中，高科技种养业成功地推出了该发展模式	充分地考虑了农户利益，在社区全方位的参与中带动了乡村经济的发展

---

① 保继刚、孙九霞："社区参与旅游发展的中西差异"，载《地理学报》2006 年 61 卷第 4 期，第 401 页。

② 彭建、王剑："中外社区参与旅游研究的脉络和进展"，载《中央民族大学学报》（哲学社会科学版）2012 年第 3 期，第 134-135 页。

续表

类型	开发模式	使用背景	特点（效果）
社区参与乡村旅游	"政府+公司+农村旅游协会+旅行社"模式	为了避免乡村旅游开发过度商业化，保护本土文化	发挥旅游产业链中各环节的优势，通过合理分享利益，保护了本土文化，增强了当地居民的自豪感，从而为旅游可持续发展奠定了基础
	股份制模式	为了合理地开发旅游资源，保护乡村旅游的生态环境	把社区居民的责（任）、权（利）、利（益）有机结合起来，引导居民自觉参与他们赖以生存的生态资源的保护，从而保证乡村旅游的良性发展
	"农户+农户"模式	一些农民对企业介入乡村旅游开发有一定的顾虑，他们更信任那些"示范户"	这种模式通常投入较少，接待量有限，但乡村文化保留最真实，是最受欢迎的乡村旅游形式
	个体农庄模式	以规模农业个体户发展起来的，以"旅游个体户"的形式出现	通过个体农庄的发展，吸纳附近闲散劳动力，通过制作手工艺品、表演、服务、生产等形式加入服务业中，形成以点带面的发展模式
民族社区参与旅游开发	"轮流制"模式	旅游资源富集、市场潜力巨大的少数民族贫困地区，需要维护社区利益均衡性以促进当地旅游业持续发展	妥善协调与巧妙解决了村民参与旅游开发利益分配的不均衡，控制了外来投资，同时避免了由于无序竞争引起的经济利益过于集中现象，对构建和谐社会起着很大积极作用
国家森林公园	"旅游企业主导的社区参与"模式	许多景区经营权转让后，如何在利益主体间分配利益、如何平衡经济和社会效益之间的矛盾等问题逐渐显现	旅游企业在引导社区参与生态旅游的过程中发挥重要作用，从社区定位到社区活动的实施都占据明显的主导地位。另外，生态旅游理念是该模式可持续运作的根本条件

资料来源：郭迪等论文"近十年国内外社区参与旅游研究综述"，载《世界地理研究》第24卷第2期，第152页。

"社区参与"是理论性和实践性很强的一个概念。大多数国家，尤其像中国这样的发展中国家,要想在短期内实现社区的充分参与,在实际运作中有诸多困难,并可能受到多方面的限制。由于我国疆域辽阔,各地间社会文化、经济状况不尽相同,社区参与旅游发展也仅仅处于一种尝试状态,所以不可避免地在不同地区、不同景区中社区参与旅游发展程度方面要呈现出不同的层次。从目前状况分析我国社区参与旅游发展大概呈现出三个层次,表1-5所示。

表1-5 社区参与旅游发展的三个层次

参与层次	参与表现				
初级参与	参与人数少	参与范围窄	对旅游业了解程度低	处于被动参与状态	
积极参与	参与的主动性较强	注意对环境的保护	参与意识不够宽广	民主参与意识较弱	
成熟参与	参与意识强烈	注重旅游业可持续发展	具备较为完善的社区参与机制	社区开放度高	参与范围广

资料来源:郑向敏、刘静论文"论旅游业发展中社区参与的三个层次",载《华侨大学学报》(哲学社会科学版)2002年第4期,第15页。

旅游业是一个开放而又综合的产业,要达到社区的充分参与并不容易,具备完善的社区参与机制是社区参与旅游发展成熟的一项标志[①]。完善的社区参与机制是一个从参与、决策、培训、生产到分配的完备的体系。一整套较为完善的管理机制及运行系统可以促进当地经济、文化的发展。良好的社区参与机制是一个民主的、大众参与的机制。这种机制一方面有利于社区发展的各种组织力量和意见的反映,掌握社区发展动向,调动各种组织在社区发展中的积极性;另一方面,可以使社区居民了解社区发展情况,支持社区发展工作。居民参与的范围贯穿到旅游发展的全过程,居民利益的获得也体现在参与的过程当中。

三、健康领域与健康促进项目[②]

社区参与无论是在社会全方位的发展、环境保护领域还是在健康领域,都

[①] 郑向敏、刘静:"论旅游业发展中社区参与的三个层次",载《华侨大学学报》(哲学社会科学版)2002年第4期,第15页。

[②] 朱明若:"健康促进与社区参与(上)",载《健康教育与健康促进》2006年第2期,第71页。

占有很重要的地位。它不仅是开展健康促进事业的一项原则，也是一种手段。社区的健康促进项目特别看重社区参与原则，认为"社区参与原则在健康促进项目中执行与贯彻不仅与健康促进项目的覆盖面和社区的接受度直接相关，更为重要的是，社区参与的程度关系到健康促进项目的成本效益，从而直接决定了社区健康促进项目是否能够可持续性发展"[①]。自1978年《阿拉木图宣言》通过以来，社区参与作为改善健康、实现可持续发展的一种必要手段，在健康促进领域中的重要性已得到肯定，尤其是在解决一些发展中国家贫穷人口健康问题方面，其作用更为显著。《阿拉木图宣言》指出，"人民有个别地及集体地参与他们的卫生保健的权利与义务。"[②] 1986年《渥太华宪章》将"健康促进"定义为促使人们得以控制并改善其自身健康状况的过程，这一概念的提出正式确立了社区参与的重要地位。"健康促进是促使人们提高维护和改善他们自身健康的过程"，"健康促进不仅仅是卫生部门的责任而超出了卫生的范畴。"[③] 健康促进概念的核心就在于社区参与和权力增长。社区参与在健康促进行动中的重要作用主要体现在以下三个方面：对全球来说，必须通过社区成员的参与才能确保全球健康事业的可持续发展；对社区本身来说，社区成员积极主动地参与健康促进行动，将提高他们自己的健康水平与生活质量；对健康促进工作者来说，社区参与是他们工作成功的一个必要条件。例如，为了减少社区人群中不利于健康的行为，就需要人们参与来创造有益于健康的社区文化。

社区参与这一概念于20世纪60年代开始受到注目。人们在很多项目的开展过程中，逐渐体会到项目的成功与可持续发展有赖于社区的广泛参与。即使是最健全、最完善的国家政策，有宏观的规划和控制，也必定需要地方人士的积极参与，才能将这些政策成功地付诸实践。因此，要达到可持续发展，社区参与十分重要。社区参与健康促进的理论基础及其重要性归纳起来主要有以下五个方面：第一，健康是一项基本人权，人们有权利和义务参与影响他们健康的规划和决策过程。第二，人群的健康状况从某种意义上反映出一个社会及其社区的经济与文化状态。尽管个人行为是影响健康的一个重要因素，但是个人的行为以及看待问题的观点和态度，大部分取决于其所在社会或社区中的主流文化、信仰、规范和价值观。因此，改变社区内的规范和价值观，创造有益于

---

① 李洋、陈良、叶葶葶等："社区参与原则在社区健康促进项目中的应用"，载《中国公共卫生》2002年第18卷第10期，第1252页。

② 《阿拉木图宣言》，http://www.360doc.com/content/20/0205/20/19208591_889926992.shtml，访问日期：2022年2月7日。

③ 《渥太华宪章》（世界第一届健康促进大会宣言），https://www.doc88.com/p-3189266934554.html?r=1，访问日期：2022年2月7日。

健康的社区文化是改变个人行为的一个重要的途径。第三，社区参与有助于增强人们对自身健康的责任感。人们为促进自身健康所付出的实际行动，往往比医疗对健康的改善更加有效。在发展中国家的农村地区，如果人们能够亲身致力于改善他们的生活环境、食物卫生，并采取较为健康的生活方式，这些预防措施对总体健康水平的改善，比单纯增加对医疗服务的投资更为有效。如此一来，社区成员的积极参与最终将提高他们自己的健康水平与生活质量。第四，在健康促进项目分析、设计、实施及宣传的各个阶段，加强社区组织、群体及个人的参与有助于增强他们对项目的主动权和影响力，确保项目对于目标人群的相关性、恰当性和可持续性。唯有鼓励社区积极参与，才能确保全球健康事业的可持续发展。第五，社区参与有助于确保社区有限的资源得到合理充分的分配与协调。社区内可能有许多未开发利用的潜在资源，充分利用这些资源，将提高健康促进活动的效率。尤其对于弱势群体来说，应由他们自己调动人力物力来开展活动，以适应他们自己需要优先解决的问题。如表1-6所示。

表1-6 社区参与模式的特点、要领及潜在问题

社区参与模型	成功指标	要领	潜在问题
社区发展	自主、自立、自治	能力培养与权力增长： ·以社区的意愿为出发点 ·培养社区确定并解决自身问题的能力 ·建立良好的领导机制 ·社区归属感及内部团结 ·权力增长	社区发展的过程所需的时间跨度较大，权力下放对习惯操纵的专业者是很大的挑战。人们对这种模式的真正意义及操纵容易产生误解。但是对于原来就处于落后地位的弱势社区来说，是一个实现可持续发展的重要途径
社区合作	建立合作机制及同盟、决策实施	合作、协调、风险沟通： ·各个团体对合作的共同责任 ·确认适宜的合作伙伴 ·对所要解决的问题达成共识 ·共享资源与权力（争取公正待遇） ·妥善解决纠纷 ·风险沟通	社区合作的成功需要一定的团队协调技巧，并需要结成合作伙伴，促成磋商，从中调解，作出让步的不懈努力

续表

社区参与模型	成功指标	要领	潜在问题
以社区为基础的干预	项目达到目标	磋商与沟通： ·使社区参与到项目的发展过程中 ·社区需求评估应考虑社区的看法和意见 ·尊重社区的意愿与主张 ·遵守研究的伦理道德规范（保证研究对社区有利无害） ·沟通	以社区为基础的干预需要良好的项目设计和管理，有效的沟通亦十分关键

资料来源：朱明若论文"健康促进与社区参与（上）"，载《健康教育与健康促进》2006年第2期，第76页。

第二章　社区参与的基本场域与关键问题

社区参与作为参与主体的行动过程，是在一定的时空场域内展开的。不同场域所具有的时空特征和结构特征，造成社区参与呈现完全不同的规则、模式和行为逻辑。社区参与的载体是社区，社区的场域特征需要引起相应的关注。

第一节　社区与场域

一、场域概念

"场域"概念来自布迪厄的场域理论。对于场域这一概念，布迪厄这样说过："我将一个场域定义为位置间客观关系的一网络或一个形构，这些位置是经过客观限定的。"[①] 场域理论是社会学的一个重要理论。布迪厄在其著作《实践与反思——反思社会学导引》中提出，场域、惯习、资本是解释社会建构的三个核心概念[②]。其中，场域是指由不同社会客观关系构成的网络所建立的社会实践空间。"事实上，一个场域的结构可以被看作一个不同位置之间的客观关系的空间，这些位置是根据他们在竞夺各种权力或资本的分配中所处的地位决定的。这种场域的结构与那些多少有些持久不变的网络（场域借助这些网络来展现自身）是不同的。正是这种结构决定了是否有可能（或更准确地说，是有多大可能）在场域中发现那些体现并维系网络存在的各种联系的创建过程。"[③] 从场域概念分析，场域的最基本要素是多面向的社会关系网络。这种关系网络不是固定不变的网状结构，而是历史的和现实的、实际的和可能的，它

[①]　[法] 皮埃尔·布迪厄、[美] 华康德：《实践与反思——反思社会学导引》，李猛、李康译，邓正来校，中央编译出版社1998年版，第133－134页。

[②]　[法] 皮埃尔·布迪厄、[美] 华康德：《实践与反思——反思社会学导引》，李猛、李康译，邓正来校，中央编译出版社1998年版，第131页。

[③]　[法] 皮埃尔·布迪厄、[美] 华康德：《实践与反思——反思社会学导引》，李猛、李康译，邓正来校，中央编译出版社1998年版，第135页。

本身具有生命力①。首先，场域是一个社会空间概念，场域空间是指在社区中发生资本交换和关系行为的实践空间，在此空间内存在不同主体间客观关系构成的网络。在社区治理的过程中，主要的参与主体由以下几方面组成：基层政府、外部市场力量、基层党组织、基层社会组织、基层市场组织和社区居民等。这些主体共同构建了特定的社区治理场域并行动于其间。其次，场域是一个资本争夺和交换的空间，社区治理场域也是如此，即本质上是一种权力的关系网络。② 其三，惯习在布迪厄的解释中是一个持续的、动态的性情倾向心理，这种主观的心理认知会外化为行动者的社会行为。质言之，惯习是一种行为化的社会结构，社区治理参与主体的关系往往受到其现实生活和各自利益需求的影响。③ 整体而言，场域、惯习和资本是场域理论的核心概念，其中场域是由一种象征资本在一段较长时间内的竞争来控制的，惯习既是社会场域的产物，又是社会场域的生产者，一个个体的惯习存在于一个既定的场域内，与其他个体共同决定这一场域，并随着时间的推移而被场域重塑。④

社区是一个空间、人口、关系体系相互结合、共同作用而形成的特定场域。场域是由社会成员按照特定的逻辑要求共同建设的，是社会个体参与社会活动的主要场所。⑤ 布迪厄的场域概念，不能理解为被一定边界物包围的领地，也不等同于一般的领域，其是有内涵力量的、有生气的、有潜力的存在。⑥ 场域是位置之间客观关系的网络或图式。这些位置的存在、它们加诸其占据者、行动者以及机构之上的决定作用都是通过其在各种权力（或资本）的分布结构中的现在的与潜在的情景客观地界定的，也是通过其与其他位置之间的客观关系（统治、从属、同一等）而得到界定的。场域有四方面的结构特征：其一，场域中的位置是由不平等的资本分配而不是位置的占据者的贡献决定的；其二，场域是为了控制有价值的资源（资本）而进行斗争的领域；其三，在场域中活

---

① 崔思凝：“惯习、资本与场域：布迪厄实践理论及其对中国公共政策过程研究的启示”，载《湖北社会科学》2017年第9期，第25页。

② [法] 皮埃尔·布迪厄、[美] 华康德：《实践与反思——反思社会学导引》，李猛、李康译，邓正来校，中央编译出版社1998年版，第135页。

③ 郑晓东、黄凡、马好梦："场域理论下社区微治理的生成与运行机制研究"，载《治理研究》2021年总第197期第1期，第60-61页。

④ Steinmetz George. Field Theory and Interdisciplinarity: History and Sociology in Germany and France during the Twentieth Century [J]. Comparative Studies in Society and History, 2017, 59 (2): 477–514.

⑤ 李全生："布迪厄场域理论简析"，载《烟台大学学报》（哲学社会科学版）2002年第2期，第147页。

⑥ 李全生："布迪厄场域理论简析"，载《烟台大学学报》（哲学社会科学版）2002年第2期，第146页。

动的行动者必须具有适当的习性以便使他们能够并愿意在特定场域中投资；其四，场域具有一定程度的相对于外在环境的自主性。① 场域通过对他人的立场来解释个体行为的规律性，场域中的位置表示施加在人身上的力的可能性，但与外部强制力相反，这种力来自于场域内部；场域旨在解释某些要素的变化，但它并不要求其他要素状态的变化，这些要素具有特殊的属性，它们易受到场域效应的影响，而这一变化涉及场域与要素现有状况之间的相互作用，没有要素的场域只可能存在创造力的可能性，但不会存在力。② 从这个角度可以看出，场域是一个由不同要素相互影响而形成的关系网。

整体而言，场域理论提供了一个封闭的引力场，它把场域视为一个以特定实践为特征的社会空间，将对社会问题的研究置于一个特定的社会空间之中。场域在本质上是一个动态的社会关系网络和生活空间，这个空间为场域中诸要素提供了一个力的动态较量场所，在这一动态的社会关系网络中，多种力量的权力关系和资本供给决定了场域动态发展的方向。③ 社会场域理论认为，场域是为控制有价值的资源而进行斗争的领域，当资源成为斗争对象并发挥社会权力关系作用时，就成为一种资本形式。④ 场域是由在资本的类型与数量的基础上形成的统治地位与被统治地位所组成的结构性空间，场域内的斗争即是对特定形式资本的争夺。⑤ 资本有广义和狭义之分，狭义的资本是指一种生产资料和生产要素，它最直观的表现形式是货币，而社会场域理论下的资本则是广义的资本，即一种积累起来的劳动。这种劳动以一种物质化和身体化的形式表现出来，它的外延在狭义资本的基础上进一步扩张，主要包括社会资本、经济资本、文化资本和象征资本（或称符号资本）四种类型。⑥ 在社会场域理论下，社会资本是一种熟人与关系网络，经济资本主要包括财产、货币等，文化资本

---

① ［美］戴维·斯沃茨：《文化与权力：布尔迪厄的社会学》，陶东风译，上海译文出版社2006年版，第142－146页。

② John Levi Martin. What Is Field Theory? ［J］. American Journal of Sociology, 2003, 109（1）: 1－49.

③ 张龙辉、艾虹："社会场域理论视角下资本与权力互动：实现社区良善治理形态进路分析"，载《理论导刊》2020年第7期，第88页。

④ ［美］戴维·斯沃茨：《文化与权力：布尔迪厄的社会学》，陶东风译，上海译文出版社2006年版，第142页。

⑤ ［美］戴维·斯沃茨：《文化与权力：布尔迪厄的社会学》，陶东风译，上海译文出版社2006年版，第142－143页。

⑥ 张龙辉、艾虹："社会场域理论视角下资本与权力互动：实现社区良善治理形态进路分析"，载《理论导刊》2020年第7期，第88页。

主要包括教育文凭在内的文化商品与服务，象征资本主要指合法性。① 在场域空间中，资本的数量和结构影响、控制着场域中客体的发展趋势，决定着场域行动者在场域中的位置，而这一位置又决定了行动者对场域空间中事务的看法。由此可以看出，资本是行动者参与场域实践的基础。权力则是场域行动者所具有的影响场域动态发展的力量，它是场域行动者之间利益关系和权利关系的一种结构化表征。场域作为一个具有斗争性的生活空间，其斗争是处于统治地位的人与处于被统治地位的人的对抗，是拥有垄断权力的人与妄图获取权力的人之间的对抗，在本质上而言属于权力的斗争。由此可以看出，场域行动者因拥有资本和权力而具有影响场域动态发展的能力，资本和权力在场域的动态发展中具有重要的作用：资本和权力是推动场域动态发展的动力，资本的逻辑决定着场域竞争的逻辑，而权力的逻辑则决定着场域发展的逻辑；资本是行动者参与场域实践的基础，而权力是场域构建动态系统的动力；资本是场域竞争和对抗的目的和手段，而权力主导着场域资源的分配。一个场域的实践，既需要考虑场域中的权力关系建构，也需要考量场域中的资本培育状况——资本和权力成为场域动态发展的主线。②

二、社区作为场域

社区是一个社区居民互动的场域③。与传统社区比较，现代社区在工业化、城市化进程中，其成员的社会关系不断扩展，那种具有某种同质性的人口，具有共同生活习惯和价值取向，基于血缘、地缘、村落的社区，已经融入了许多异质性和多元性的现代因素。现代社区，作为社会的基础，其重要性在于它能够规避城市生活的匿名性与疏离感，从而构建具有熟人性质的共同体。城市原子化个体或居民的社会关系与认同感，在作为熟人共同体而存在社区中得以恢复与增强，从而成为喧嚣、匿名、陌生、孤独城市生活中的有生命意义的共同体④。社区的本质是自生的，是建立在参与协作关系和相关联系之上的社会群

---

① Pierre Bourdieu. The forms of capital [G] //Richardson, J. G., Ed. Handbook of Theory and Research for the Sociology of Education. New York: Greenwood Press, 1986: 243.
② 张龙辉、艾虹："社会场域理论视角下资本与权力互动：实现社区良善治理形态进路分析"，载《理论学刊》2020年第7期，第87-88页。
③ 周庆智："论中国社区治理——从威权式治理到参与式治理的转型"，载《学习与探索》2016年第6期，第39页、第42页。
④ 宋道雷："国家治理的基层逻辑：社区治理的理论、阶段与模式"，载《行政论坛》2017年第24卷第5期，第82页。

体。现代社区的核心理念是自治和参与①。从积极意义上讲，社区的重要性在于它是养成公民能力，锻炼公民技能的至关重要单元。因为囊括邻里的社区是城市最为基层的单元，社区是实践公民权利、表达政治诉求的重要潜在渠道，城市政府、非政府组织、政党，以及其他行为体通常将社区作为动员政治参与，组织政治过程并解决政策问题的单元。在社区层次，公民技能得以有机会发展与训练，这就是社区被认为是民主实践基础的理由之所在②。无论是托克维尔还是达尔，都认为政治参与的小单元有利于培养公民对政体的政治效能感和政治认同感；同理，城市政治精英与居民也无一例外地将社区看作政治参与的最小单元，在其中，公民技能得以发展并被实践，由此，许多美国城市研究者将社区视作政治参与的源泉③。

  从中国的角度来讲，社区的重要性在于它是国家治理最为基层的空间。社区具有公民生活和发展的多项功能，如表2-1所示。而"城市的社区，是承载人口、集聚人口、提供人口的人居环境的核心场所"④。市场化转型后，中国人就从"单位人"转变成"家庭人""社区人""社会人"，后三个名词指向本质意义上的"具有自我利益的独立的个体社会人"⑤。从此，人们开始重新回归家庭、回归生活、回归社会，这三个过程汇集为人们回归社区的过程；"尽管有极少一部分人可以通过购买市场资源或调动社会资源来满足自身的需求，但对于百分之九十的人来说，他们是难以冲破地理阻隔而调动更为丰富的社会资源的。区域层面的社区共同体就是他们身心的归宿。因此，大多数人是依靠区域层面的社区共同体来满足其情感需求、交往需求和日常生活需求的"。⑥因应这一社会转型，"面对不断增加的社会复杂性，国家将管理任务下放到社区，努力维护社会的可治理性，以'社区建设'的名义，通过重建以地方场所为基础的社区，营造新的空间秩序"⑦，中国国家治理的主要空间便从单位转向以个

---

① 周庆智："论中国社区治理——从威权式治理到参与式治理的转型"，载《学习与探索》2016年第6期，第41-42页。
② 转引自宋道雷："国家治理的基层逻辑：社区治理的理论、阶段与模式"，载《行政论坛》2017年第24卷第5期，第82页。
③ 转引自宋道雷："国家治理的基层逻辑：社区治理的理论、阶段与模式"，载《行政论坛》2017年第24卷第5期，第82页。
④ 蓝志勇、李东泉："新型城镇化背景下的社区发展与基层治理"，载《学海》2016年第4期，第28页。
⑤ 林尚立："'生活与发展'论坛开幕"，载《杭州日报》2012年11月9日，第8版。
⑥ 宋道雷："国家治理的基层逻辑：社区治理的理论、阶段与模式"，载《行政论坛》2017年第24卷第5期，第83页。
⑦ 同上。

体、家庭所在地为主体的社区。社区成为国家治理最为基层的空间,社区治理成为国家治理的基层逻辑。[①]

表2-1 社区功能一览表

	功能名称		主要内容
1	居住生活功能	住宅居家生活	·基本生理与心理需要
		休闲娱乐健身	·设立图书馆、电脑房、健身房、茶室、棋牌室、老年舞厅等文化娱乐设施,组织社区各种健身活动、健康的文化娱乐活动等
		医疗保健设施	·健康普查、家庭病床服务 ·计划生育指导 ·卫生防疫 ·组织各类健康保健讲座宣传
		道路交通设施	·各类动态、静态交通设施与环境
		环境景观设施	·绿化环境建设
		基础设施支撑	·基础设施的保障服务(水、电、气、通信、有线电视等)
2	社会发展功能	管理服务	·社区组织建设、日常行政管理职能 ·社区物业管理 ·市容环境监察管理 ·社区治安保卫与综合治理 ·社区精神文明建设 ·公众参与志愿者队伍
		教育培训	·社区教育:幼儿教育、义务教育、成人教育、后续教育、老年教育等 ·技能培训、再就业培训教育
		生态滋养	·社区养老和居家养老模式 ·少年童年成长环境 ·心理健康咨询

---

① 宋道雷:"国家治理的基层逻辑:社区治理的理论、阶段与模式",载《行政论坛》2017年第24卷第5期,第83页。

续表

	功能名称		主要内容
2	社会发展功能	社会救助	·以民政社会福利为主体的扶残、扶贫、帮困工作 ·组织抗灾捐赠、希望工程、社区内的特殊捐赠活动 ·家庭、邻里纠纷关系协调,刑满释放人员的教育工作
3	经济发展功能	住房	·低收入家庭住房改造 ·住房租赁
		社区就业	·各种经济类型的开发 ·下岗职工和待业人员的再就业
		社区服务	·家政服务,家务劳动社会化的服务系列

资料来源:王颖、杨贵庆论文《社会转型期的城市社区建设》,中国建筑工业出版社2009年版,第175页。

三、公民参与场域

当代参与式民主理论的主要代表人物之一约翰·斯图亚特·密尔在公民政治参与的讨论中指出,政治领域无疑是公民参与的场域。民主政治鼓励公民对日常事务的熟悉,使人们学会在日常生活中运用道德规范,超越阻碍他们道德发展的欲望。而且,积极地参与将个人带出只会关注自我的私人生活,发展出关心他人福祉的道德能力。然而,政治领域提供给普通民众的参与机会是很少的,更多的、富有意义的参与机会来自社会领域。地方性公共事务是参与式民主实践的一个重要领域,尤其是在社会团体内部的事务。密尔认为这一领域的训练和教育并不亚于在政治机构中的参与所带来的教育意义,不但可以参与决策,还可以有机会进行具体的管理。正是通过在地方层次上的参与活动,人们才学会了民主的方法。民主参与的另一个重要领域,也是后来参与式民主十分重视的领域,就是产业领域或工作场所。参与所具有的教育功能不仅在地方层次的社会事务中体现,也体现在人们日常工作的地方。在工作场所,合作原则是推动民主精神的最好体现。平等地享有合作组织的权利,平等地参与这些组织的管理,将是实现社会正义的捷径。[①] 当代参与式民主理论的另一位代表人

---

① 陈尧:《民主的要义:当代西方参与式民主理论研究》,上海人民出版社2016年版,第57-59页。

物乔治·D. H. 科尔则提出团体是实践民主的最好场域。①

第二节 社区参与的基本场域

一、城市社区场域

城市社区，是城市生活的基本组织形态，是城市社会治理的基本单元。城市社区居民之间有一定的共同利益并结成一定的社会交往关系。城市社区既是公共生活领域，存在大量的社区公共事务；又具有社区组织结构，存在政治参与领域。城市社区构成了社会的基础结构和基础秩序；又是一个国家与社会的交互界面。国家与社会在社区层面的直接互动和相互作用，对社区治理实践和社区参与形态产生了决定性影响。

城市社区最初是19世纪产业革命所引发的工业化和城市化的产物。近代以来的工业化和城市化进程彻底改变了传统的人际关系、群体及组织模式，形成了高密度、异质性强、人口众多的城市生态。② 随着城市化进程的发展，以及新的生产、生活方式的冲击，城市社区的居民关系以及社区结构形态不断发生改变。城市社区作为场域的特征更加明显。城市社区作为以分工协作为基础的劳动生产体系，作为庞大的自然资源系统和人力资源系统，无疑包含了密集交织社会关系和动态多变的社会博弈，是一个多元主体共存、不同群体交互的动态场域。作为现代文明高度发达的产物，走向过密化和陌生化的城市社会秩序之所以会成为可能，主要是因为在城市社会中存在着各种大型组织、工作场所、居住社区，并在其中形成了个人与个人、个人与组织、个人与政府之间各种交错复杂的社会联结。任何意义上的城市宏观社会管理体系的存在和运行，都必须依托这些具体的社会联结。③

场域是一种具有相对独立性的社会空间。城市社区作为治理场域，源于社区作为一个相对独立的生活空间，实质上是一个社会关系网络和动态发展空间。场域的结构基础是社会关系，因此"场域"可以看作是由社会行动者、团体机构、制度和规则等因素相互联结而形成的表现形式多样的社会场

---

① 陈尧：《民主的要义：当代西方参与式民主理论研究》，上海人民出版社2016年版，第64页。
② 刘江："重识社区：从'共同体'到'场域'的转向"，载《社会工作》2016年第2期，第87页。
③ 田毅鹏："社会原子化与转型期中国城市社会管理之痛"，载《信访与社会矛盾问题研究》2013年第3期，第89页。

合或社会领域。① 社区治理的实践场域是由社区成员按照特定逻辑要求共同构建的,是社区个体参与社区治理活动的主要场所,因此,城市社区治理场域必然具有特定的社会空间、治理逻辑和参与规则,成为社区参与场域形成与发展的基础。城市社区治理场域中的行动者和组织机构是社区参与场域的主体。不同的行动者或组织占据着不同的位置,占据这些位置的行动者或组织为控制在这一场域中特有的合法形式的权威而相互竞争,从而形成种种关系,即特定的客观关系结构。也由此形成了社区社会资本和社区资源的分布格局。

中国的城市社区,是在城市社区建设的过程中不断建构出来的。作为国家与社会的连接点,社区承担着国家赋予的基层政权建设和公共服务供给的职能,还是社会自我调节的重要场域,是微型的社会共同体。中国当代语境下的"社区"和"社区参与",既是基于国家行政管理体系的管辖和影响而存在;又是现代城市社区多元异质成员的组合方式和连接方式;还是各种社会组织、社会力量互动的博弈之地。城市社区承担了我国城市基层建设（或者基层治理）的重任。按照场域理论,社区集体行动是城市社区的存在形式。城市社区因解决地域性公共问题和增进地域性公共利益而形成的集体行动,是城市社区的场域特征,也是创新社区治理的必然。

随着我国"社区建设"的深入发展,随着城市化和人口流动带来的基层治理问题,城市社区治理逐渐转向社区制。为了进一步转变政府职能,吸纳社会力量参与社会治理,增强城市基层治理的自主性,部分城市通过推行"居站分设""一站多居"和"居企分离"进行社区治理改革。深圳最早开始实行"居站分设"的社区制改革。上海、北京等地保留了居委会的行政职能,但另设社区工作站或社区服务站,主要承担社区服务的职能。南京、青岛则建立了"一居两站"②。杭州创建社区党组织、社区居委会和社区工作站之间交叉任职、分工负责、条块结合、合署办公的"三位一体"社区治理复合模式③。经过20多年的城市基层建设,社区制时期的城市基层治理逐渐形成了"党委领导、政府

---

① 田毅鹏、王丽丽:"单位的'隐形在场'与基层社会治理——以'后单位社会'为背景",载《中国特色社会主义研究》2017年第2期,第88页。
② 杨君、纪晓岚:"当代中国基层治理的变迁历史与理论建构——基于城市基层治理的实践与反思",载《毛泽东邓小平理论研究》2017年第2期,第42-43页。
③ 郎晓波:"城市社区公共事务分类治理模式的实践与创新——以杭州为例",载《甘肃行政学院学报》2010年第6期,第31页。

负责、社会协同、公众参与"的社区合作治理格局①。在这一格局中，社区党组织、社区政府、社区自治组织和社区居民，与社会工作人员、社区企业和社会公众携手，共同推动社区治理实践。社会治理的主体从单一转向多元，不再是单一的政府公共权力机构，还包括社会组织、社区组织、企事业单位和公民自己。根据国家统计局数据资料②，2020年，我国城市社区的社区居委会数量113 089个，自治组织单位数615 146个，社会组织单位数894 162个，社会团体单位数374 771个，基金会单位数8 432个，民办非企业单位数510 959个。全国社会组织、自治组织单位数见表2-2。

表2-2 社会组织、自治组织单位数　　　　　　　　　　单位：个

年份	社会组织				自治组织		
	总计	社会团体	民办非企业单位	基金会	总计	村民委员会	社区居委会
2016	702 405	335 932	360 914	5 559	662 478	559 186	103 292
2017	761 539	354 794	400 438	6 307	660 709	554 218	106 491
2018	817 360	366 234	444 092	7 034	649 888	542 019	107 869
2019	866 335	371 638	487 112	7 585	642 693	533 073	109 620
2020	894 162	374 771	510 959	8 432	615 146	502 057	113 089

资料来源：国家统计局编《中国统计年鉴2021》，中国统计出版社2021年版。

另外，根据国家年度统计公报，全国社区服务机构数量分别为：2020年年末共有社区服务中心2.9万个，社区服务站39.3万个。2019年年末社区服务中心2.6万个，社区服务站16.7万个。2018年年末社区服务中心2.7万个，社区服务站14.5万个。2017年年末社区服务中心2.5万个，社区服务站13.9万个。2016年年末社区服务中心2.4万个，社区服务站13.0万个③。这些组织和单位，承担了基层社区治理的绝大部分任务。基层社区日益成为社区治理的实践场域。因此，社区参与场域是在社区治理实践中不断变动发展的动态系统。

二、社区参与场域

社区是社区参与的承载者，但社区并非天然的社区参与场域。只有社区成

---

① 杨君、纪晓岚："当代中国基层治理的变迁历史与理论建构——基于城市基层治理的实践与反思"，载《毛泽东邓小平理论研究》2017年第2期，第43页。
② 国家统计局：《中国统计年鉴2021》，中国统计出版社2021年版。
③ 国家统计局：全国年度统计公报 http：//www.stats.gov.cn/tjsj/tjgb/ndtjgb. 2022年2月9日。

为治理的实践场域后,社区参与场域才能形成。这里有两个关键因素:治理与参与。参与是社区成员的基本属性,参与构成社区成员的相互关系,也构成社区的社会关系体系。社区社会关系体系蕴藏着社区社会资本,这是保持社区成员身份和属性的基本条件。治理是社区的基本要素,治理为参与提供了机会。参与治理的过程,是建立社区联结、形成社区互动的过程,也是培育社会资本、塑造社区团结的过程,也只有参与才能保障社区治理的开展。因此,参与是社区治理的核心要义。社区参与是社区治理的基础,只有通过社区参与支撑起治理结构的社区,才能称为治理场域。所以,社区参与场域,是以治理场域为基础的社区成员互动、参与、合作的实践平台。治理场域的范围、层次、类型对社区参与场域有决定性影响。

居民参与是社区参与场域概念的核心和实践过程的内核。自滕尼斯开启社区研究以来,社区被看作有三个基本构成要素:一定的地域、一定的人群和一定的文化。地域是空间概念,人群是社区范围,而文化是社区的核心部分,是维系社区团结和社区共同体的精神因素,是基于共同利益与共同意识的紧密的社会联系,这是社区与社会最本质的区别。社区文化的由来,离不开社区居民多层面的互动与参与,包括日常生活互动、社区事务参与、社区公益参与、社区治理参与等。因之,社区不仅是一个场所,而且是一个场域,"场域"是一个社会学概念,蕴涵着人文性,意味着一种"场所精神",它包括信任、互助以及团结,等等。美国社会学家桑德斯在他的《社区论》一书中就认为,社区为一种社会行动与互动的场域。它的特征是:所有分子都对彼此产生影响;这个场域是动力的,因为它处于一个连续的变迁状态之中,它是人际互动与联系的舞台。社区之所以成为社区,就是在居民互动和居民参与中实现的。

其一,社区共同的利益与意志离不开居民参与,只有广泛的参与,居民的意见、需求、想法、建议才能汇总与融合,才能出现"集体意识",才能形成真正的利益共同体。其二,只有广泛的居民参与,紧密的社会联系才能生成。因为社会联系的建立是一个互动与参与的过程,互动与参与的频率越强,社会联系也就越紧密。其三,社区意识和社区精神,也只有在参与和互动的过程中,才能汇聚、生成、发扬光大,也才能深入居民内心。因此,居民参与是社区参与场域的核心内容。

无论在历史上还是在当前,居民参与在社区的发展中都起着重要作用。这种作用表现为:

一是满足居民需要。与社会、单位等一样,社区是满足人们需要的场所,不仅满足物质层面的需要,而且满足精神层面的需要。人们之所以选择共同的场所进行生活,就是希望在共同的生活中得到更多的满足。人一生大部分时间都居留在社区中，用美国人本主义心理学家的需要理论分析，人的生理需要、安全需要、爱和归属的需要乃至尊重以及自我发展的需要，都离不开社区。而满足居民需要，离不开居民的广泛参与。居民的物质需要，很多在群体参与中才能获得解决，居民的精神需要，也是在群体参与中才能得以满足与提升。

二是维护文化资源的可持续发展。社区不仅是生活空间，同时也是一个文化空间。不少社区，尤其是老社区中存在着很多物质与非物质文化遗产。这些遗产是历史上积淀下来的，有着极为珍贵的文化价值。这些遗产的保护与可持续发展，离不开居民的参与。尤其是非物质文化遗产的保护，更离不开社区居民的参与，因为非物质文化遗产的保护是一种"活保护"，人们之间的认同与参与是非物质文化遗产保护的前提。

三是培育社会资本。社区是培育社会资本的场所。社会资本指的是社区居民之间的信任、规范以及网络。这种社会资本是在人们之间大量互动与参与中产生与升值的。传统社区中的"送礼"就反映了这一点。甲给乙送礼，乙欠了甲一份人情，乙找机会回礼，一来一往，东西还是那些东西，谁也没有多得，谁也没有损失，但彼此之间多了一份信任。如此，互动与参与带来了社会资本的升值。而社会资本的升值又有降低管理成本，减少人际摩擦之功效。美国著名的人本主义城市学家雅各布斯提出的"街道眼"，就阐释了这一问题。旧街区人们之间比较熟悉，有着大量的互动，同时旧街区颇具生活活力，在任何时段都有人来人往，这样可以起到预防犯罪的作用，类似街道长了"天眼"。由此可见居民参与的重要意义。

四是维护居民利益。社区居民的参与，对维护社区居民利益来讲，意义重大。当社区个体利益受外部系统侵害受损后，个人与外部系统的博弈是势单力孤的，而通过在社区中的互动与参与把个体组织起来，就能在与外部系统的博弈中争取主动。这是社区维权的策略所在。即使在个人主义盛行的美国，很多人在处理与外界的纠纷时，也多是以社区集体的力量进行的。

社区参与场域与社区治理场域密不可分。治理实践中社区成员尤其是社区居民的参与程度、参与意愿和参与行动，是构成社区参与场域的基本因素。由于每个社区都有自己的社情民意，社区治理实践需要结合社区的地方性特征，因此社区参与场域既具有具体的差异化特征，诸如在参与主体、参与方式、参与意愿、参与行为等方面的不同，又具有一般性的综合特征，比如参与机制、参与条件、参与的制度化特征等；都与社区治理结构和社区社会资本状况有着莫大关系，甚至可以认为，社区治理结构和社区社会资本是支撑社区参与场域的基本条件。

三、城市社区参与的关键问题

城市社区作为社区参与的基本场域,既是以邻里关系为主体的自然社区;又是国家政治实践中的基层行政辖区。前者需要社区内部建立持续的互动机制,后者需要社区承担行政职能,成为国家治理的基础单元。无论哪一方面,离开居民参与,没有社区参与作为基础,都是无法实现的。

社区参与是社区成员自觉自愿地参加社区各种公共活动或公共事务决策、管理和运作,影响社区权力运作,分享社区建设成果的行为和过程。社区居民广泛参与社区事务,最终能够不断满足社区居民需要和促进社区和谐发展。城市社区公众充分参与社区公共事务,能够有效解决社区管理的不足、多元化的社区管理需求等问题。

社区参与是社区建设的核心内容之一。城市社区是居民的生活聚集地,人口密度大,异质性高,流动性强。城市社区是微型的社会共同体,"小社区、大社会"是对其的形象描述。社区作为国家与社会的连接点,既是国家行政管理的基础单位,还是社会自我调节的重要场域。社区治理,突出以人为本,变管理为服务,强调从行政控制到居民参与,政府与社区合作。当前,尤为强调党建引领下的治理主体多元化、治理手段法制化、治理过程服务化和治理机制精细化的治理方向,强调构建共建共治共享的社区治理格局,为社区参与提供了新的定位和新的目标。

在中国,社区参与泛指社区成员参与社区公共事务和社区公共活动,影响社区权力运作,分享社区建设成果的行为和过程。[①] 与自上而下的社区建设过程相比,社区参与是一个自下而上的社区发育过程。[②] 城市社区参与这一属性,决定了它必须在国家社会治理的制度框架内,确立自身的发育机制和运行规则。城市社区参与,既要广泛吸纳民众参与社区事务,又要有效应对社区管理资源不足,居民利益诉求日益差异化、多元化的问题。因此,城市社区参与需要在自上而下的国家管理与自下而上的社区自治之间建立有效的参与机制,既保障社区参与的方向和目标,又广泛调动参与主体的积极性,最终促成社区公共安全和公共服务的再生产系统。

城市社区参与的关键问题,是如何实现社区居民的积极参与和有效参与,提高社区居民群体的参与度。具体而言,如何将社区居民从居住者转化为参与

---

① 杨荣:"论我国城市社区参与",载《探索》2003年第1期,第55页。
② 杨敏:"作为国家治理单元的社区——对城市社区建设运动过程中居民社区参与和社区认知的个案研究",载《社会学研究》2007第4期,第163页。

者，即从社区基本主体转变为社区参与主体？如何把握社区成员的多元异质差异，引导其表达多样化、差异化的需要和诉求，从而参与社区公共过程？如何利用高科技手段和智能化技术，实现科技含量的智慧社区参与，并吸引社会公众和专业力量的社会参与或社区参与？如何培育和发展社区居民的参与主体性，提升社区治理效能？对于不参与、少参与、低参与的状况，有没有相应的引导机制？等等。

目前，学术界对城市社区进行了社区类型与社会资本状况的研究；社区居民参与社区治理的参与意愿、参与动力、参与类型的研究；不同社区类型拥有的资源状况及其治理模式的研究；等等。根据学术界的研究成果，在城市建设和住房分配制度影响下，中国城市社区呈现出传统社区、新建社区、转型社区、混合社区等基本存在形态。中国城市社区的社会资本在"村改居"社区、老旧楼院、单位社区、商品房社区[①]中差异很大。当前社区类型的形成和变化，是中国改革开放四十多年来中国社会进步和发展的一个缩影。也进一步说明，城市社区参与的关键问题还有一个重要维度，即在不同类型的社区、不同社区社会资本状况之下，在不同的治理场域中，居民社区参与会采取不同的参与策略和行动逻辑。如何提升和促进居民的社区参与，需要对这些差异化的参与模式进行研究，并包容地方性参与实践的出现。总之，无论哪种社区类型和社区形态，社区治理的核心问题都是实现基层居民积极主动持续的社区参与。

根据我们在山东省 J 市的社区调查，可以印证上述观点。

（1）传统社区。传统社区一般位居老旧城区。由于建设年代较早，大多建成于 20 世纪 80 年代和 90 年代初，社区原有的规划设计、市政基础设施建设和公共环境都存在很多弊病和隐患，导致老旧社区安全隐患多，公共基础设施差，公共绿地和公共空间有限，造成公共用地紧张，很不适应现代生活的需要。这些问题严重影响了社区居委会的工作力度，影响了社区居委会与社区居民之间的互信关系。在传统社区，社区改造是重要任务。随着基层社区治理的深入，老旧社区开展了大量的社区改造工作，包括社区环境绿化、基础设施改造、道路完善与建设，使得老旧城区在原有格局的基础上，以群众需求为出发点，尽量完善社区各类功能。目前，传统社区的社区基础功能得到完善，社区建设中注重人文环境的改善，保持着较低的犯罪率和较少的邻里矛盾纠纷，组成了多支社区志愿服务队，比如舞蹈队、剑拳队、志愿服务队等，开展矛盾调解、普法教育、援助弱势群体等，发挥了社区稳定、社区和谐和志愿服务的作用。

---

① 杨秀勇、高红："社区类型、社会资本与社区治理绩效研究"，载《北京社会科学》2020 年第 3 期，第 82 页。

(2) 商品社区。商品社区一般位于城市开发区或城市新辟地段，具有规划先进、设施齐全、市政基础建设完善等特点；居民来自四面八方，异质性强，共同感缺乏。居民对物质层面的基础设施建设没有太大异议，但对于社区居民的权益维护和纠纷化解的机制，还有很大的期待。由于居民间的生活方式差异较大，其共同体意识和文化认同感不足，给社区治理带来很大的难度。社会工作服务机构在该类社区开展项目化运作，遇到的最大问题就是如何进行有效的社区动员？如何发掘社区领袖、发展志愿者队伍？如何发动中青年居民参与社区志愿行动？这些问题，反映出社区居民面对社区事务时存在多样化的参与形态。

我们随后继续走访了J市若干社区，在调研中发现，不少社区的居民具有以下几个特点：（1）城乡接合部社区、新建居民小区解决生活问题更多地依靠物业公司，居民对社区居委会和社区组织所知甚少。笔者询问Z社区居民和社区人员，他们清楚物业公司，但对社区居委会不甚清楚。（2）老城社区、转型社区由于政府和社区居委会的推动，以及社会工作机构的积极实施，社区居民不同程度地参与社区公共性事务和活动，比如爱心互助、志愿服务、文娱健身、选举、治安、巡逻等，但参与状态不均衡。F社区中参与者老年人居多，青壮年甚少。（3）无论哪一种社区，大多数居民工作在单位、生活在社区，使得居民之间仍然处在关联不紧密、邻里有陌生感，彼此有认知差异和认同差异的状态。（4）新建小区周边基础设施尚不够完善，老城社区基础设施改造问题重重，当问题没有得到解决时，居民对社区管理现状和社区管理者难免存在不满意的情况。上述种种特点导致居民社区参与的积极性不高。上述事实也充分说明，开展社区治理，提高社区治理效能，关键还是在提高居民的社区参与度。

案例："城市社区治理中居民参与样态与引导策略探究"[①]

2021年3月至5月，课题组确定了三个调查社区：商洛市商州区东店子社区、商洛市丹凤县老君社区和西安市碑林区红缨社区。选取这三个社区的原因是：他们以不同方式开展社区治理工作，具有一定的代表性。东店子社区侧重于环境美化和公共服务设施改造；老君社区是商洛市著名的移民搬迁安置点，具有较多的政府购买服务项目；红缨社区属于西安市碑林区，碑林区于2015年7月被民政部确定为全国第三批"社区治理和服务创新试验区"，该社区围绕

---

① 巩丽丽、李娜娜、王晓霞等："城市社区治理中居民参与样态与引导策略探究"，载《安康学院学报》2021年第33卷第5期，第120-121页。

"政府治理和社会自我调节、居民自治良性互动"的主题，积极探索具有碑林区特色的基层社区治理模式。

在问卷调查的基础上，课题组对以上三个典型模式社区做了调查，并参照美国政治学家阿恩斯坦（Arnstein）的做法，将公民参与社区治理的自主性程度从低到高划分为三个层次：第一层次是被动式参与；第二层次是配合式参与；第三层次则是自主式参与。

1. 商洛市商州区东店子社区居民被动式参与

商州区东店子社区居民大多数情况下还处于响应政府和社区居委会号召、被动员的状态，这实质上是一种假性参与。[①] 东店子社区居民参与情况主要有两种：第一种是居民扮演观众的角色，没有任何发言权，如拍宣传片、接收公示公告、参与民意调查等。第二种则是被需求，权力部门的支持或回应对居民的利益产生直接影响。如东店子社区在社区治理中以居民需要为由，上报修建篮球场，但实际上居民最希望的是安装电梯、做好楼道卫生清洁等。但因为修建篮球场相比开展其他项目，展示性更强，因此居委会并没有考虑民意而主观臆断选择修建篮球场，这是一种"被需求"的事务。两种情况下居民均没有发言权。

2. 商洛市丹凤县老君社区居民配合式参与

老君社区居民参与社区事务呈现从"被动"参与向"主动"参与变化，以居民配合为主，尝试脱离"假"性参与。在社区治理过程中，部分参与居民得到居委会的接纳，居委会给予这部分居民充分的知情权，并赋予居民一定的资源和权利。如参与居委会选举、老君社区按照治理项目的需求以及某些居民个人意愿，居委会与其沟通后建立了以其为代表的广场舞舞蹈队。但是，居民社区事务的参与和发展必须建立在与居委会的需求相一致的基础之上。社区内有些居民与居委会达成了共赢关系，但也有很多居民参与社区事务的领域和范围都是由居委会划定的。因为居委会是社区各种资源的提供者，包括对政府划拨资金的分配以及社区内公共空间的掌管。居委会在政绩需求的基础上寻求居民的参与与支持，只有居民帮助居委会完成政绩需求，居民参与才会持续下去。但政府仍然掌握最终决策权，公民参与的内容有限。

3. 西安市碑林区红缨社区居民自主式参与

自主式参与是居民开始走向自己主导的参与，即他所认为的社区自治过程中的需求以及如何发展，是基于社区资本基础上的责任意识。近年来，红缨社

---

① 何雪松、侯秋宇："城市社区的居民参与：一个本土的阶梯模型"，载《华东师范大学学报》2019 年第 5 期，第 40 页。

区一直将"促进多元参与、多元共治、良性互动"作为主攻方向,积极探索符合自身特色的社区治理模式。有居民在社区内组建了自己的志愿服务团队,开始尝试主导社区内的相关事务。红缨社区居民参与社区事务有两种情形:一是居民具有充分的决策权,在社区事务方面通过与主要负责人交谈,或通过论坛、微博、微信等渠道参与社区内相关政策的制定;二是在社区居民共同利益受损的时候,集合相关利益群体,形成强大的合力,倒逼社区、地方政府改变原有决策。就目前情况看,红缨社区虽然在某些事情上开始走向自主式参与,但总的来讲还在起步阶段。

第三章 社区参与的理论基础

社区参与是公众参与的一种表现形式。社区参与概念是从社区发展概念转引过来的。美国社会学家 F. 法林顿于 1915 年在《社区发展：将小城镇建成更适合生活和经营的地方》一书中提出了社区发展概念。此后，社区发展作为一种发展观念被联合国推动和倡导，逐渐成为一个全球关注的课题。社区参与至少有两个理论渊源，其一是参与式社区发展，最初应用于发展中国家的发展计划，后为发达国家所认可并被广泛应用，其二是参与式企业管理，又称员工参与，源于企业调动员工生产积极性、提高企业竞争力的需要。①

"参与式"在理论上有三个层次的含义：第一，政治学角度。"参与"就是对弱势群体赋权，弱势群体参与发展决策，以及最终在变革社会结构的过程中发挥作用。第二，社会学角度。"参与"强调社会变迁中各个角色之间的互动，以此引申出社会角色在发展进程中的平等参与。第三，经济学和管理学的角度。经济学家以及发展援助的管理者则更多地从干预的效率角度来认同"参与"的概念。事实上，"参与"反映的是一种基层群众被赋权的过程，无论是"参与式发展""参与式民主"抑或是"参与式治理"，都可以理解为在影响人民生活状况的发展过程中和发展计划项目中的有关决策主体的积极的、全面介入的一种发展方式。也就是说，"参与式"理论带有寻求某种多元化发展道路的积极取向。

第一节 参与性发展理论

一、参与性概念

参与性概念，来源于 20 世纪 80 年代以来国际组织在发展中国家援助的包括农村社区发展在内的项目。20 世纪七八十年代，国际社会的发展理论强调了

---

① 周华伟、沈伟雄："社区参与理论渊源探讨"，载《价值工程》2013 年第 30 期，第 326 页。

"以人为本的发展思想",提出发展过程中必须保持"公平、机会均等、参与"的原则。参与性的思想在发达国家的推行下,在其他发展中国家的发展项目中得到推广。20 世纪 90 年代,西方提出了可持续发展理论,由于这一理论十分重视人力资源的开发,因此更加强调了"参与"的重要性。

二、参与性发展的含义

随着参与式工作方法在实践中的不断发展与提升,"参与性"概念逐步清晰起来,人们认识到参与性中的参与不是一般意义上的参加,参与性的本质在于分担、分享、共担、共享。世界银行给出的定义为"参与性"是一个过程,通过这一过程,相关者共同影响和控制发展的导向、决策。"参与性"发展到今天,仍然是一个难以理解的概念,不同的人有不同的理解,但关于"参与性"的一些观念基本上能够为人们所认可,这些有关"参与"的观念包括如下内容。

(1)参与的特征包括社区的决策角色,项目中的公平受益,社区对决策有贡献,社区不只有自愿的贡献,同时也有控制权;(2)参与指的是通过一系列的正规和非正规的机制直接使公众介入决策;(3)参与是在对产生利益的活动进行选择及努力的行动之前的介入;(4)市民参与是对权力的再分配,这种再分配能够使在目前的政治及经济过程中被排除在外的穷人在将来被包括进来;(5)社区参与是指社区发展主体有效地介入社区建设中有关决策、实施、管理、监督和利益分享的过程中;(6)参与是指在决策过程中,那些将会受到该决策影响的人群,能够有效地参加到决策的过程中,尤其要关注一些边缘群体和弱势群体;(7)参与可被定义为在决策过程中人们自愿的民主的介入,包括:确定总目标、确定发展政策、计划、实施及评价经济及发展计划;为发展努力做贡献,分享发展成果;(8)参与就是对社区赋权,所谓赋权,就是主要利益相关群体能够影响和共同控制他们的发展方向和资源利用、共同进行决策的过程;(9)参与可被定义为农村贫困人口组织自己以及自己的组织来确定他们真正的需要、介入行动的设计、实施及评价的过程。这种行动是自我产生的,并且是居于对生产资源及服务的可使用基础上,而不仅仅是劳动的介入。同时,也基于在起始阶段的援助及支持以促进并维持发展活动计划[1]。

奥克利和马斯克里回顾并总结了众多在发展项目中应用的对于"参与"的理解及解释,并把它们归纳成以下四个方面:第一,参与是人们对国家发展的一些公众项目的自愿的贡献,但他们不参加项目的总体设计或者不应该批评项

---

[1] 李小云主编:《谁是农村发展的主体》,中国农业出版社 1999 年版,第 1-2 页。

目本身的内容。第二，对于农村发展来说，参与包括人们在决策过程中，在项目实施中，在发展项目的利益分享中，以及在对这些发展项目的评价中的介入。第三，参与涉及人们在给定的社会背景下为了增加对资源及管理部门的控制而进行的有计划、有组织的努力，这些人在过去是被排除在对资源及管理部门的控制之外的。第四，社区参与是受益人影响发展项目的实施及方向的一种积极主动的过程。这种影响主要是为了改善和加强他们自己的生活条件，如收入、自理能力以及他们在其他方面追求的价值[1]。综上所述，公众参与是指具有共同利益、兴趣的社会群体对政府涉及公共利益事务的决策的介入，同时享有决策成果的社会行为模式。这种参与的对象是政府的社会公共事务，而不是政治决策及政府的人事选择，后者讨论的是公众的政治参与。

三、参与性发展理论的基本内容

第一，参与是人类的基本需要。基本需要是指人类维护自身生存而必需的最基本条件，即基本的收入、工作、住房、教育、卫生、健康和营养，以及自身安全、社会秩序等各方面的基本需求。这也是20世纪70年代提出的发展的基本概念，从这一概念出发，发展被定义为通过物质生产来满足人类基本需求的过程。在这一过程中，发展的主要目的是促进人的生存条件的改善。因此，发展中的参与是不可缺少的，因为人们有参与到各种影响自身利益决策中的需求，也可以说是寻求民主的表现，同时，通过参与提高参与者的自尊心及自信心。

第二，只有行动才能发展。参与性是一个相互学习的过程。个人、小组、协助员及外来组织均可以相互交流，在这一过程中，不但分享知识、经验，而且个人的信心和能力也得到发展，换言之，参与能促进人的发展，而人的发展是社会发展的基础。过去人们常常批评某些贫困地区有"等、靠、要的思想"和"输血型"扶贫的弊端，这些行为或方法并没有使贫困地区得到改善，反而加重了经济发达地区的负担，这样的情况是不可能长久保持下去的。只有依靠当地人自己的行动才能促使当地的经济社会面貌得到彻底的改观。然而，人的行动取决于他们所作出的决定或决策。因此，没有当地人的参与和行动，就不可能达到真正的发展。

第三，人们的知识结构存在差异性。不同的人群有不同的知识背景。参与式理论强调发展中要尊重主体的知识。人们由于其生活背景不同，文化教育不同，具有不同的知识结构。现代的发展要求多学科、多层次、多类别的人群参

---

[1] 李小云主编：《谁是农村发展的主体》，中国农业出版社1999年版，第2页。

与。参与性的精神是承认人们拥有不同的知识,无论你是科学家,还是普通人。人们在其生活阅历中学习知识,创造经验,对付生产和生活中的压力,解决存在的问题和困难。"群策群力"就是要创造和提供一个宽松的环境,使生活在不同环境下的人群,充分发挥自己的特长和利用自己的知识献计献策。参与性实质是要鼓励每一个人在重大事件的决策中行使自己的权利并使自己的知识在决策中发挥作用。

第四,注重"谁"来参与、"谁"做决策。在发展项目中,"参与"是指所有利益相关者的参与,这里的利益相关者包括政府官员及工作人员、技术人员、非政府组织成员、科研人员和其他利用当地资源的人员等。参与式发展注重与政府部门、群众、资助机构等社会各个阶层建立伙伴关系。参与式不仅是工具和手段,也是一个过程和一种理念。在传统的项目中,公众是最容易被忽视的"重要成员",是弱势群体,而在参与式发展项目中,他们是最受重视的人群之一。不同的参与者有其不同的角色定位,起着不同的作用。如:技术人员提供技术支持和服务,公众则应参与发展项目的决策、管理、实施和监测与评估。

第五,"参与"具有层次性。参与性是一个发展的概念,社区和当地人的参与是循序渐进、逐步发展的,不可能一次到位。

第六,参与增加了当事人对项目的认同。参与性是过程而不是结果。当事人的参与性表现在他是否参与了项目周期的全过程,从项目概念的提出,编制项目建议书,项目的可行性研究,制订项目计划,项目实施、管理,到项目影响评估的整个过程。评价当事人的参与性,要看当事人在各个项目阶段参与的程度和民主决策的能力。当当事人参与制定项目目标及确认他们自己的需要时,他们便觉得该项目是他们自己的项目,实施项目就是解决自己的问题,当问题和解决问题的方法被当事人认同时,项目的归属感增加,当事人参与解决问题的积极性也随之增加,项目的成功率也随之增加。

第七,参与促进社区组织的建立和完善。当利益相关群体参与到项目的各方面时,必然增加相互间的协助与冲突,在这一过程中,他们将学习如何组织和处理纠纷,同时也增加了他们处理问题的技巧和管理协调能力。这些都能提升公众的自信心和处理问题的能力。通过这样的参与过程,群众从"依赖"外界到"独立"运作自己的组织,控制自己的生活,而这对自身发展产生重要影响。

典型案例：参与式发展与贫困村庄公共品有效供给研究——基于华润希望小镇的案例分析①

百色华润希望小镇位于广西百色市右江区永乐镇西北乐片区，毗邻国家级3A级旅游景区——澄碧湖。社区由那水、洞郁、塘雄、那平等4个自然屯组成，共有7个村民小组，356户，农业人口1 458人，社区面积约4.15平方公里。在希望小镇建设之前，社区公共基础设施匮乏、交通不便、信息闭塞，村民收入非常低，青壮年劳动力外流严重，社区陷入发展困境，是国家划定的重点贫困地区。2008年，华润集团基于感恩回报、履行企业社会责任的价值观念，提出了利用华润的资源和能力，到贫困地区创建希望小镇的"乡村建设实验"，并选择在百色市右江区永乐镇西北乐片区建立第一个华润希望小镇。经过几年的建设和发展，小镇不仅具备较完备的公共基础设施和服务，还建立了供给、管理和维护公共品的公益基金和制度规范，实现了村庄公共品的有效供给。如今百色华润希望小镇已经成为广西建设规模最大的社会主义新农村建设示范点，还荣获了"自治区清洁乡村·百佳村屯""全国文明村镇""美丽百色·最美乡村"等荣誉称号。

华润希望小镇的建设理念源于19世纪末20世纪初，一批留学回国的中国知识分子所主导的乡村建设实验，包括梁漱溟的"邹平实验"和晏阳初的"定县实验"等，这些乡村建设实验中大量地运用了参与式发展的理念和方法。华润集团借鉴乡村建设实验的做法，从集团旗下的各个利润中心遴选出有志于从事农村建设的优秀青年，组成华润项目组，长期驻守村庄，推动发展项目。

在参与式发展理念下，村民不是被动接受发展项目的援助，而是与项目组一起，规划和建设小镇、探索并发展小镇集体产业、最后实践并建立小镇管理制度。在这个过程中，项目组通过向村民赋权和赋能，使他们参与小镇建设、发展和管理的程度逐步提高；与此同时，项目组作为外部组织，其对小镇的发展干预程度则逐步降低，最终使村民成为小镇发展的主体，小镇成为具备内在发展动力的自组织系统。

---

① 成华："参与式发展与贫困村庄公共品有效供给研究——基于华润希望小镇的案例分析"，载《新疆农垦经济》2018年第10期，第76页。

第二节 参与式民主理论

参与式民主是当代政治生活中一种重要的民主模式。当代参与式民主理论借鉴了卢梭、密尔、科尔等人民主思想中的参与式民主观念，将民主参与的观念与当代社会民主的现实结合起来。当代参与式民主的主要代表佩特曼较早系统地阐释了参与式民主理论。其后，麦克弗森、达尔、巴伯等人继续对参与式民主理论展开了深入思考。这一时期的参与式民主理论主要关注参与在政治生活中的扩张，将民主参与渗透到社会的各个领域，而较少关注参与的具体方式、机制等如何参与的问题。20世纪90年代，参与式民主理论家逐渐意识到，参与在政治生活中的确是必要的，但却不是充分的。由此，围绕参与展开的民主理论进一步转向谁、参与什么、如何参与、效果如何等的思考，近年来参与式民主理论的最重要发展就是协商民主理论。不过，参与式民主在理论和实践上都存在自身无法克服的困难，尤其表现为参与式民主的可行性、参与式民主在当代社会中的效率等问题。尽管参与式民主有着明显的不足，但是这一理论对于我国实现人民民主，推动社会主义民主发展具有较高的借鉴价值。首先，参与式民主的核心是民众广泛地、深入地参与各个领域、各个层次的决策，从而推动公共决策的合理化、科学化、民主化。其次，参与式民主理论强调全面扩大地方、基层社会的参与，建立各种参与的组织形式，实现更为广泛的民主。最后，参与式民主也是党内民主推动人民民主的现实的、有效的途径。①

一、公民参与理论②

公民参与理论是政治学的重要组成部分。在理论上，作为大多数人统治的民主的本质就是参与。从历史发展的角度看，公民参与经历着一个由直接参与向间接参与发展的趋势。

（一）简要发展历史

公民参与始于一个直接参与的历史起点，但是随着人类社会的不断发展和进步，直接参与的实践有其局限性，已无法适应庞大社会组织结构的需求，于

---

① 陈尧：《民主的要义：当代西方参与式民主理论研究》，上海人民出版社2016年版，第2页、第4页。

② 陈芳：《公共服务中的公民参与——基于多层次制度分析框架的检视》，中国社会科学出版社2011年版，第51-53页。

是，人类社会迈入间接参与的漫长发展期。虽然与直接参与相比，间接参与在代表权利、表达利益方面造成损失，但公民参与的理论的内涵和内容，正是在间接公民参与的漫长时期得到不断充实和完善的。

20世纪六七十年代，参与式民主理论开始复兴。1960年，阿诺德·考夫曼首次提出"参与民主"的概念，随即被广泛运用于社会各个领域。但最初倡导的积极民主参与，主要是关注社会领域的民生，特别是与工作场所紧密联系的民主管理。并没有上升到政治生活和国家层面的民主。1970年，佩特曼的《参与和民主理论》一书的出版，标志着当代参与式民主理论的正式形成。特别是1984年本杰明·巴伯提出的强势民主以及发轫于20世纪80年代的协商民主，进一步推动了当代参与式民主理论的发展，代表了参与式民主理论在当代发展的新趋向。当代参与式民主理论的核心主题是公民参与。

20世纪90年代，"协商民主"的兴起将公民参与理论的发展推向新高潮。协商民主强调扩大公共领域，让每个公民都能发表意见，重新赋予每个公民参与公共事务的机会，在信息公开透明的条件下，依据一定的程序，公民能够自由平等地对影响到自己的公共政策进行公开、充分的讨论，通过公共协商赋予决策的合法性，提升民主治理的品质。

公民参与理论的发展向我们表明，尽管强势民主理论、协商民主理论并不完全排斥竞争性的选举和权力制约，在如今强势民主、协商民主的呼唤下，直接参与理论出现了一定程度的复兴。这又新添了公民直接参与公共服务供给的理论支撑。

科恩指出，"民主是一种社会管理体制，在该体制中，社会成员大体上都能直接或间接地参与或可以参与影响全体成员的决策"。[①] 民主过程的本质就是参与决策。[②] 参与是民主制度的核心概念之一。"参与"的多少，一直以来都是界定和衡量民主发展程度的重要标志。有学者认为："民主制度就是公民以独立的人格积极主动参与政治过程的制度，它将公民参与合法化、组织化、规范化，从而为自己提供制度的架构。通过政治参与，公民了解公共事务和自己的利益之所在，并在得知和开始重视他人的要求时，升华自己的公民道德。民主行为的制度化，逐渐使公民形成民主的习惯，学会如何和平合法地表达和争取自己的利益，学会在个人利益与公共利益之间达成一种恰当的平衡"。[③]

---

① [美]科恩：《论民主》，聂崇信、朱秀贤译，商务印书馆2005年版，第10页。
② 刘军宁：《民主20讲》，中国青年出版社2008年版，第262页。
③ 丛日云："民主制度的公民教育功能"，载《中共天津市委党校学报》2001年第1期，第41页。

(二) 卡罗尔·佩特曼的参与式民主的基本理论

卡罗尔·佩特曼系统论述了参与式民主的基本理论。她认为，参与是民主中的参与，强调决策过程中公民平等参加机会的拓展，参与式民主的整个民主系统通过参与培育的公民参与能力的聚合来维系。在佩特曼看来，民主就是最大限度的输入（参与），而输出不仅包括政策（决定），也包括每个人的社会能力和政治能力的发展，因此存在着从输出到输入的"反馈"。佩特曼指出，参与民主理论中参与的主要功能就是教育功能，最广义上的教育功能，包括心理方面和民主技能程序的获得。通过参与的教育功能，可以发展和培育民主制度所需要的个体品质。个人的参与越是深入，他们就越具有参与能力，参与制度就越可以维持下去。① 自我发展只能在参与性社会中才能实现。佩特曼指出，实际上，对政治的参与能够促进人类的发展，提高人们的政治效能感，减少人们对于权力中心的疏离感，培养对公共问题的关注，有利于形成一种积极的、富有知识的并对政府事务具有敏锐兴趣的公民，从而有助于一个参与性社会的形成。② 她还指出，参与活动具有累计性的效果，也就是说，一个人参与的领域越多，参与程度越深入，他在政治效能感方面的得分就越高，它的参与能力提升的就越多。此外，佩特曼还指出了参与具有整合功能。他通过引证参与在煤矿、汽车等工业实施的例子，佐证了参与活动的经历提升了团体内部的和谐关系和合作关系。在佩特曼看来，正是参与所具有的这些功能，使参与性制度本身具备了一种自我维持的功能。③

二、协商民主理论

协商民主发轫于20世纪80年代，美国政治学家约瑟夫·毕塞特在《协商民主：共和政府下的多数原则》一文中最先使用"协商民主"一词。伯纳德·曼宁和乔舒亚·科恩的研究进一步丰富和发展了协商民主的内涵。1987年，伯纳德·曼宁在《政治理论》第15期上发表的《论合法性与政治协商》一文，是较早地对协商民主作出系统研究的论文。此外科恩、罗尔斯、博曼、哈贝马斯等人都对协商民主进行了关注。政治学家古特曼和汤普逊（A. Gutmann and D. Thompson）认为，所谓协商式民主，指称的是这样一种民主政治形态，即公民通过广泛的公共讨论的过程，各方的意见在公共论坛中互相交流，使各方了解彼此的立场和观点，并在追求公共利益的前提下，寻求并达成各方可以接受

---

① ［美］卡罗尔·佩特曼：《参与和民主理论》，陈尧译，上海人民出版社2006年版，第39页。
② 陈尧：《民主的要义：当代西方参与式民主理论研究》，上海人民出版社2016年版，第86页。
③ 原宗丽：《参与式民主理论研究》，中国社会科学出版社2011年版，第106页。

的可行方案。基于此,协商式民主理论强调公民是民主体制的参与主体,应该积极促进公民对于公共事务的参与。公民的这种政治参与,不应仅仅局限于投票,或者请愿、陈情或社会运动,而应该在参与者充分掌握信息、发言机会平等与决策程序公平的条件下,对公共政策进行公开的讨论,进而提出可行的方案或意见。① 国内学者陈家刚对协商民主的理解进行了概括,他指出:"协商民主是一种治理形式,其中,参与公共协商的公民是平等的、自由的,他们提出各种相关的理由,说服他人,或者转换自身的偏好,最终达成共识,从而在审视各种相关理由的基础上赋予立法和决策以合法性。协商民主的实质是以理性为基础、以真理为目标。公共协商结果的政治合法性不仅建立在广泛考虑所有人需求和利益基础之上,而且建立在利用公开审视过的理性指导协商这一事实基础之上。"②

协商民主理论认为,以投票为中心的民主理论应该逐渐为以协商为中心的民主理论所取代。如果说19世纪到20世纪初,民主化关心的是扩大选举,落实每个公民投票的权利,那么当前民主化重视的则是如何扩大公共领域,让每个公民都能发表意见,而不是选票成为新的赋权方式。③ 协商民主理论在强调公民参与的重要性时主张:首先,就民主过程本身而言,自由平等的参与权是公民集体性政治自主的前提;其次,协商民主所强调的参与,是参与和协商的统一,也是直接参与和间接参与的统一;最后,协商民主所指的参与是一种理性的参与,协商民主的核心是公民及其代表进行理性的对话、论证和说服。④

协商民主在反省自由竞争式民主理论的基础上,重新赋予公民参与公共事务的积极性,认为公民的政治参与,不应该局限于定期的投票和不定期的游行示威等活动方式。公民应该在信息公开透明的条件下,依据一定的程序,自由而平等地对影响到自己的公共政策进行公开且充分的讨论,通过公共协商赋予决策的合法性,从而提升民主治理的品质。协商民主关注民主参与的有效性即民主控制的实质性,意味着公民真正有效地参与公共协商。

协商民主理论从产生之时起就面临着来自各方面的批评,可以归纳为以下

---

① 陈剩勇:"协商民主理论与中国",载《浙江社会科学》2005年第1期,第28页。
② 陈家刚:《协商民主》,上海三联书店2004年版,第3-4页。
③ 陈芳:《公共服务中的公民参与——基于多层次制度分析框架的检视》,中国社会科学出版社2011年版,第57-58页。
④ 陈尧:《民主的要义:当代西方参与式民主理论研究》,上海人民出版社2016年版,第160页。

几点①：①协商民主理论明显具有精英主义的倾向。桑德斯和扬认为，在协商制度中强势群体和弱势群体之间存在着不平等。②协商民主倾向于受过良好教育、具有相当社会地位、掌握协商技巧的社会阶层。协商民主歧视那些历史上的弱势群体，如穷人、少数民族、妇女等。②协商民主理论具有浓厚的理想色彩和乌托邦色彩。许多批评者都认为协商民主是任何情况下都无法实现的理想。③协商理想和现存民主实践之间存在着不可逾越的鸿沟。最为典型的疑问，就是一个在本质上小而迟缓的协商团体如何治理庞大而复杂的社会？协商民主如何在各种决策如军事决策、金融决策等必须在几分钟而非几天就决定、没有时间咨询大众更别提协商的社会中起作用？即使协商集会在决策中是可行的，但怎样才能够使参与者遵守协商原则而不为个人或团体私利所操纵呢？协商过程的参与者在实际上是否拥有理想状态所要求的很高的社会责任感、美德和品质呢？实际上，民主是真正的"未竟的现代性工程"，协商民主理念的实现，还需要矫正、改变某些社会状况。有些因素是与协商民主不相容的，但是，它们的存在并非协商民主的障碍。协商民主既能够适用于小规模的市镇会议，也能够适用于大规模的民族国家，从陪审团、市镇会议，到区域治理组织、全球治理结构以及现代民主体制，等等。协商民主能够让人们认识到一个共享的公民文化的可能性，协商民主能够在经验现实中发现其深厚的制度支撑。④协商失败或无效。协商过程可能存在着无效与失败。复杂社会中的公民甚至无法进行有效的协商。协商理论家认为，所有问题都可以通过当前可行的协商得以解决是一种过分的理性。过多的理性对任何民主决策来说都是个问题，不管复杂性和分化的具体情况如何。越来越多的哲学家和社会科学家认为，协商民主观念是不真实的，也不可行。但是，这些疑问和批评本身能够使我们更全面、更深入地认识协商民主理论。

三、民主行政理论

（一）多中心治理理论

托马斯·霍布斯的主权理论与亚当·斯密的市场理论构成国家领域与经济领域的两种基本秩序。但是，政府失灵与市场失灵表明了这两种秩序观存在着内生缺陷。英国学者迈克尔·博兰尼在《自由的逻辑》一书中首先提出了"多

---

① 陈家刚："协商民主研究在东西方的兴起与发展"，载《毛泽东邓小平理论研究》2008年第7期，第75—76页。

② [澳]何包钢：《协商民主：理论、方法和实践》，中国社会科学出版社2008年版，第58—59页。

中心"概念，开创了运用"多中心"理论分析万事万物的先河。多中心的任务或者秩序是否适合人类的社会公共管理？美国印第安纳大学的学者文森特·奥斯特罗姆和埃莉诺·奥斯特罗姆夫妇对此做了进一步研究，并创立了多中心治理理论。这一理论主张多元主体共同参与公共事务的治理、提供公共服务，治理的目标是实现"多赢"，即网络结构中每个参与者都能够获取各自的利益所得。埃莉诺·奥斯特罗姆的"多中心"理论在市场秩序和国家秩序的基础之上探讨了公共事务治理的新秩序。

埃莉诺·奥斯特罗姆多中心治理理论中的治理主体多元化，是指公共部门、企业、非营利机构、个人均可参与公共事务的治理，并以平等的地位处理公共事务以及协调各主体之间的利益关系。奥斯特罗姆的多中心治理理论强调自主组织、自主治理，多中心主体之所以能够以平等的地位参与公共事务的治理，主要取决于他们的行动团体是多元主体的自主组织，在自组织的过程中不同主体会以平等的地位协调彼此之间的利益关系和处事原则，这一过程确保了多元主体地位的平等性。

多中心理论为社区公共治理提供了一种新的治理思维。多中心体制突破了单位的地域约束，集合区域内大、中、小政府及非政府组织，通过竞争与协同合作，实现自身秩序，提供公共服务，从而实现区域公共利益最大化。

（二）新公共服务理论

20世纪90年代后期，在反思和批判新公共管理的基础上，罗伯特·登哈特与珍尼特·登哈特提出了一种与新公共管理相竞争的新公共服务理论。2000年，罗伯特·B.登哈特和珍妮特·V.登哈特在《公共行政评论》上发表了题为《新公共服务：服务而不是掌舵》的论文。2003年，珍妮特·V.登哈特和罗伯特·B.登哈特正式出版《新公共服务：服务而不是掌舵》一书，对新公共服务理论进行了全面、系统的阐述。他们将"新公共服务"定义为：关于公共行政在整个治理体制中的作用的一整套思想，即将公共服务、民主治理和公民参与置于核心地位。新公共服务以民主政治、公民权和公共利益为理论基础，主张改变政府主导一切的局面，将公民权作为整个政府治理体系的中心，提出政府的基本职能不是"掌舵"而是"服务"。强调建立公共服务精神，重视公民社会与公民权利，推进政府、社区、公民相互之间的对话沟通与共同治理。新公共服务理论，将公民置于整个治理体系的中心，强调政府治理角色的转变即服务而非导航，推崇公共服务精神，旨在提升公共服务的尊严和价值，重视公民社会与公民身份,重视政府与社区、公民之间的对话沟通与合作共治。①

作为一种以公民为中心的民主行政,新公共服务包含以下理念:(1)服务于公民,而不是服务于顾客。公共利益是就共同利益进行共同对话的结果,而不是个体自我利益的简单相加。因此,公务员不仅要关注"顾客"的需求,同时要着重关注与公民并且在公民之间建立信任与合作关系。(2)追求公共利益。公共行政官员必须促进建立一种集体的、共同的公共利益观念。这个目标不是要找到由个人选择的驱动的快速解决问题的方案。更确切地说,是要创造共享利益和共同责任。(3)重视公民权胜过企业家精神。致力于为社会做出有益贡献的公务员和公民要比具有企业家精神的管理者能够更好地促进公共利益,因为后一种管理者的行为似乎表明公共资金就是他们的财产。(4)战略的思考,民主的行动。满足公共需要的政策和项目可以通过集体努力和协作的过程得到最有效并且最负责任地实施。(5)责任并不是单一的。公务员不应当仅仅关注市场,他们还应该关注宪法和法令、社会价值观、政治规范、职业标准及公民利益。(6)服务,而不是掌舵。对公务员来说,越来越重要的是要利用基于价值的共同领导来帮助公民明确表达和实现他们的共同利益与需求,而不是试图控制或掌控社会新的发展方向。(7)重视人,而不只是重视生产率。公共组织及其所参与的网络,如果能在尊重所有人的基础上通过合作和共同领导来工作的话,从长远看,它们更可能获得成功。②

新公共服务理论的核心在于以公民为中心,在这里,公民的地位发生了实质性的改变。在服务过程中,公民既不是传统公共行政中的"受构制者"和"被规制者",也不是新公共管理中的"顾客",通过以"顾客满意"方针成为完全的公共服务"接受者",而是治理公共事务的主动参与者和社区建设者、活动者。与倡导多中心民主治理政体中公民角色不同,公民在前一政体中的角色是完全积极并且主动的,而不是像后一种政体中,公民通过在不同公共服务供给主体之间的主动选择来保障自身的权益。新公共服务强调以公民为中心,强调公民权的必要性,强调共同对话产生的公共利益,真正实现公民参与政府的管理活动,使自己的理想、价值和利益得以表达和实现。

综上所述,公民资格理论、公民参与理论及民主行政理论虽然有各自的研究领域及重点,但这些理论发展的一个共同趋势是支持公共服务中公民参与的

---

① 段溢波:"新公共服务理论:缘起、内涵及启迪",载《湖北财经高等专科学校学报》2009年第21卷第2期,第5页。
② [美]珍妮特·V.登哈特等:《新公共服务:服务而不是掌舵》,丁煌译,中国人民大学出版社2004年版,第40—41页。

实践。公民资格理论是公共服务中公民参与的权利基础和身份要求，公民参与理论是公共服务中公民参与的行动（方法）基础，民主行政理论是公共服务中公民参与发展的范式基础，这些都为我国公共服务中公民参与的制度供给提供了方向参考与方法借鉴。

典型案例：中国"温岭民主恳谈"[①]

"温岭民主恳谈"是中国民主发展历程中的重要事件，指的是发端于1999年浙江温岭的基层民主实践。作为市场化的先行地区，浙江省经济发展程度高、公民意识较强，加之地方干群矛盾问题凸显，已经影响了社会的稳定与发展。所以，"温岭民主恳谈"的出现正是社会需求与化解社会矛盾共同作用的结果。

"温岭民主恳谈"最初是"反馈型"模式，即民众反映问题，政府负责回应的面对面交流形式。为了进一步探索民主形式与深化改革，温岭市颁布了《中共温岭市委关于进一步深化民主恳谈 推进基层民主政治建设的意见》，明确指出："各镇（街道）要大胆探索、敢于创新，从各地的实际出发推进民主恳谈活动，并要抓好村（居）、社区、企业等组织的民主恳谈活动。"政府通过恳谈的方式邀请基层民众参与城市议题讨论，以促进决策的民主化与科学化。温岭市的泽国镇与新河镇的协商民主改革最为瞩目。

以2005年初泽国镇的"民主恳谈"为例。泽国镇"民主恳谈"的流程基本仿照巴西参与式预算的流程：决策部门首先通过随机抽样的方式抽取了二百多名代表参与会议，然后对这些代表进行专业培训，要求他们根据紧迫性对建设项目方案进行排序。随后，这些代表被分成16个小组进行讨论，各组选派代表在大会汇报讨论结果。接着，各组再根据大会中产生的新问题进行讨论，然后再召开第二次大会。两次大会都会有专家学者与代表进行互动，解决代表们提出的各类问题。第二次大会结束后，代表们被要求填写项目排序问卷。政府根据问卷结果选择排在前12位的项目作为2005年预算投资项目并报人大批准，经过投票，该方案顺利通过。

这一成功试验开启了中国"参与式预算"的先河，"温岭民主恳谈"的模式逐渐拓展到农业、工业以及社会服务等多个部门。国内学术界赞扬了温岭的经验，中国的其他地区也开始循序渐进地推广这一经验，将其运用到基层治理创新当中。不过，国内外学者对于"温岭民主恳谈"也有批评意见。

[①] 张力伟："协商民主的内在张力：基于中外实践案例的梳理"，载《中共天津市委党校学报》2017年第19卷第3期，第66-67页。

第三节 参与式治理理论

20世纪90年代以来，伴随着"治理"的出现，"参与式治理"这一术语开始被学术界采用。参与式治理起源于西方国家，其理论渊源主要有两方面：一是参与式民主；二是治理理论。治理理论在20世纪90年代出现，其要解决的问题就是"政府失灵"。"市场失灵"需要政府干预，可是政府"失灵"和"无效"，就需要引入第三方力量，就需要在政府、市场、公民社会之间建立伙伴关系，实现对公共事务的共同管理。这就是治理。治理是指政府、社会、个人共同管理公共事务的一种方式，是一个私营部门、第三部门和政府部门通力合作的网络。[①] 面对政府与市场的双失灵困境，工业民主国家经历了一场政府治理方式的变革，"治理"理论应运而生，为"参与式治理"的发展奠定了理论基础。参与式作为一种新型的治理模式，是参与式民主在治理中的运用。[②] 参与式治理是现代民主理论的深化，是"参与式民主""协商民主"或"强势民主"的实践，是"参与式"方法在治理领域的运用。在阿尔修·冯、赖特、海奈特等学者以及联合国、国际劳工研究中心和公民参与世界联盟等国际组织的推动下，参与式治理逐渐成为政治学和公共行政的一个研究热点。

一、参与式治理的内涵

参与式治理的核心概念是"参与"，没有参与就谈不上参与式治理。"参与式治理"概念可以定义为：参与式治理是与政策有利害关系的公民个人、组织和政府、志愿组织一起参与公共决策、分配资源、合作治理的过程。[③] 国内学者也认为，社区参与式治理强调多元主体参与社区的发展目标、行动规划等政策制定，重视多元主体具体参与治理的过程，在合理配置资源、分配利益的基础上强调协商民主，倡导惠益分享机制，各个主体之间在互动平衡中达成共识，共同行动。社区参与式治理追求相关利益者的有效参与、相关利益诉求的有效表达，进而实现相关利益的有效平衡。参与式治理一方面强调社会管理者的开放包容性，另一方面强调治理过程的多元主体参与和民主价值，强调社会公众

[①] 赵光勇、饶义军："西方国家地方政府改革述评"，载《中国矿业大学学报》（社会科学版）2009年第1期，第49页。
[②] 陈剩勇、赵光勇："'参与式治理'研究述评"，载《教学与研究》2009年第8期，第75页。
[③] 陈剩勇、赵光勇："'参与式治理'研究述评"，载《教学与研究》2009年第8期，第76页。

要从被动的客体转变为参与的主体，通过不同载体和途径参与到决策和治理的过程中。这一概念的关键点：首先，参与式治理的基础是多元化的主体，这也就意味着政府分权和民众赋权；其次，参与式治理坚持政策利害相关群体和个人平等地、直接性地参与，直接参与是题中要义；最后，参与式治理贯穿公共政策决策、公共政策执行、公共政策的追踪反馈和修正的循环过程，而不仅仅是参与决策或选择方案。①

二、参与式治理的特征②

（1）"参与"是治理的核心要义。参与式治理将"参与"视为核心概念，是对"参与"价值和意义的突出强调。参与式治理中的"参与"指通过授权给那些受政策影响的利益相关人从而确保这些人能够有效介入政策全过程。最终形成一种包括政府、社会组织、私营企业、公民各主体在内的合作关系和治理网络，在这一网络中能够实现信息互通、资源共享、相互依赖、互惠互利。因此，参与式治理有助于形成一个稳定的有凝聚力的社会。

（2）"参与"有虚实之分，参与式治理注重实质性参与。《公民参与的阶梯》一文的作者美国政治学家谢莉·安斯汀将参与的程度分为八种程度（这八种程度按民主性从低到高排序，分别是操纵、医疗、告知、咨询、安抚、合作伙伴、代表权、民众控制），三种性质（分别为假性参与、象征性参与和实质性参与）。③ 参与式治理主张参与应具有实质性，与参与率相比更为重要的是要看在这一过程中，政府之外的主体是否发挥了实质性作用，公民是否表达了真实的愿望和要求，最终通过的政策是否考虑到了这些愿望和要求。

（3）参与式治理强调参与的行为与过程。与其他治理理论相比，参与式治理更加突出强调多元主体的参与行为。民主不取决于形式，而取决于实质是否得到实现。利害相关人的参与行为应该是主动性的、自下而上的，这有别于以往行政管理模式下政府自上而下推行政策或动员型参与的决策执行过程。

（4）参与式治理更关注政府之外其他主体尤其是公民作用的发挥。治理理论主张治理主体的多元化，就任何治理模式而言，政府都是不可或缺的主体之

---

① 庄晓惠、杨胜平："参与式治理的发生逻辑、功能价值与机制构建"，载《吉首大学学报》（社会科学版）2015年第36卷第5期，第77页。
② 刘佳："参与式治理理论探析"，载《湖北民族学院学报》（哲学社会科学版）2014年第32卷第4期，第131-132页。
③ ARNSTEIN S R. A ladder of citizen participation. Journal of the American Institute of Planners, 1969 (4): 216-224. 转引自邓大才："乡村建设行动中的农民参与：从阶梯到框架"，载《探索》2021年第4期，第2页、第26-37页。

一，此外还应该包括非政府组织和公民等在内的多元主体。参与式治理更为关注的则是非政府组织及公民，尤其是公民在治理实践中作用的发挥。而这里探讨的是特指普通公民，尤其是生活在社会底层的弱势群体表达利益要求，参与政治决策的行为。

（5）参与式治理的过程是政府与公民的协同合作的过程。参与式治理主张至少在社会基层管理上，政府和公民都有发言权、应保持平等地位。这种平等不仅仅是法律地位意义上的平等，更应该是实践中的真正平等，政府与公民在共同决定相关政策时就要以平等的姿态、通过沟通、斡旋、调解、妥协、合作的方式实现沟通和互动，通过这样的过程达成一致、制定政策。

三、参与式治理的模式

治理理论是一个完整的体系，包含丰富的内容，多元参与、互动协调和共治共享等是治理理论最基本的特征。治理强调主体方面的多元合作，倡导过程中的上下互动，推崇合作、协商、伙伴关系的方式方法；治理是以善治作为目标认同，不断地推进权力回归、还政于民的过程。治理理论在发展过程中逐渐形成参与式治理、协商式治理、合作式治理、网络式治理和整体性治理等具体的治理模式，其中，参与式治理是治理理论体系中最基本的模式。多元参与在治理理论体系中处于基础地位。参与式民主可以看成是参与式治理直接的理论来源。参与式治理是在治理理论中加入民主的元素，强调各方力量的合作治理，强调治理过程中的公民参与，凸显治理中民主的价值。可以说，参与式治理是对治理理论的超越，是一种新型的民主治理模式。

参与式治理具有丰富的参与内容，广泛涉及政治层面、经济利益层面以及日常生活方面，体现了治理过程中国家与社会的一种协调机制，演绎了国家向社会赋权的过程。参与式治理具有广泛的适用性，可以在各个国家不同层级的组织结构中运用，但是它最适用的领域还是在社区层面。参与式治理具有广泛的指向，同时，这种治理模式重点还是在大众参与基层组织的管理，强调大众在基层组织中的主体地位，着眼于对基层组织提升治理能力的优化设计，是国家治理体系在基层组织的具体体现。也就是说，社区参与式治理是这种治理模式最好的运行空间、最合适的发展舞台。

四、参与式治理在中国的实践

从 20 世纪 80 年代以来，国际社会见证了参与式治理在各地的实践。巴西的参与式预算，美国的邻里治理，印度的村镇自治，孟加拉的公共服务提供改革，南非的工人合作治理，乌干达的听证制度，等等，这些措施给当地带来了积极的治理变化，也引起了巨大的示范效应。综合起来，当前参与式治理的实践主要集中在三个方面①：（1）参与式财政预算。"参与式财政"是参与式治理的一个重要方面，是公民个人和不同群体、不同利益的代表直接参与地方和社区公共财政的开支和投资决策的一种方式。（2）社区参与式治理。社区的参与式治理主要是指社区发展主体能够有效地介入社区建设的有关决策、管理和整个政策过程中，使多元利益相关群体的声音均能够有表达途径，特别是弱势群体可以发出自己的声音。联合国经济与社会委员会的决议案认为，社区参与包含三个条件：需要在民众民主自愿的基础上使其融入社会发展过程；必须平等地分享参与所带来的利益；必须参与决策制定程序，包括目标设定、政策方案的形成、执行与评估。参与不仅应贯穿决策的制定、执行、监督、评估的整个过程，而且特别重要的是在决策前的介入，也就是居民依据自己的动议进行行动。②（3）农村参与式治理和可持续发展。在这里，参与式治理和脱贫、植被保护、灌区治理等一些农村发展项目联系在一起。参与式治理不只是有效公共管理的工具，而且常常被看作可持续发展的前提条件。

有关"参与"的概念和思想，最早进入中国的是参与式发展的理念。从20世纪90年代初起，云南、贵州和北京等地的研究者和实践者，在资源管理、农村社会经济评估、社区发展与管理、发展计划、小流域治理、小额贷款、农村医疗等方面广泛引入参与式发展的理念。对于参与式发展在农村减贫开发、灌区和林区治理的应用，学者们称其为"参与式管理"。寸瑞红探讨了高黎贡山自然保护区的参与式管理。③ 张学会考察了夹马口灌区用水户的参与式管理。④ 韦鸿鹭也对用水户参与式管理水利工程的模式进行了分析与探讨，⑤ 杜受祜结合社区林业，提出了参与式管理。在惠及包括妇女、少数民族、贫困人口等群体，让其参与决策和分享发展成果等方面都具有积极的借鉴意见，参与式管理也成为保护农民权益的政策法规的必要的补充。⑥ 随着治理概念传入中国，"参与式管理"逐渐为"参与式治理"所取代。

---

① 陈剩勇、赵光勇："'参与式治理'研究述评"，载《教学与研究》2009年第8期，第78-79页。
② 贾西津："社区参与式治理的理念和原则"，载《中国民政》2015年第3期，第25页。
③ 寸瑞红："谈高黎贡山自然保护区的参与式管理"，载《林业调查规划》2002年第4期，第52-55页。
④ 张学会："用水户参与式管理在夹马口灌区的实践"，载《中国农村水利水电》2003年第5期，第24-25页。
⑤ 韦鸿鹭："农田水利工程用水户参与式管理模式初探"，载《科技资讯》2008年第2期，第49-50页。
⑥ 杜受祜："参与式管理与农民权益保护"，载《林业与社会》2004年1期，第1页。

在我国，社区参与式治理表现出积极的发展态势。近年来，社区参与内容日趋丰富、参与渠道更加多元、参与动因呈现多样，社区居民参与社区治理的身份不断得到强化，参与意识逐渐觉醒，取得了比较积极的效果。在实践中，各种形式的公众参与已然成为中国公共生活中的亮丽风景。浙江省温岭市新河镇参与式公共预算改革的基本做法就是公民有序参与政府预算决策和监督，在财政领域将民主恳谈制度与人大制度相结合，试图通过人大制度强化公民在财政预算中的决策权和监督权，促进公众通过人大代表参与对财政预算的审查和监督。湖南省长沙县与北京大学公众参与研究与支持中心合作开展"长沙县开放型政府"综合试点，信息公开和公众参与是这一制度创新的两大核心。同时，无论是来自实务界的反映还是理论界的研究，都可以看出：社区参与式治理过程还是存在吸引力不强、参与积极性不高的问题。

典型案例：参与式治理视角下的杭州地方治理创新模式[①]

1. 杭州市创新城管志愿服务体系

城市管理的内容包括土地、构筑物、绿化等，但最主要的是管理城市中的人。截止到 2012 年年末，杭州市常住人口达到 880.2 万人，其中市外流入人口为 235.44 万人，占 27.06%，在人流、物流快速流动的情况下，如何满足市民多元化的服务需求成为杭州城市管理面临的难题。

在挑战面前，杭州市政府选择将志愿服务组织纳入城市管理中，使其成为城市管理的一支重要力量，其实质就是一种政府主导下的政府与社会组织等多主体参与治理的模式，这种模式标志着由国家全面控制和包办代替的全能型政府社会管理模式向坚持"多方参与、共同治理，统筹兼顾、动态协调"原则的由政府和社会服务组织共同参与的社会管理新模式的转型。

2005 年 12 月，杭州市执法局在已有的志愿者服务基础上，推出了"城管志愿者"的创新之举，鼓励市民积极参与到城市管理行政执法的宣传劝导活动中来，并成立了专门的城管执法志愿者总队。

2. 典型案例分析

延安路是杭州市规模最大的商业街，全长 3 570 米，将杭州市内最大的三个商圈——武林商业圈、湖滨商业圈、吴山商业圈串联起来，人多车多、环保压力大，是城管工作的重难点区域。面对这种情况，2013 年 9 月，杭州市城市管理委员会在延安路精品街上推行"门前新三包"志愿服务项目。"门前新三

[①] 李锦文、王寿铭："参与式治理视角下的杭州地方治理创新模式"，载《城市管理与科技》2015 年第 17 卷第 2 期，第 31 页。

包"的主要内容是做到"门前三不",即不污染周边环境、不损坏公共设施、不影响街容秩序。杭州市城市管理委员会除了组建一支由城管执法人员和"贴心城管"志愿者构成的志愿服务队之外,更注重商家和单位的自我管理,督促商家(单位)做到规范设置垃圾容器、规范投放生活垃圾、规范设置店招店牌。小河街道作为拱墅区"门前新三包"工作试点街道,现已与辖区商家签订了相关责任书,并计划将相邻的10—15户商家组成"自管小组",商家每周轮流"坐庄"当组长,负责各小组地段内环境卫生、市容秩序和绿化等内容的管理和监督。街道对小组每月考核,年终表彰鼓励。

"门前新三包"活动是杭州市政府将市场力量有效引入城市环境治理的实践,通过商家自己组织参与负责地段内的环境卫生,其他相关部门单位积极配合,形成联动,有效实现城市环境治理多元参与的治理模式。

五、社区的参与式治理[①]

社区参与式治理既是理念又是方法。首先,它是一种理念,尊重社区内多元主体对社区公共事务的参与权,促进不同利益相关群体尤其是弱势群体的利益表达,逐渐改变政府在社区建设中的行政主导模式,形成自治互助、以社会资本为纽带、价值共享的群体。其次,它是一种方法,通过发展和实践各种参与式的工具,促进参与价值的实现。参与式方法的核心是使多元的发展主体充分、全面地介入发展的全过程。参与式方法有一些自己的工具,如开放空间论坛、展望未来论坛、参与式游戏等。

政府职权边界的清晰界定是参与式治理的前提。根据法律和实际,将社区居委会实际承担的职能作简单的归类:第一类是居民个人选择性事务,主要涉及文体活动,如社区文艺比赛、组建各类居民兴趣团体等;第二类是社区和社会公共事务,以环保、治安、卫生最为典型,如对于社区安全、环保、公共卫生。第三类是政府委托社区进行的事务,如计生、统计、保洁费收取等。此外社区居委会还承担了一些额外职能,比如摊派、订阅报纸等,不仅占据了社区居委会的时间、精力和资源,而且极大破坏了社区信任和社区自治机制。社区参与式治理,需要区分这三类不同性质的事务,予以不同对待。对于个人选择性事务,原则上是政府撤出,还权居民。这类活动的选择、开展,本来属于居民自身的选择,居民是否活跃、选择什么样的活动方式,是居民的自由,社区居委会和政府不应该涉入。对于社区与社会公共性事务,力图做到政府与社区明确划界,各司其职。这类事务需要政府与社区之间的合作治理,但是政府与

---

① 贾西津:"社区参与式治理的理念和原则",载《中国民政》2015年第3期,第25-26页。

社区只有平行决策、各自工作、在目标上相互合作,才能形成职责明确、权责统一的治理模式。政府将社区作为上下级关系,不利于有效的工作。对于政府委托事务,应当发展公共服务购买,在社区有余力的情况下协助政府完成任务,也可以雇用专门的人员来协助完成,要防止"布置任务"的方式。

社区参与式治理的意义不在于追求参与率,而强调利益表达和价值分享的过程。自下而上的利益表达和自我协调过程是参与式治理最主要的意义所在。社区参与式治理的本质是社区自治。特别需要区分的是政府"在社区的治理",即政府通过社区来贯彻政府的职责和"社区治理"。如果社区的更多事务由政府决定,政府的各种决策也更多通过社区完成,即政府在社区中的角色更活跃、更具主导性,标志着行政权力在向基层扩展;反之,如果社区功能简化,减少政治功能或行政责任,更多地由公民独立决定社区事务,即社区还原为公民参与、自治的生活与邻里空间,则意味着社区治理的成熟。前者虽然在一定资金保证和政府自律的条件下,可以增加社区福利的提供,但是从治理结构的角度来看,它使得行政权力扩大,是一种高密度、高成本、高风险的发展模式,具有结构性的缺陷,极易导向政府体制的再度膨胀和对基层民主建设的压抑,从长远来看,会使社会弹性压缩、压力凝聚。所以在实施参与式治理的过程中应该给予社区更大的自治空间。参与的意义不只在于社区治理的结果,还体现在参与、互动、自治的过程之中。因而,即使有廉洁的政府、有效的服务、更多的福利等,并不能代替参与本身的价值。如果只是将居民当作服务对象,在多样变化的需求中,就总是会存在矛盾;让居民自己参与决策过程、自己作出决策选择,无论最后的效果如何,他都能够理解,能够接受。所以在公共事务管理中,程序公正是非常重要的,参与就是一种有助于公共治理改善的程序。

典型案例:海曙区"社区参与式治理"的实践[①]

(一)社区起引领作用。社区作为城市社会的基本构成单元,在社会管理中处于重要的基础地位。多年来,海曙区解放思想、创新思路,积极探索一系列有效做法,促使社区居委会的引领作用得到充分发挥。一方面,加大体制机制改革创新力度。2003年,海曙区就开始探索以选聘分离、社区直选、专职社区工作者为主要内容的社区体制。在十余年的探索中,进一步完善居委会直选制度,2013年全面推行"一委一居一中心"体制,特别是注重吸纳业主委员会代表、社会组织负责人、辖区单位代表等进入居委会班子,从中推选产生1~3

---

① 国宇:"'社区参与式治理'模式的实践与完善提升——基于海曙区的实证研究",载《宁波经济(三江论坛)》2015年第4期,第40-43页。

名专职委员，探索居委会委员专兼结合模式，建立专职委员制度，协助开展培育、发展社区社会组织、调解民间纠纷、搜集和传达社情民意等自治工作，处理8小时以外的社区事务，增强社区居委会管理社区自治事务、解决社区问题的能力，进一步凸显了社区居委会的重要作用，目前全区共配备专职委员89名。另一方面，加强专业社工队伍建设。2013年全区共有专职社工670名，有360名社区工作者取得社会工作职业资格证书，其中社会工作师210名，助理社会工作师150名，占社工总数的53.7%。通过参加本土培训、实践操作等方式，不同程度地提高了社工使用社会工作专业技能解决社区问题的能力，促使居委会成员自觉尝试运用社会工作方法引领居民自我管理、自我服务，开展邻里互助。如望春街道社工运用米纽秦结构式家庭治疗模式帮助吸毒人员完成社区戒毒，成功回归家庭，并承担起应有的家庭责任。通过不断的探索实践，社区居委会可以运用开放空间会议、参与式需求调查等技术和方法，真正把居民需求挖掘出来，服务居民需求，实现社区居委会与社会组织合作共赢的局面。如月湖街道偃月小区是地处市中心的老小区，停车难问题非常突出。社工引入民主自治的方法，邀请小区业主和居民代表参加主题为"缓解小区停车问题"的开放空间讨论会，通过筹建小区停车自管委员会、制定小区停车公约等方式，对小区进行自治式停车管理，小区内停车秩序大为好转。

（二）社会组织起支撑作用。社会组织的成熟发展已成为现代社会的一种趋势和衡量现代政治文明的一种标志。目前，海曙区拥有各类社会组织1 652家，其中社区社会组织1 348家，平均每个社区有社会组织18个。这些社会组织来源于基层，服务于群众，在推动海曙区"社区参与式治理"中发挥着越来越重要的作用。一是注重发挥服务活动平台功能。海曙区通过多种形式，把具备相应能力或特长的居民组织起来，形成优秀团队，积极开展美化环境、扶贫济困、结对帮扶、便民服务等志愿者活动。马园社区"何阿姨和好屋"在领头人何凤瑛带领下，组织社区中善于做群众工作的"老娘舅"，为家庭及个人解决烦心事、郁闷事、吵闹事，两年多来共协调处理邻里纠纷及婚姻家庭矛盾200多起，接待居民群众千余人。宁波市子涵推拿师培训学校基于众多老年人自己修理手指甲和脚趾甲十分费力的现状，为老人提供修理指（趾）甲、按摩等专业服务，解决了老年人为剪指（趾）甲而犯愁的问题。二是注重发挥信息沟通平台功能。充分依托广泛覆盖的社会组织成员网络，及时准确掌握社会动态，集中方方面面的智慧和创造，促进社会治安防控和重大事务民主科学决策的落实，有效化解矛盾。如新典社区和谐促进联谊会爱心帮教项目对社区矫正、归正、吸毒人员，问题青少年等重点家庭进行走访，宣传有关政策，了解他们的思想动态情况，通过爱心帮扶、公益体验、技能培训、岗位推送等方式，以爱心温暖打动和帮教相关人员，使他们主动回归社会。三是注重发挥文体参与平台功能。通过组织居民共同参与喜闻乐见的文体沙龙、互助小组，促使居民之间加强沟通、消除隔阂、增进互信，不断提高居民的幸福感和满意度。

　　（三）公民起主体作用。时下社区已成为城市基层社会的基本组织形式，并逐渐成为人们社会生活的共同体和参与社会管理的重要平台。海曙区通过引导和扶持，促使公民积极参与社区建设，在和谐社会建设中起到至关重要的作用。一方面，强化居民参与社区自治。为进一步强化居民的知情权、参与权、决策权、监督权，海曙区探索形成了社区居委会及其下属委员会、居民小组、楼院门栋上下贯通、左右联动的社区群众自治组织体系，建立由社区积极分子和热心居民为主体、集"信息员、宣传员、调解员、服务员、监督员"职能"五员一体"的和谐促进员队伍。目前，全区和谐促进员已发展到1.3万余名，成为加强社会管理的重要力量。多年来，通过深入开展以居民（社区成员代表）会议、议事协商、民主听证为主要形式的民主决策实践，以自我管理、自我教育、自我服务为主要目的的民主管理实践，以居务公开、民主评议为主要内容的民主监督实践，实现了居民自治制度化、规范化、程序化。另一方面，鼓励居民参与志愿服务。重视培养专业义工，成立婚姻家庭服务、司法援助、心理咨询服务、医疗护理等8支专业义工队，推行社工义工联动，形成"社工引领义工、义工带动各方"的良性机制。同时积极推进志愿者服务工作，建立以81890求助服务中心为枢纽的志愿服务信息对接平台，积极开展各类服务活动。当前，大量的居民自助办理公益事业，如澄浪社区居民自发集资修建"众乐廊"、北郊社区白鹭园小区的"墙门自治"等。通过几年的培育和引导，涌现出牡丹社区快乐义工队、西门街道居家养老义工队伍等，且逐渐走向组织化、规范化，收到了服务居民和特殊群体的良好效果。

第四章 社区参与的实践形态与研究脉络

社区是社会的基础。社区参与是社区成员自觉自愿地参加社区公共事务和公共活动，并在其中分担社区责任和分享社区成果的过程。社区参与因其对政府政策执行和落实的保障效应，对社区成员公民素质提升的有效推动，受到各国政府的广泛关注。社区参与实践在社区建设实践和社区治理实践中有集中的体现。

第一节 西方社区参与实践

社区参与实践兴起于西方的社区建设运动。西方的社区建设历程包括18世纪至19世纪中后期的社区救助，20世纪的社区组织和社区发展。20世纪80年代以后，西方出现真正意义上的社区建设。社区建设强调一种社区关系网络的营造，通过广泛的社区参与，提高社区居民自我依赖、自我完善、自我发展的能力，培育真正有生命力的社区。

一、西方社区建设

社区建设最先出现于欧美，至今已有100多年的历史。起因是西方工业化和城市化进程彻底改变了传统社会的人际关系和生活秩序，瓦解了传统社区亲密和谐、相互认同的情感纽带，取而代之的是社会失序、社区疏离、人际冷漠、孤独无助和部分贫困人口的出现。面对工业化和城市化带来的社会失序、社区疏离、贫困人口出现等社会问题，西方社会提出复兴社区计划，试图通过复兴社区、重建社区来解决工业化和城市化带来的一系列城市社会中的问题，由此开启了西方城市社区建设进程。

早期的西方社区建设以"扶贫济困"为首要任务，可以追溯到18—19世纪的福利救助活动。当时，资本主义制度下的工业化虽然极大地提高了生产力，促进了经济的增长，给社会带来了巨大的财富，但同时，也制造了大批的城市赤贫人口。这些数量飞速增长的城市贫困人口，居住在环境脏、乱、差，缺医少药，基本设施极为落后，犯罪率高，治安混乱的贫民窟里，景况非常悲惨。同时，工业化改变了传统社区里人与人之间的关系，人们脱离了原来建立在血缘和地缘关系上的生活保障网，而新的生活保障网又未建立起来，新的社区扶助系统就成为当时稳定社会的必需。因此西方的城市社区建设起步目标就是社区福利和社区救助。

早期的社区福利和社区救助主要出现在欧洲的一些工业化较早的国家。德国汉堡等地的助人自助的救济制度；英美的慈善组织会社的扶贫济困行动和机构设置；英美的睦邻组织运动的社区行动和睦邻服务中心，为当时建立社区福利和社区救助系统起到了积极作用。社区睦邻组织运动扎根社区，让社会工作者广泛、深入地参与社区生活，尽量调动并利用社区内各种社会资源，组织和教育居民改善自己的环境，培养居民的自助与互助精神。这一做法为社区社会工作的产生提供了实践基础。社区睦邻运动的方法及其所提倡的服务精神和取得的成就，成为社区参与实践的源头。

20世纪二三十年代，欧洲国家经历了一个大规模的城市改造过程。原先都市里的许多传统社区逐步被拓宽的街道、高耸的办公楼和商业中心、高速公路、停车场等替代。中产阶级迁往郊区，城内剩下的是失修的学校、破烂的公共住房以及大多要靠政府福利生活的居民。这里不仅缺乏基本的医疗等生活设施，而且犯罪率高，城市改造计划就是在这样的背景下出笼的。第二次世界大战结束以后，资本主义国家除美国以外，都因为受到战争的创伤而面临恢复建设的任务，许多发展中国家也面临贫困、疾病、失业、经济发展缓慢等一系列社会问题。当时要想依靠政府的力量或通过市场经济的途径解决这些问题比较困难，于是社会学家和社区工作者运用民间资源，发展社区自助力量来解决上述问题的办法便应运而生。20世纪50年代初期，联合国开始在不发达国家和地区关注社区发展问题，并且倡导"社区发展"运动；打算通过在各基层地方建立社区福利中心来推动经济和社会的发展，试图通过开发各种社区资源，发展社区自助力量；通过建立社区福利中心来推动全球经济社会发展，并为此提供资金技术援助，从而启动了世界范围的"社区发展"活动，并制订了"社区发展计划"。在这个基础上，1952年联合国正式成立了"社区组织与社区发展小组"，具体负责推广世界各国的社区发展活动。1955年联合国制定"通过社区发展促进社会进步"的文件，提出社区发展的基本原则。成立了社会局社区发展组，在亚洲、非洲、南美洲等地区为农村社区发展提供经济、技术援助，制订教育培训计划，改造旧有的公益设施等，促进了贫困地区经济的发展和社会问题的解决。后来又采取行动使社区发展从农村向城市扩展，推动了各国城市社区发展的进程。到20世纪60年代，西方国家纷纷把社区发展作为本国社会发展战略的重要组成部分，推行社区发展计划的国家陆续达到60多个。社区建设发展到现在，全世界已有100多个国家在执行全国性的社区发展计划。一些国家成立了社区服务与管理学院，以适应社区建设的发展需要。20世纪80年代，人们逐步认识到贫困不是简单的某一个因素的结果，而是一系列问题导致的，需要在社区层面上进行全面协调，特别需要通过穷人本身的参与，以改善社区环境，培育有真正生命力的社区。20世纪90年代以后，参与、赋权等以社区为主导发展的议程成为国际社会的议题之一。

二、西方社区参与模式

社区为世界各国的活力之源和结构基础，社区参与受到各国的普遍重视，社区参与是社区成员自觉地参加社区各种活动或事务的过程，它是一种公众参与，意味着社区成员对社区责任的分担和成果的共享，体现在社区发展主体能够有效地参加社区建设中有关决策、实施、管理和利益分享的全过程中。社区参与提出了一种关于社区发展的新思考维度，它表明：社区成员能够作为行动参与者而不仅是发展过程的接受者，通过自下而上的社区参与行动，也推动了社区成员自身的发展。现代国家政府鼓励社区成员参与解决社区问题，在政策制订与执行过程中，政府也愿意聆听民意，使社区成员对政府所推行的政策产生"拥有感"。政府提倡社区参与，一方面表现了它重视权力的认受性，另一方面也可借此巩固社区的凝聚力。通过对国外社区参与的介绍和分析，有助于我们借鉴其经验与得失，为推动中国社区参与提供视野广阔的学理支撑。从西方社区参与实践来看，美国、日本、新加坡等具有较为成熟的社区参与模式。概括起来就是，美国多元社区参与模式、日本社区营造参与模式、新加坡政府主导的社区参与模式。[①]

虽然这些国家的国情与我国有很大不同，在社区参与方面许多具体做法要受到各种因素的制约，我们不一定要照搬。但是其合理的思想内涵我们可以借鉴。通过对国外社区参与的介绍和分析，有助于我们总结其经验与得失，为推动中国社区参与提供视野广阔的学理支撑。

---

① 臧雷振："社区参与实践——比较的视角"，载《2011城市国际化论坛——全球化进展中的大都市治理（论文集）》，第332页、第324页、第337页。

第二节　中国社区参与实践

中国的社区参与实践开始于20世纪初。中华人民共和国成立以后，党和国家的工作重点从农村转向城市，逐步构建起区、街道、居委会三级城市基层政权组织体系，城市居民委员会开展了公共福利、治安保卫、调解纠纷等工作，为社区建设的产生奠定了基础。真正意义上的"社区建设"开始于改革开放以后[①]。20世纪80年代以后，中国的社区建设和社区治理在实践中得到充分体现。

一、中国城市社区建设

中国城市社区建设始于20世纪80年代，主要是为了适应当时经济改革和社会结构转型的需要。1986年年初，国家民政部首次将"社区"概念引入城市管理，倡导在城市基层开展以民政对象为服务主体的"社区服务"，并于1987年在武汉召开了全国城市社区服务工作座谈会，揭开了我国发展社区服务的序幕。此后，社区服务工作迅速在全国展开，服务对象、服务内容、服务范围不断拓展。时任民政部副部长张德江同志指出："社区服务是指在社区内为人们的物质生活和精神生活所提供的各种社会福利与社会服务。"此后，社区服务建设在全国大范围地开展起来。1989年12月26日，第七届全国人民代表大会通过的《中华人民共和国城市居民委员会组织法》（以下简称《居民委员会组织法》）第一次将社区服务的概念，以法律条文的形式固定下来。《居民委员会组织法》第4条"居民委员会应当开展便民利民的社区服务活动，可以兴办有关服务事业"，提及了"社区服务"一词。"社区服务[②]"首次被列入国家法律

[①] 向德平、华汛子："中国社区建设的历程、演进与展望"，载《中共中央党校学报》2019年第23卷第3期，第108页。

[②] 所谓社区服务，就是在政府倡导和组织下，社区居民所进行的自助服务。从工作类型看属于社会服务范畴，但又不是一般的社会服务，是以社区为单位开展的社会服务，具有区域性、就近性、互助性等明显特征。从工作性质看，它是一种公益事业，属于福利服务，但又不是传统的小福利，而是内容更丰富、对象更广泛、形式更多样的福利服务。它离不开政府的倡导和组织，但经费来源、项目组建、服务管理不是由政府包办，而且坚持社区服务社会办的原则，是公共福利事业社会化的重要途径。社区服务十分强调政府的领导及控制，看重社区内的官方及居民组织共同参与，运用社区本身的资源，提倡居民自力更生，解决社区问题，更强调居民的互助关怀，为社区内的群体提供照顾。

条文中。1991年，民政部明确提出社区建设的概念①，要求城市基层组织建设应该着重抓好社区建设，以促进社区服务和整个社区全方位的发展。由此开启具有中国特色的城市社区建设。此后我国一些城市开始了社区建设的摸索，其中上海市的探索实践即"两级政府、三级管理"的新社会管理体制便是一个典型代表，在全国范围内产生了较大的影响。城市社区建设要回应的问题是：如何承接单位制解体所面临的基层管理问题。1998年，民政部在原基层政权建设司的基础上设立了基层政权和社区建设司，旨在进一步推动社区建设。1999年，民政部启动了"全国社区建设试验区"建设工作并制订了相关实施方案，以推进城市基层管理体制的改革。民政部在全国推出26个首批社区建设实验区②，探索中国式社区建设模式，并为其他城区提供经验，自此形成了以"两级政府、三级管理、四级落实"为主要特征，兼具各地特色的社区建设管理组织模式。

2000年11月19日，中共中央办公厅 国务院办公厅下发了《关于转发〈民政部关于在全国推进社区建设的意见〉的通知》，明确了社区的定位和推进社区建设的指导思想、基本原则及主要内容，强调了社区建设的重大意义。社区建设是"在党和政府领导下，依靠社区力量，利用社区资源，强化社区功能，解决社区问题，促进社区政治、经济、文化、环境协调发展，不断提高社区成员生活水平和生活质量的过程"。这标志着我国社区建设由试点探索阶段进入全面建设阶段。2001年，全国九届人大四次会议审议通过的《国民经济和社会发展第十个五年计划纲要》明确指出"推进社区建设是新时期我国经济和社会发展的重要内容"，又将社区建设列为我国社会发展的重要内容和目标。在该计划纲要第6篇第19章第4节明确提出了推进社区建设的目标和要求。国家五年计划纲要用一个完整的章节提出社区建设的发展目标，在我国还是第一次，这是保证国民经济和社会协调发展的一项重要举措，这一举措为全面推进

---

① 1991年5月31日，当时担任民政部部长的崔乃夫同志在听取了基层政权建设司关于城市基层组织建设工作情况和今后工作设想的汇报后指出，城市居民委员会与农村村民委员会虽然都是群众性自治组织，但在功能方面有很大区别。城市的居民只是居民的生活单位，绝大多数居民不在居民区工作，这就决定了居民对城市基层组织的依赖程度要低于农村。但是城市居民仍有很多事情希望居委会解决，这些事情解决得好，就会增加活力，增加凝聚力。基层组织建设可以抓总抓社区建设，调动各方面的积极性，共同搞好社区建设。自此社区建设工作就是我国城市的社区工作。

② 1999年，民政部探讨并逐步完善了城市社区建设思路，研究总结适合中国国情的社区建设管理体制和运行机制。根据分类指导、循序渐进、试点引入、逐步推广的原则，在全国的直辖市、计划单列市和省会城市中，选择了经济条件好、工作经验多和创新精神强的北京西城区等17个城市的21个城区，作为首批社区建设实验区。后来又扩展到26个城区，以期探索中国式社区建设模式，并为其他城区提供经验。

社区建设提供了有力保证。此后,社区建设在全国范围内蓬勃开展,上海、武汉和沈阳等地分别探索出了各具特色的社区建设模式。

2013 年,中共十八届三中全会通过的《中共中央关于全面深化改革若干重大问题的决定》提出了"社会治理"的新概念和创新社会治理思想,我国由社会管理阶段进入社会治理阶段,这也标志着我国由社区建设向社区治理的转变与升级。其中,该决定提出"开展形式多样的基层民主协商,推进基层协商制度化,建立健全居民、村民监督机制,促进群众在城乡社区治理、基层公共事务和公益事业中依法自我管理、自我服务、自我教育、自我监督",重点强调了人民群众在社区治理中的主体性作用。我国不少地方积极探索社区治理创新实践工作,2014 年上海市浦东新区被民政部确认为全国社区治理和服务创新实验区。此后,浦东新区在基层治理领域开展了富有成效的工作,如推进区域化党建,完善镇管社区模式,加强公益示范基地建设等,探索出了具有推广价值的社区治理创新实践,如"1+1+X"基层自治工作法和"潮汐式"停车等,为全面提升城乡社区治理法治化、科学化、精细化水平和组织化程度,促进城乡社区治理体系和治理能力现代化提供了创新性经验。①

2017 年《中共中央 国务院关于加强和完善城乡社区治理的意见》颁布,明确指出"城乡社区是社会治理的基本单元",确定到 2020 年基本形成"基层党组织领导、基层政府主导的多方参与、共同治理的城乡社区治理体系"的建设目标。作为我国城乡社区工作领域中首个纲领性文件,该意见明确了一段时期我国推进城乡社区治理的总体方向。在此背景下,国家相关部委制定了匹配性的目标,如教育部确定了 2020 年年初步形成社区教育治理体系的目标。

2017 年中共十九大提出"加强和创新社会治理""打造共建共治共享的社会治理格局"的新思想,为我国社区治理新格局明确了方向,表明我国城乡社区层面要充分统筹和引导社会各方力量参与社区治理。为了贯彻和执行中央文件、中共十九大报告有关社区治理工作开展的相关指示与精神,全国各地先后出台了加强和完善城乡社区治理的具体措施和意见。

2019 年年初,民政部基层政权和社区建设司也更名为基层政权建设和社区治理司。2019 年 11 月召开的中共十九届四中全会聚焦于国家治理体系和治理能力建设,首次系统梳理总结了中国国家制度和国家治理体系 13 个方面的显著优势,并提出了"构建基层社会治理新格局"的工作方向。这体现了我们党对

---

① 中共上海市浦东新区委员会、上海市浦东新区人民政府:"浦东新区关于创建全国社区治理和服务创新实验区工作总结报告",https://max.book118.com/html/2018/0901/6225220123001214.shtm,访问日期:2022 年 3 月 20 日。

社会治理规律认识的深化，为加强和创新基层社会治理提供了科学指引。其中，全会提出要"健全党组织领导的自治、法治、德治相结合的城乡基层治理体系"，这既强调了党组织在我国城乡社区治理新格局中的领导地位，也强调了我国城乡基层治理体系需要实现自治、法治、德治"三治"的有机融合。可以说，全会有关基层治理建设的新思想为我国城乡社区治理提出了新的建设方向和新的工作要求。在此背景下，中央和地方政府相继颁布相关文件，积极推进和加强基层治理工作。

2020年2月，中共中央、国务院发布中央一号文件，即《关于抓好"三农"领域重点工作 确保如期实现全面小康的意见》，明确指出要加强农村基层治理，其中涉及四方面的内容：充分发挥党组织领导作用，健全乡村治理工作体系，调处化解乡村矛盾纠纷，深入推进平安乡村建设。2020年2月，上海市人民政府发布《关于进一步加快智慧城市建设的若干意见》，明确提出了"提升基层社区治理水平"的若干措施，如建设"社区云治理"、创新社区治理O2O模式①、建设数字化社区便民服务中心等，以更好地推进社区治理的共建共治共享。2020年11月，中共十九届五中全会提出了"十四五"期间要努力实现"社会治理特别是基层治理水平明显提高"的目标。可以说，加强社区治理体系建设已成为我国现代国家建构的重要内容，在党和国家战略全局中具有着重要地位。

根据不同阶段社区的建设内容及特点，可将社区建设历程分为以下几个阶段②：（1）社区服务阶段（20世纪80年代中后期至1990年）。这一阶段社区建设以社区服务为核心，以民政服务为重点。（2）社区建设试验探索阶段（1991—1999年）。这一阶段中国政府提出社区建设的概念并开始进行社区建设，且此阶段社区建设突破了社区服务的范畴，具有了更丰富的内涵与内容。（3）社区建设全面深化阶段（2000—2009年）。这一阶段社区建设在全国范围内正式推广，社区建设的核心工作为创新社区管理体制、构建新的社区组织体系。（4）社区治理阶段（2010年至今）。这一阶段社区建设的重点在于构建城乡社区治理体系，提升城乡社区治理能力，打造共建共治共享的治理格局。社区建设是一个持久的过程。中国政府在社区建设中不断推动社区治理方式由政

---

① 社区治理O2O模式是以社区为单位，以服务社区居民家庭生活为目的，对社区周边资源展开的线上线下整合互动的商业运作模式。具体来说，社区O2O是一种场景经济，通过线上互联网结合线下实体服务，满足社区家庭生活消费需求。https://www.sohu.com/a/218659517_99934114，访问日期：2022年2月13日。

② 向德平、华汛子："中国社区建设的历程、演进与展望"，载《中共中央党校学报》2019年第23卷第3期，第108页。

府管理向协商共治转变、社区服务内容由政务向居务转变、社区参与由被动向主动转变、社区联结由松散向紧密转变①。在未来的发展中,积极应对"个体化"、"异质性"以及居民需求"多样化"带来的挑战,重塑社区公共性,推动居民自治、培育社区精英、完善社区服务、实现协商共治,是社区建设的目标。

二、关于社区建设和社区治理的国家政策

党和政府官方文件中有关社区治理新思想新理念的论述最早出现于中共十八大报告。十八大报告指出:在城乡社区治理、基层公共事务和公益事业中实行群众自我管理、自我服务、自我教育、自我监督,是人民依法直接行使民主权利的重要方式。②

1998 年,《国务院机构改革方案》首次提出"社会管理"目标。2002 年,中共十六大报告明确政府的四大职能:经济调节、市场监管、社会管理、公共服务,社会管理与经济发展并列其中。2006 年,中共十六届六中全会提出"构建社会主义和谐社会",进入了社会建设时期。2012 年,中共十八大作出了经济建设、政治建设、文化建设、社会建设、生态文明建设"五位一体"的战略布局,要求"加快形成党委领导、政府负责、社会协同、公众参与、法治保障的社会管理体制";"加快推进社会主义民主政治制度化、规范化、程序化,从各层面各领域扩大公民有序政治参与,实现国家各项工作法治化"③。2013 年,《中共中央关于全面深化改革若干重大问题的决定》将"创新社会治理体制"列入改革清单,从社会管理到社会治理,是中国政府主动吸收社会理论最新成果,顺应了社会发展需求,彰显了执政理念和治理方式的重大变化。社会治理现代化,就是"使社会治理体系制度化、科学化、规范化、程序化、精细化,使社会管理者善于运用法治思维、法治方式、法律制度治理社会,把中国特色社会主义各方面的制度优势转化为治理社会的效能"④。创新社会治理体制,推进社会治理现代化,"是马克思主义中国化的又一项最新成果,是我们党对社会发展规律的认识和把握的又一个新飞跃,实现了我国社会建设理论和实践的

---

① 向德平、华汛子:"中国社区建设的历程、演进与展望",载《中共中央党校学报》2019 年第 23 卷第 3 期,第 109 页、第 110 页。
② 胡锦涛:"坚定不移沿着中国特色社会主义道路前进 为全面建成小康社会而奋斗",http://cpc.people.com.cn/n/2012/1118/c64094-19612151-5.html,访问日期:2022 年 2 月 13 日。
③ 胡锦涛:"坚定不移沿着中国特色社会主义道路前进 为全面建成小康社会而奋斗",http://cpc.people.com.cn/n/2012/1118/c64094-19612151-7.html,访问日期:2022 年 2 月 13 日。
④ 徐猛:"社会治理现代化的科学内涵、价值取向及实现路径",载《学术探索》2014 年第 5 期,第 9 页。

又一次与时俱进"①。2017年,中共中央、国务院出台了《关于加强和完善城乡社区治理的意见》,进一步明确指出城乡社区治理的总目标是:城乡社区治理体制更加成熟定型,城乡社区治理能力更为精准全面,为夯实党的执政根基、巩固基层政权提供有力支撑,为推进国家治理体系和治理能力现代化奠定坚实基础②。该文件作为中华人民共和国成立以来,第一个以中共中央、国务院名义颁布的关于社区治理的纲领性文件,在一定程度上具有历史开创性意义。在社会治理现代化方面,随着经济的发展和变迁,基层治理不仅在政策层面,而且在民主发展道路、国家建构等方面日益发挥着关键作用③。"政府通过运用有效的治理工具,针对公共事务的复杂性特点,区分不同公共事务的属性,以及建立与市场、社会的伙伴关系等一系列方案,促使治理规则和程序发生改变,通过培育社会组织,整合社会资源。吸引公众参与,倡导社会规范,改变了基层治理的结构和制度环境"④。俞可平在《论国家治理现代化》中专章论述社会自治,提出建设健康的社会主义公民社会,社会自治的组织载体主要是社会组织,公民社会已经是一个客观的存在,从国家治理上看,"政府的社会管理和公民的社会自治是相辅相成的两个方面。仅仅加强社会管理,即使做得再好,至多也只能有善政,而不可能有善治。善治是政府与公民对社会生活的共同治理,是社会治理的最佳状态。⑤"见表4-1。

表4-1 党中央关于社区建设和社区治理的相关文件

年份	来源	代表性文件	指导意义
1989	全国人民代表大会常务委员会	《中华人民共和国城市居民委员会组织法》	明确了社区居委会的各项职能
1993	民政部、国家计委等十四部委联合下发	《关于加快发展社区服务业的意见》	全面推动社区服务工作

---

① 《中共中央关于全面深化改革若干重大问题的决定辅导读本》,人民出版社2013年版,第310页。
② "中共中央、国务院关于加强和完善城乡社区治理的意见",载《人民日报》2017年6月13日,第1版。
③ 陈家刚:"基层治理:转型发展的逻辑与路径",载《学习与探索》2015年第2期,第47页。
④ 李慧凤、郁建兴:"基层政府治理改革与发展逻辑",载《马克思主义与现实》2014年第1期,第179页。
⑤ 俞可平:《论国家治理现代化》,社会科学文献出版社2014年版,第123页。

续表

年份	来源	代表性文件	指导意义
1999	民政部	在全国设立26个社区建设实验区，并制订实验区实施方案	开启社区体制改革
2000	中共中央办公厅、国务院办公厅	《关于转发〈民政部关于在全国推进城市社区建设的意见〉的通知》	启动中国社区管理体制改革，单位制逐步解体，社区制逐步形成
2001	民政部发布	《全国城市社区建设示范活动指导纲要》	全面推进城市社区建设
2004	中国共产党十六届四中全会	《中国共产党第十六届中央委员会第四次全体会议公报》"加强社会建设和管理，推进社会管理体制创新"	首次提出"建立健全党委领导、政府负责、社会协同、公众参与的社会管理格局"
2006	中国共产党十六届六中全会审议通过	《中共中央关于构建社会主义和谐社会若干重大问题的决定》	中华人民共和国历史上第一次明确集中系统地提出加强社会建设
2007	中国共产党第十七次全国代表大会	《高举中国特色社会主义伟大旗帜 为夺取全面建设小康社会新胜利而奋斗——在中国共产党第十七次全国代表大会上的报告》	明确了基层社会管理体制建设目标，强调了建设更加健全的社会管理体系，以满足我国全面建设小康社会的新要求
2010	中共中央办公厅、国务院办公厅发布	《关于加强和改进城市社区居民委员会建设工作的意见》	进一步健全城市基层管理和服务体制
2011	党中央、国务院	《关于加强和创新社会管理的意见》	坚持以人为本、服务为先的基本原则，寓管理于服务之中，着力解决好群众最关心、最直接、最现实的利益问题

续表

年份	来源	代表性文件	指导意义
2012	中国共产党第十八次全国代表大会	《坚定不移沿着中国特色社会主义道路前进 为全面建成小康社会而奋斗——在中国共产党第十八次全国代表大会上的报告》	将社会管理和民生并列为社会建设的重要内容,明确提出要围绕构建中国特色社会主义社会管理体系,推进社会体制改革
2013	中国共产党十八届三中全会	《中共中央关于全面深化改革若干重大问题的决定》	首次提出推进国家治理体系和治理能力现代化的改革总目标,"治理"取代"管理"成为新的执政方略
2014	中国共产党十八届四中全会	《关于全面推进依法治国若干重大问题的决定》	坚持系统治理、依法治理、综合治理、源头治理,提高社会治理的法制化水平
2015	中国共产党十八届五中全会	《中共中央关于制定国民经济和社会发展第十三个五年规划的建议》	进一步指出加强和创新社会治理,推进社会治理精细化,构建全民共建共享的社会治理格局。"完善党委领导、政府主导、社会协同、公众参与、法治保障的社会治理体制,实现政府治理和社会调节、居民自治良性互动"
2017	中共中央、国务院	《中共中央、国务院关于加强和完善城乡社区治理的意见》正式发布	中华人民共和国成立以来第一个以中共中央、国务院名义出台的关于城乡社区治理的纲领性文件
2017	中国共产党第十九次全国代表大会	《决胜全面建成小康社会 夺取新时代中国特色社会主义伟大胜利》	"加强和创新社会治理""打造共建治共享的社会治理格局"等一系列新思想新举措

续表

年份	来源	代表性文件	指导意义
2019	中国共产党十九届四中全会	《中共中央关于坚持和完善中国特色社会主义制度、推进国家治理体系和治理能力现代化若干重大问题的决定》	坚持和完善共建共治共享的社会治理制度，保持社会稳定、维护国家安全。必须加强和创新社会治理，完善党委领导、政府负责、民主协商、社会协同、公众参与、法治保障、科技支撑的社会治理体系，建设人人有责、人人尽责、人人享有的社会治理共同体
2020	中共中央、国务院	《中共中央关于制定国民经济和社会发展第十四个五年规划和二〇三五年远景目标的建议》	加强和创新社会治理。完善社会治理体系，健全党组织领导的自治、法治、德治相结合的城乡基层治理体系，完善基层民主协商制度，实现政府治理同社会调节、居民自治良性互动，建设人人有责、人人尽责、人人享有的社会治理共同体
2021	中共中央、国务院	《关于加强基层治理体系和治理能力现代化建设的意见》	"以加强基层政权建设和健全基层群众自治制度为重点"，"建立健全基层治理体制机制，推动政府治理同社会调节、居民自治良性互动，提高基层治理社会化、法治化、智能化、专业化水平"

资料来源：袁方成著《国家治理与社会成长：中国城市社区治理40年》，上海交通大学出版社2018年版，第144—299页。

三、中国城市社区治理实践

当前，城市社区治理实践主要展现为以下实践样态。

（一）党建引领

2017年，中共中央、国务院联合发布的《关于加强和完善城乡社区治理的意见》明确指出，要充分发挥基层党组织的领导核心作用，把加强基层党的建设、巩固党的执政基础作为贯穿社会治理和基层建设的主线，以改革创新精神探索加强基层党的建设引领社会治理的路径。党的十九大报告规定了基层党组织的五大职能，即宣传党的主张、贯彻党的决定、领导基层治理、团结动员群众、推动改革发展，再次强调了基层党组织对基层治理的领导功能。2019年5月中共中央办公厅印发的《关于加强和改进城市基层党的建设工作的意见》指出，要加强和改进城市基层党建工作，把城市基层党组织建设成为宣传党的主张、贯彻党的决定、领导基层治理、团结动员群众、推动改革发展的坚强战斗堡垒。

党建引领城市社区治理，简言之，就是通过基层党组织的动员和引导作用，整合社会资源，开展社区服务，引导多元主体参与社区治理，共建美丽社区，使得基层治理的难题得以攻克，社区治理能力、治理水平进一步提升。在新形势下，将党的领导优势转化为国家治理绩效，实现国家治理的善治目标，提高人民的获得感、满足感、幸福感，是获得政治合法性的核心途径。

中国城市社区治理最本质的特征是基层党组织的领导。加强基层党组织建设，切实发挥其领导核心作用，是创新城市社区治理路径的关键。将执政党建设与基层社会治理创新紧密结合在一起，从而构建了以党组织为核心的有机整合基层治理模式，这是新时期党组织解决基层社会治理问题的一个中国式方案[1]。党把自身建设与城市社区治理相结合，推进中国社会组织的成长和社区自治空间的拓展，使公民积极、有序、自主参与成为可能[2]。

党建引领是基层社区治理的必然要求，是国家治理体系和治理能力现代化的重要内容。党建引领基层社区治理，才能实现多元共治的社区治理格局，才能引领社区多元参与主体走向共建、共治、共享的社区治理共同体。面对以行政化、内卷化、碎片化为主要特征的社区空间异化和价值偏离，由推进基层党建，由政党整合社会实现党建引领基层社区治理，实现社区空间整合、社会网络培育和治理主体的多元协同，是社区党组织有效嵌入社区治理结构，提升社区治理效能的重要前提和路径。社区党组织通过对社会力量进行动员，将原子

---

[1] 孙柏瑛等："以执政党为核心的基层社会治理机制研究"，载《教学与研究》2015年第1期，第24页。

[2] 王海荣、闫辰："党建引领城市社区治理创新：问题与发展"，载《中共福建省委党校学报》2018年第2期，第52页。

化、异质性、流动性的社会力量组织到社区治理共同体中来,引导并推动他们参与社区的政治生活,从而实现国家政权在社区的合法性建构①。

党组织作为社区治理和服务的主心骨,在社区治理中发挥着"一核多元"与"一核多能"的治理核心作用和多重服务功能。可以归纳为以下几个方面②:(1)党的十八大以来,各地社区党建服务中心和党群服务中心的建立,一方面为丰富多样的区域化党建工作找到了新的载体,另一方面也为党建引领下的社区治理和服务创新搭建了平台。各地社区党建服务中心或党群服务中心,围绕"凝聚党心,服务群众"的宗旨,持续加强社区党委"同心圆"的政治引领功能和"连心桥"的服务群众功能,共同筑造了"一核多元"和"一核多能"的社区治理和服务创新的全新架构。(2)从社区治理创新来说,各地围绕基层党建,初步形成了社区党委与辖区内各主体之间"一核多元"同心圆式的治理格局。"一核"即"一个领导核心",以社区党委为领导核心;"多元"即"多元共治主体",以社区服务中心、社会组织、驻地单位等多元主体共同参与社区治理和服务。以此为基础,各地广泛促进社区党建和服务创新过程的"三融合"和"三互动"。"三融合"即基层党建与联系群众相融合、政府治理与发动群众相融合、多元化供给与服务群众相融合;"三互动"即政府与社会有序互动、社区与居民有效互动、居民与社区组织积极互动,初步形成党委、政府、社会、居民协同共治的基层党建和社区治理新格局。(3)从社区服务创新来说,在基层党建创新引领下,各地社区围绕"一核多元"治理格局,大力推动"一核多能"的服务创新。党组织作为社区治理的政治核心主体,适应新时代和新常态的要求,要充分发挥党组织"一核多能"作用,即在党组织发挥领导核心和战斗堡垒作用的前提下,延伸拓展多项服务功能,即系统服务功能、自我服务功能、引导服务功能、治理服务功能、文化服务功能、智慧服务功能、依法服务功能。

党建引领基层社区治理的实践,可以列举几个典型样本。

案例1:成都的"党建引领:成都社区治理授权赋能的实验样本"③

2017年9月,成都市为推动城市社区治理专门成立了中共成都市委城市社

---

① 潘泽泉、辛星:"政党整合社会:党建引领基层社区治理的中国实践",载《中南大学学报(社会科学版)》2021年第27卷第2期,第160页。

② 曹海军:"党建引领下的社区治理和服务创新",载《政治学研究》2018年第1期,第97页。

③ 姜晓萍、田昭:"授权赋能:党建引领城市社区治理的新样本",载《中共中央党校(国家行政学院)学报》2019年第23卷第5期,第67-68页。

区发展治理委员会，在党委领导下专门成立全面统筹负责城市社区治理推进工作。在社区治理中，按照中央城市工作会议的精神，结合成都社区治理现实问题，以授权赋能为核心，推进社区的治理体系建设、人员队伍建设、参与机制建设、质量机制建设和发展机制建设，让社区治理有权、有能、有动力，进而实现高品质和谐宜居建设。授权赋能体现在组织赋能、队伍赋能、居民赋能、要素赋能、发展赋能五个方面。其中，组织赋能，以"一核多元"提升党对城市社区治理的引领能力。在社区治理中，成都构建并形成了"一核多元"的治理体系，其中"一核"就是构建了能够承担起基层治理领导和统筹的基层党组织，"多元"则是指通过建立党组织领导的多元治理体系，包括社区自治体系、社区社会组织协同体系和社区居民参与体系。

具体而言，一是以赋能推进组织建设，形成具有引领能力的党组织体系，以区域化党建壮大基层党组织力量，通过成立区域化党建理事会、建立党建联席会议制度等将驻区单位党建力量、党建资源和党建管理经验纳入社区治理之中，增强了基层党组织的资源动员力。二是以赋能扩大组织辐射范围，以强化党组织能力为核心，成都逐步建立起了在社区党组织领导下的单元自治、楼栋自治、小区自治等立体化自治体系；通过孵化、培训、引入和监管，形成了责任共担、资源共享的协同体系；建立了以民主参与、志愿服务、监督管理等多样化的参与体系，提升了基层党组织的组织辐射力。三是以赋能提升组织治理能力，推动社区外延性党建向内涵式党建转变，增强党组织的中枢领导力、统筹决策力和质量监管力，成都市逐步形成了标准化党建和智慧型党建，建立标准化的党建治理体系让基层党建有据可依，通过智慧型党建，将大数据、人工智能等技术内化到基层党组织建设之中，不断提升党组织的技术能力，提升治理效率与效益。

案例2：党建引领的城市社区治理体系的上海经验[①]

上海以"党建引领"为中心，在社区管理、社区服务、社区资源整合、基层群众自治等层面形成了政府、政党、社会等多元力量合作治理的体系。由于上海市街道作为一级准政府地位的强化，街道党工委也因此成为具有更强势地位和更丰富资源的一级党委，由此形成了推动社区治理的"党建引领"经验。

（1）"党建引领"作为社区治理体系的轴心。在推动社区层面的协商共治方面，上海市一直强调党组织的中心作用，由街道党工委承担起协调和推动社

[①] 李威利："党建引领的城市社区治理体系：上海经验"，载《重庆社会科学》2017年第10期，第36-37页。

会各方力量参与社区治理的核心作用。在以政党为领导核心推进社区治理的过程中，主要有两种方式：一是以党组织体系为依托，通过党建工作体系吸纳社会力量参与；二是构建一个法定的社会参与和协商的平台，党组织通过这一协商平台中发挥作用。上海采用的是第一种方式，在武汉、安徽等地社区建设中采用的是第二种方式。

在社区建设的改革试点中，2014年以前是将街道工委升级为社区党工委，新成立的社区党工委在班子中增加居民区、驻区单位、"两新"组织和区职能部门在社区的派出机构的代表；其次在社区党工委的领导下，成立社区委员会，由社区党工委主要负责人、市（区）党代表、市（区）人大政协代表、社区知名人士、居民代表、驻区单位代表等组成，作为社区议事、评议、监督机构。在此基础上，为了在实际工作中落实社区治理的多元共治，党组织以党建工作为引领进行了不同方式的创新和探索以推进社区治理。

（2）网格化党建：党组织引领社区建设的探索之一。在单位制解体以后，随着流动党员、新经济组织、新社会组织的大量出现，党组织首先面临的主要挑战是党的组织覆盖能力的减弱，随之而来是党的工作覆盖能力和影响能力的下降。但同时，新形势下的社会治理又要求更全面的社会公共服务、更全面的社会利益综合和更全面的社会多元参与。因此，党组织推动社会治理的第一个反应是推动党组织体系的全覆盖。2004年《中共上海市委关于加强社区党建和社区建设工作的意见》的首要目标就是社区党建全覆盖。在具体的工作中，全覆盖的基本方法如下：一是推动"两新"组织建党，推动党建工作的组织覆盖和工作覆盖；二是通过党员在居住地报到的"双报到"机制推动居民区党建；三是在前面两项工作的基础上，梳理党的组织体系，形成"社区党工委+社区行政组织党组/社区综合党委/居民区党委"的"1+3"机制；2014年以后原有的"1+3"机制进一步改革为"街道党工委+行政党组/社区党委"的"1+2"模式。社区党建的全覆盖和网格化不仅健全了党的组织体系，而且起到了基层党组织"划块明责"的作用，党的组织体系也通过网格化的形式深入社区基层。

（3）区域化党建：党组织引领社区建设的探索之二。社区治理本质上是要整合各类社会资源解决好区域治理的问题，因此党组织在社区治理中不得不面对治理资源不足的问题。为解决这一问题，社区党工委首先整合区域内驻区单位资源，由此形成了区域化大党建模式。其主要做法，一是社区党工委重点吸纳驻区单位党组织负责人形成大工委体制；二是推进驻区单位党支部和社区党支部的双结对；三是在党建网格化的基础上推进组团式服务群众工作。2010年世博会以后，上海市区域化党建工作进一步向区县、居委会两个方向深化，在区一级,通过"党建联席会""区域党建促进会"等形式发挥驻区单位在社会治理中的作用;在居委会一级,探索了社区党支部兼职委员制度。尽管区域化大党建强调联合驻区单位、社会组织等多种形式的党建资源。但由于驻区单位中主要是大型国企、事业单位等,党组织的设置和党建功能发挥比较完善,因此目前区域化党建的核心实际是重点整合大型单位和国有单位资源,以单位资源补给区域治理的不足。

(4) 枢纽化党建:党组织引领社区建设的探索之三。事实上,尽管区域化党建有效地将单位资源导入社区治理中来,但运用这些资源并将其转化为惠及社区居民的服务项目的仍然是党政的组织体系。社会力量作为社区治理的重要主体之一仍然缺位。由于认识到这一问题,上海市部分区县开始了"枢纽型社会组织管理"的常识性探索。如静安区成立社会组织联合会,之后又分类别相继成立了5个社区(街道)和劳动、文化、教育(系统)社会组织联合会,形成"1+5+X"枢纽模式。同时在社会组织联合会中以"党建"促"社建",成立社会组织联合会党总支加强对社会组织的引导,同时也加强对社会组织的各类服务。街道层面对枢纽型党建的探索,主要是通过社区生活服务中心,引导社会组织提供社区服务。所谓枢纽型党建,是指党组织要作为引导社会组织参与社会治理的枢纽,将社会组织的服务项目与社区治理的需求对接起来。从这一目标看,枢纽型党建还远未成形,一方面各区县的探索还没有形成党组织培育和服务社会组织的成熟机制,社会组织踊跃参与社会治理的局面还没有形成;另一方面活跃在街道层面的社会组织仍然主要是半官方的社会组织。但即便如此,枢纽型党建仍不失为未来党组织培育社会力量的一个有意义的探索方向。

案例3:社区党建引领城市社区治理的路径探索①

济南市槐荫区裕园社区位于济南市槐荫区中大槐树街道,面积约0.22平方公里,现有居民楼28栋,居民2 300户、5 870人。整个社区分为"东方新天地"小区和"裕园小区"两大部分。"东方新天地"小区建成于2013年,是封闭式商品房小区,共有5栋居民楼,其中3栋为回迁安置房。"裕园小区"建成于1998年,由棚户区改建而成,现为开放式老旧小区。近年来,裕园社区先后荣获"全国社区服务先进社区""全国妇联基层组织建设示范社区""全国离退休干部先进集体""山东省先进基层党组织"等80余项荣誉称号。

---

① 刘洋:"社区党建引领城市社区治理的路径探索——以济南市槐荫区裕园社区为例",载《中共济南市委党校学报》2018年第5期,第123-124页。

裕园社区经过多年探索，形成了"1+6+7+X"的社区内部治理体系。"1"指社区党委，"6"指"五会"及"群团共同体"，即社区居委会、居民民主议事会、老党员金点子议事会、社区居民监督议事会、社会工作专业委员会及"七彩阳光"群团服务社，"7"指七个党支部，"X"指36个社区社会组织。

（1）社区党组织。社区党委（总支部）是社区治理事业的领导核心，全面领导社区中的各类组织和各项工作，确保社区治理始终保持正确的政治方向。社区党组织书记是社区治理事业的带头人，是实现社区和谐有序的灵魂人物。社区党支部是社区治理事业的关键力量，负责宣传和执行社区党委的决议，具体管理和服务党员，带领社区社会组织和居民群众参与社区治理。党员是参与社区治理的先锋模范，在社区民主协商、志愿服务、纠纷调解中为群众作出示范，身体力行弘扬社区先进文化。

裕园社区党委全面领导社区居委会、居民民主议事会、老党员金点子议事会、"七彩阳光"群团服务社、社区居民监督议事会以及社会工作专业委员会的工作。社区将党委对其他治理主体的领导形象地概括为"车轮管理模式"，即将社区治理体系比作一个运动中的车轮，社区党委处于轴心位置，其他主体则为轮毂，车轮正常运转时，轮毂围绕轴心运动。社区党委下设7个支部，通过"支部+社区社会组织"的形式，由支部负责人与社区社会组织的骨干成员共同策划社区服务项目。社区党员通过"老党员金点子议事会"参与社区民主协商，通过社区服务平台带头捐款、捐物、参与志愿服务。

（2）社区居民委员会。社区居民委员会作为基层群众性自治组织在社区治理中发挥基础作用。依据《居民委员会组织法》，居委会承担的基本任务包括三类，即组织居民开展自治活动、协助基层政府开展工作、开展有关监督活动。依据国务院2006年印发的《关于加强和改进社区服务工作的意见》，居委会是社区服务的主体，负责具体组织和实施社区服务。其主体作用体现在：①协助基层政府开展社区公共服务。②组织社区成员开展自助和互助服务。③为其他社会组织和个人开展社区服务提供平台。现实中，居委会承担了大量基层政府下派的工作事项，内容涉及人社、民政、计生、综治、老龄、残联、工会、妇联、共青团等方方面面，经常作为拆迁拆违、环境整治、城市管理等事项的责任主体，工作压力较大。在无物业管理的老旧小区，居委会还要负责组织居民实行自治管理。为应对社会治理面临的新形势和新问题，社区网格化管理模式因具备超强的执行力和运转的高效性，在全国各地迅速流行开来。裕园社区的5个网格分别由居委会的5名工作人员负责管理，由居民担任的楼院长队伍协助管理。社区居委会与社区党组织"交叉任职"的现象比较普遍，具体的任职方式是：符合条件的社区党组织书记及班子成员通过依法选举担任社区居委会负责人或成员。因此，社区党组织书记和居委会主任往往是"一肩挑"。

(3) 群团组织基层力量。群团组织向社区建设投入资源的方式主要是以下三种：①提供物力。如安装空调，购置桌椅，为社区文娱活动配备电子琴。②提供人力资源。如妇联提供师资向妇女困难群体教授烘焙、扎花等就业技能，共青团组织大学生志愿者进社区服务。③资金支持。如为志愿者提供劳务补贴，或将资金拨付街道、一事一报。社区可以依托群团组织投入的资源培育社区社会组织。2012年槐荫区妇联向裕园社区赠送100份《祝你幸福》杂志，社区以此为契机，将丧偶的单身母亲和其他妇女组织到一起开展联谊活动，旨在帮助这些单身母亲从自闭的生活环境中走出来，融入社区生活。每次活动发放一本杂志作为奖励。上述活动培育出的"妇女网格化组织"，现已成为社区志愿服务的主力军，在创城、供暖、供气、修路、安灯、楼道清扫等工作中表现突出。

(4) 专业社会工作团队。社区社会工作是社会工作的一个实务领域。社会工作者针对某一目标社区，综合运用多种专业方法为社区提供多元化服务，有助于提高居民的社区意识以及居民运用社区资源的能力，从而能够更好地解决社区问题、推进社区发展。因此，社会工作是社区自组织能力建设的积极力量。……以社区为平台、社会组织为载体、社会工作专业人才为支撑的"三社联动"机制，为社区治理提供了有益的路径借鉴。与裕园社区合作的专业社工机构是济南积成社区社会服务中心。该机构依托济南大学和山东师范大学的智力支持，在社区治理中运用社会工作专业方法、调动社区资源，开展社区社会组织培育、社区营造、综合养老服务、儿童青少年服务、困难群体救助服务等多项专业社工服务。

(5) 社区社会组织。关于社区社会组织的概念界定，国内学者存在以下共识：以本社区成员为主体，以本社区区域为主要活动场所，为满足社区成员的不同需求，是自发形成的非营利组织。社区社会组织因自身贴近居民、志愿性、参与式的行为特点，能够更加敏锐地发现居民需求，并且可以深入微小的、宏观的视野不能顾及的地方开展社区服务。社区社会组织作为居民群众参与社区治理的组织载体，应当成为党建引领社区治理的协同力量。裕园社区36个社区社会组织提供的社区公共服务种类多样，包括环境管护、治安防控、居民调解、面向弱势群体的福利服务、社区文化、居民教育、邻里互助、流动人口服务以及其他志愿服务。社区通过"支部+社区社会组织"的形式，积极构建基层服务性党组织。以"功能支部"为例，该支部的4名党员均为社区的文艺骨干。由该支部牵头，对社区内各类文体组织进行整合，不仅有效避免了组织间因场地、设备等因素导致的矛盾，还充分利用了社区中的文化资源，因此使得居民们的文娱生活更加和谐、丰富。

(6) 社区居民。社区治理主要应当依靠社区居民。要相信居民有处理社区问题的能力,帮助居民提升参与社区治理的意愿、掌握解决社区问题的技巧。习近平总书记提出的"以人民为中心"的发展思想,其核心要义是:"发展为了人民,发展依靠人民,发展成果由人民共享。"构建基层服务性党组织,要善于向社区居民征集服务需求,更有效、更广泛地动员、聚集社区公益力量,致力于搭建社会协同平台。在裕园社区,居民通过居民民主议事会、社区居民监督议事会以及社区社会组织参与社区治理。

裕园社区将其民主协商机制总结为"六步协商法",即提事、议事、决策、办事、督查、答复六个环节。第一步,由居民对社区工作提出意见;第二步,由老党员金点子议事会对居民所提事项进行审议;第三步,由居民民主议事会对老党员金点子议事会审议的结果,作出评议和决策;第四步,由社区居委会组织各治理主体落实居民民主议事会的决策,第五步,由社区居民监督议事会对社区决策事项的落实情况进行全程监督;第六步,由社区党委对社区决策事项的最终落实结果进行通报,奖优罚劣。民主协商的整个流程由社区党委全程审核把关、组织落实。

(二) 协同治理

协同治理是一种新型社会治理模式,是政府与非政府的利益相关者集体决策的一种治理安排,是公共政策制定和管理的过程与结构,跨界合作和多元主体是其显著特征①。协同治理能够有效地解决治理需求与治理能力的失衡问题,谋求政府与社会的合作,通过主要利益相关者的共同参与,保证公共选择和公共博弈的有效性,增强政府与民间的互动,将有效的政府机制和有效的社会机制结合起来,实现社会各方共管共治。

基层社会治理是一个复杂系统过程,构建并完善包括政府、市场、社会组织和公众等多元主体在内的基层社会治理模式,已成为创新和加强基层社会治理的可行性选择。许多地方尝试开展了具有地方特色的基层协同治理,并初显成效。具有代表性的模式有②:

(1) 广东深圳盐田模式。实行政府治理与社会自治、社会力量相结合的社区治理模式。具体操作流程分为两步:一是按照"议行分设"的原则,成立居民委员会和社区工作站、服务站,以提升社区服务的专业化。二是政府以项目

---

① 李小妹:"论协同治理中的新型公共管理者",载《领导科学》2019年第1期,第19页。
② 徐芳芳:"北京市'街乡吹哨、部门报到'协同治理实践",载《中国国情国力》2018年第11期,第31-32页。

合同的方式吸引社工力量参与社区服务工作。通过实行新型社区治理模式增加社会公众满意度,增强基层政府行政能力。

(2)广东顺德模式。在基层社会事务治理中将微观性公共事务交由社会管理,明确基层治理的主体是政府与社会。采取三位一体的协作模式,即将行政事务交由政府处理,社区事务交由社区委员会处理,经济事务交由基层集体经济组织处理,逐步建立起"党委领导、政府负责、社会协同、公众参与"的基层协同治理格局。

(3)河北保定美地模式。实行"三社联动"社区治理模式,核心思想是基层政府协同、社工机构承接、项目合同运作、社会工作者操作,三社整体联动。"三社"是指明确社区主体、社会组织主体、社工主体之间的职责和关系,通过实施"三社联动"基层治理模式,有效提升社区治理整体绩效。具体而言,就是由地方党政部门牵头推动社区治理改革,运用政府购买社会组织服务的方式,由专业社会组织承接社区服务项目,运用项目合同的方式明确服务内容与相关权利责任,最后在社区党委监督、社区居委会统筹之下,由社会工作者施行社区行政基础服务与公共社区服务,提升社区治理绩效,最终实现三社整体联动。

(4)北京市作为全国改革的前沿示范区,开创性地提出"街乡吹哨、部门报到"基层治理模式,对其基层治理实践进行研究,为加强我国基层治理工作提供重要参考价值。

(5)湖北"五社联动"[①]。"五社"是指社区、社会组织、社会工作者、社区志愿者、社会慈善资源。"五社联动"是指以提升基层治理能力、建设"共建共治共享"的社会治理共同体为目标,坚持党建引领,社区居委会(村委会)发挥组织作用,以社区为平台、以社会组织为载体、以社会工作者为支撑、以社区志愿者为辅助、以社会慈善资源为补充的现代基层治理行动框架。

湖北省民政厅在新冠肺炎疫情期间引入社会慈善资金在社区开展专业社会工作服务项目,同期开展"五社联动"特色社区治理机制研究。历经一年,"五社联动"在社区的实践初具成效,"五社联动"作为一种广泛联动,社会力量参与基层治理的社区治理机制在全国有了初步的版本。在新冠肺炎疫情防控工作中,湖北省社区"两委"、社会组织、社会工作者"三社"力量发挥了积极作用[②]。与此同时,120多万名社区志愿者投身抗疫一线开展各项服务,全省

---

① 孟志强:"'五社联动'助推基层治理体系和治理能力现代化",载《中国民政》2021年第17期,第37页。

② 柳望春:"建立健全'五社联动'机制 提升社区治理效能",载《中国社会报》2021年9月16日第1版。

累计接收社会捐赠资金151亿元、物资2.32亿件。社区、社会组织、社会工作者、社区志愿者、社会慈善资源"五社"力量在抗击新冠肺炎疫情中发挥了重要作用,有力增强了社区治理能力。新冠肺炎疫情防控转入常态化后,针对存在的"疫后综合征",急需"五社"力量介入,为"五社联动"提供发展条件。

(三) 社区服务

社区服务的概念是在我国社会结构转型的历史背景下提出的。随着"单位制"的解体和社会管理体制的变革,社区成为社会矛盾和社会问题的汇聚点,原先由单位承担的社会服务职能交给了社区,社区直接面对巨量的社会服务需求。但是,鉴于当时市场发育不充分,政府服务能力有限、社会服务资源和服务机制匮乏的现实,国家和政府通过倡导"社区服务",构建社区服务体制,来满足社会民众的需要。从此社区服务成为社区工作的首要内容之一。所谓的社区服务是指在政府的领导下,发动和组织社区内的成员开展互助活动,解决本社区的问题,进而调解社区关系、缓解社会矛盾,创造和谐宜居文明健康的社区环境。

从上海的社区服务实践来看[①],社区服务弥补了社会快速转型所带来的社会保障体系的漏洞:第一,明确社区服务的供给主体。上海市依托街居制的基本架构,将社区服务作为居委会和街道办事处的主要职责。此外,将社区服务中心建设纳入政府实事项目,在短短几年时间里形成了以社区服务中心为骨干,以便民服务网点为基础、纵分层次、横结网络、梯次配置、辐射全市、方便居民的设施服务群。第二,缓解居民日常生活的不便与困难。在当时,全市共有12个区级社区服务中心,113个街道(镇)建立社区服务中心,2 838个居委会中建立了社区服务分中心。硬件建设经费由市、区政府专项投入;社区服务资金以街道自筹为主、社会捐助、社区服务盈余为补充。社区服务内容不仅涵盖社会救济、社会帮困、民政福利服务以及修理、饮食、医疗保健等便民利民服务,也涉及职业介绍、就业培训、信息咨询、心理卫生等新兴中介服务领域。居民日常生活困难得到了缓解性满足。第三,缓解社会就业压力。社区服务的发展与繁荣,先后缓解了返城知识青年和其他落实政策返城人员的就业压力,以及国企改革带来的下岗职工就业安置压力。第四,拓宽街道经费渠道。社区服务需求的大量存在,以及区、街财税包干制度的推行,让街道经济逐步繁荣。从事社区服务的街道企业,占全市街道企业总数的70%左右。

随着体制改革的不断深入,现代社区日益成为由松散的人群基于共同需求

---

① 张海:"基层治理视域下城市社区服务发展的历史、矛盾及其消解——以上海市为例",载《江淮论坛》2018年第5期,第134-139页。

满足和利益实现而形成的构成性社群。以服务来满足居民生活需求,以服务来建立居民社区关系的联结成为社区建设的必由之路。上海市在这一时期相继出台《关于完善社区服务促进社区建设的实施意见》《关于加强新形势下社区建设的若干意见》等文件,推动社区事务受理服务中心、社区卫生服务中心、社区文化活动中心、社区生活服务中心建设,提升基层社区政务服务、卫生服务、文化服务、生活服务水平。

党的十八大以来,以服务促进社区治理创新,寓治理于服务之中成为推进国家与社会治理现代化、保障和改善民生的必然要求。2014年年底上海市委、市政府出台《关于进一步创新社会治理加强基层建设的意见》及六个配套文件(简称"1+6"文件),启动新一轮街镇体制改革。公共服务成为街道办事处三大核心职能之一,社区服务办公室成为街道办事处组织开展社区服务的核心职能部门。其他职能办公室也将社区服务作为开展工作、履行职能的重要抓手。此外,除全市覆盖的社区服务实体外,一些区县、街道还尝试在社区建立邻里中心、睦邻中心、市民驿站等"一站式"公共服务设施,强化老年活动室等公共服务设施的服务功能,为区域居民提供方便快捷的社区服务。这一时期,社区服务对于治理体系完善和治理能力提升的作用主要表现在以下方面:

第一,加大政府购买服务力度,激活社会力量。以上海市社区公益服务项目招投标平台工作为例,2017年,中标项目186个,中标金额5 731.78万元。从2009年至2017年,承接服务的社会组织累计有500余家。

第二,通过探索"互联网+社区服务",推动资源系统整合。上海市社区服务中心开发的"e居社区"App,探索线上、线下资源整合,民政内部资源整合、民政与其他职能部门资源组合、政府与其他社会主体的跨界融合,着力打造社区服务全程闭环运营的信息化平台。

第三,通过完善和优化社区服务设施布局,提高服务治理效能。2016年,上海市规划和国土资源管理局出台《上海市15分钟社区生活圈规划》,社区服务设施按照距离细分为15分钟、10分钟、5分钟三种可达类型,按照层次分为基础保障类设施和品质提升类设施,服务内容涵盖文教、卫生、助老、体育、便民利民等类型。社区服务的便捷性和品质化大大提高。

案例[①]:社区治理和服务创新:协同治理实践

B市地处祖国北疆,自党的十六届六中全会提出建设宏大社会工作人才队

---

① 王力平:"社会工作与基层治理的协同发展",载《甘肃社会科学》2019年第5期,第172-173页。

伍以来，B 市社会工作的基层实践之花结出来了示范之果。B 市 Q 区、K 区先后成为全国首批、第二批社会工作人才队伍建设试点地区，Q 区是全国首批 7 个社会工作人才队伍建设试点示范区之一，先后获得"全国和谐社区建设示范城区""全国社区治理和服务创新实验区""全国首批企业社会工作试点地区""全国首批社会工作服务示范地区"等国家级荣誉称号。K 区也先后获得"全国和谐社区建设示范城区""全国首批社会工作服务示范地区""全国社会组织建设创新示范区""全国志愿服务记录制度试点地区""全国智慧社区建设试点地区""全国社区治理和服务创新实验区"等国家级荣誉称号。B 市多家社会工作服务机构多次承接中央财政支持社会组织参与社会服务 A 类专业社会工作服务发展示范项目，获得"中国十大社会治理创新成果"提名奖、"全国救急难综合试点单位""全国社会工作服务示范单位"等荣誉，可以说经过十余年的发展，B 市社会工作及其人才队伍建设紧紧围绕服务群众，尝试社区治理和服务创新改革，扎实推进"三社联动"试点示范活动，探索出了一条在欠发达民族地区社会工作与基层治理协同发展之路，为构建祖国北疆安全稳定屏障发挥了特殊作用。

B 市的社区治理和服务创新实验是社会工作协同基层治理的必然过程性展开。B 市将街道社区社会治理体制改革作为社会治理创新的突破口，以信息化建设为支撑，坚持"民生优先、服务为先、基础在先"的原则，按照"精街道、强社区、促服务"的整体工作思路，积极推进街道社区社会治理体制创新工作，建立起"社区党委领导、社区管理服务站承载、社区居委会自治"的城市社区治理体制，实现了以基层社会治理创新促进基层党建、公共服务和社区自治等工作的创新，大大提升了信息化、精细化、专业化服务效能。

1. "强社区"：强化社区社会工作服务功能的"四权"下沉

首先是人力下沉，充实了社区社会工作队伍。按照"精街道、强社区、促服务"的总体要求，引入竞争择优机制，采取"派、转、考、选"等方式，政府购买服务，录用有能力和社区工作经验丰富的干部到社区工作，社区工作人员平均每个社区由原来的 7 人增加到 17 人。Q 区实行社区治理体制改革的 47 个社区，共有专职工作人员 802 人，其中选派副科级干部 85 人，选派和招聘社区工作人员 478 人，居委会正（副）主任 239 人。其次是财力下沉，全力保障机制运行。建立独立核算的社区经费保障机制，列入财政预算社区工作经费按每年每户不低于 35 元，社区服务经费按每年每户不低于 50 元的标准进行核算；社区经费实行"社财区管"的财政拨付使用机制直接拨付到社区，实现"费随事转"；投资 2 000 多万元建立社会治理创新信息化平台，形成三级联动、资源共享的服务体系。再次是物力下沉，完善基础服务设施。政府累计投资 1.3 亿多元扩建社区办公和活动场所，建成面积达 1.28 万平方米的社会工作服务中心。社区办公和活动用房面积达到 30 712 平方米，社区"两室"平均面积达到 654 平方米，社区信息化建设全面接入。最后是事务下沉，提升社区社会工作服务效率和质量。按照"服务窗口前移、部门职能下沉"的工作要求，社区治理服务站建立"一站式"服务大厅，通过"菜单"形式直接为社区居民办理就业服务、社会保障、社会救助、社会治安、医疗卫生、计划生育等 12 类 82 项公共服务。社区治理服务站内的工作人员实行"AB 岗"服务制度，既承担社区治理服务站的政府公共治理与服务事项，又同时承担网格内居民各类事务的服务职责，充分发挥其"一人双岗"的职能，确保了服务的精细化、规范化，实现无缝衔接。

2. "三工互动"模式：社会工作人才队伍支撑

B 市在深化推进社区治理和服务创新实验区建设中，以"三社联动"作为重要抓手，以"三工互动"的社会工作人才队伍建设为支撑，不断发挥社区多元治理功能，推动社区治理和服务创新。特别是 Q 区创建的"三工互动"模式，通过政府购买服务岗位，为社区配备一定数量的专业社会工作者，同时针对专业社工人才相对短缺、数量相对不足的问题，发展社区助工，并广泛招募培训义工，形成"高校督导社工、社工引领助工、群众参与义工、义工协助社工"的良性互动格局。一是完善社会工作机制。坚持"党管人才"的原则，由组织部门牵头抓总，民政部门具体负责，编办、教育、财政等部门及工、青、妇等群团组织密切配合，社会力量广泛参与，开创"党委统一领导、政府主导推动、部门密切配合、立足基层社区、高校专业督导、三工联动、四社互动、公众广泛参与、广大群众受益"的良好工作格局。二是社会工作标准化建设。按照社会工作场所标准化建设要求，着力推进了以"1131"工程为主的"一社一部三室一基地"建设（即：1 个社区设立 1 个社工部，社工部下设个案、小组、社工培训 3 室并规范打造 1 个社工实训基地），积极落实人员、场所，完善工作制度和职责，实现社工服务平台建设规范化。Q 区、K 区被民政部确定为"全国首批社会工作服务示范地区"。三是社工实务常态化发展。引导社会组织在辖区 14 个单位推进老年人、青少年、外来务工人员、妇女、学校、企业社会工作项目化服务，开展困难救助、矛盾调处、心理疏导、行为矫治、关系调适、权益维护、资源协调、人文关怀等实务，在乌素图街道利民社区开展"一帮五送四参与"的社工活动，幸福路等街道开展"夕阳无限好、你不再孤独"的老年社会工作服务活动等，构建起全方位、立体式的社会工作服务网络，形成社会工作常态化发展。四是社会工作社会化实践。大力培育"七彩志愿者""阳光之星"等志愿者队伍 400 余支，推进"社工+义工"的双工联动机制，充分发挥社工的专业技术优势、志愿者的精神引领和人力资源的整合，为社区有需要的个人、家庭、群体、组织提供服务。

3. "一委三会"：协商民主的参与式治理

牢固树立"社区是居民的、社区是为居民服务"的理念，设立居民议事委员会、居民监督委员会，与居民委员会一起，组成"一委三会"的社区协商基本架构，"一委三会"成为社区矛盾"解铃人"，形成了"党委领导、议事委员会协商、居民委员会实施、监督委员会监督"的治理模式。全面推开城乡社区协商工作，发动居民群众参与社区治理，"同住一个社区，共建和谐家园"，实行"大家管事"，完善自治机制，鼓励居民群众参与社区建设，"说出心里话，提出好建议，献出金点子，把矛盾化解在社区，把稳定落实在社区，把和谐构建在社区"，推行"众人议事"，有效解决了居民生活中的难题。另外，B市还出台了《B市社会组织协商实施意见》，推动协商民主政治建设进程，标志着参与式治理进入新的发展阶段。社会组织协商以建立党组织领导下广泛、多层、制度化发展的社会组织协商机制为目标，构建协商制度体系，丰富协商内容、形式，保证人民在日常政治生活中有广泛持续深入参与的权利。逐步完善社会组织内部协商、政社协商、社社协商，形成协商主体广泛、内容丰富、形式多样、程序科学、保障有力、群众满意的社会组织协商格局。

(四) 融合治理

社区治理是国家治理的基本单元和基础性工程。党的十八大以来，以习近平同志为核心的党中央就国家治理现代化提出了一系列新理念、新思想和新战略，党的十九届五中全会进一步强调要"健全党组织领导的自治、法治、德治相结合的城乡基层治理体系"[①]，这既为基层治理创新指明了方向，也为探索城乡社区治理路径提供了重要的方法。"融合治理"作为新时代基层治理的方案选择，对于化解社区治理难题，促进基层社会有序发展，进而推动基层治理现代化具有重要理论价值和实践意义。

1. "三治融合"

"三治融合"作为新时代城乡社区治理体系的整体式创新，以融合共生为治理理念、以安全发展为治理目标、以协同共治为发展思路，为社区治理现代化提供了新的思路。"三治融合"强调"自治、德治、法治"三种治理规范的组合，自治以激发社区治理的内生动力为主，强调社区治理中居民的主体能动

---

① 中共中央委员会："中共中央关于制定国民经济和社会发展第十四个五年规划和二〇三五年远景目标的建议"，载《人民日报》2020年11月4日，第1版。

性；法治强调治理规则的刚性约束力，突出治理的规则性、程序性；德治以伦理价值为本，强调社会的核心价值、公共道德等的引导和规范作用。"三治融合"为推进基层治理现代化提供了新的思路。"三治融合"有利于实现合作共治，再造基层社会的秩序与活力；有利于整合治理优势，回应多样化的治理需求。

案例：成都社区治理中"三治融合"实践的主要举措[①]

1. 以党建牵引为突破口，化解社区治理碎片化的难题

针对社区治理中存在的治理主体和治理资源碎片化的问题，成都在党建引领"三治融合"上更加注重整体性和系统性，构建了党建引领的多层次共治体系。在引领的体制架构上创设了社区治理委员会，成为推动社区发展治理的统合性力量，为破除部门条块分割的壁垒，形成发展合力提供了制度保障。社区党组织成为最基础的整合平台，动员驻区企业、社会组织、志愿者联合构建起整体性共治体系。在工作方式上，运用社区党建"五线工作法"，即以党组织为纽带，组织"党员线、自治线、社团线、志愿线、服务线"上各方力量，将分散在各领域各类组织的党建资源整合起来。坚持党建工作的整体性和系统化，建立起条块联动、组织联建、利益联结的运行机制，打破了过去的部门和行政区隔。由此，通过党建引领的组织架构加强了党对社区发展治理工作的统一领导，为实现社区"三治融合"提供了制度支撑。

2. 进行"三治融合"的主体培育，提升社区治理能力

社区治理主体是多元的，只有提升其治理能力，才能实现"三治融合"成效优化。成都的突出做法在于以放权赋能的方式推动"三治融合"的主体培育，全方位提升各主体的治理能力。首先，积极打造社区自治组织。通过"还权、赋能、归位"，推动城市社区自治组织职能回归。同时，建立和完善社区议事会、老年协会等群众参与平台，进一步加强了居民在社区建设中的话语权。其次，积极培育社区社会组织。注重社会组织服务功能、专业化功能的发挥，形成党组织引领、支持和保障的社区社会组织发展体系。成都在社区社会组织的培育上以项目制运作为主要方式，社会组织以承接政府项目和自治项目的形式进入社区服务，从而促进社区公共服务供给的专业化、法治化。

[①] 曾艳："城市社区治理创新中的'三治融合'路径——基于成都实践的考察"，载《成都行政学院学报》2021年第3期，第51-52页。

3. 搭建"三治融合"的平台载体，增强治理能效

"三治融合"的理念转化为实践需要相应的载体形式。这些载体形式可以是组织载体、平台载体和规则载体等，如社区公约、社区议事会、法律服务团等多种形式。成都在"三治融合"的治理实践中，围绕居民服务需求，注重多种载体形式的打造和建设，推动社区实际问题的解决。例如，近年来开展的社区议事会，为利益相关者进行博弈和沟通交流提供了平台，力图把矛盾冲突纳入制度化、法治化解决渠道。而社区公约为公共事务的治理提供了规则体系，法律服务团等形式为居民提供法律服务，为社区提供法律保障，使社区治理更加规范有序。"三治融合"实践以自治载体建设为重点，为社区的自组织发展提供了资源和平台，同时整合法治和德治资源，以服务社区居民为导向，解决人们日常生活中的现实关切，使"三治"的治理效能得以凸显。

4. 运用信息技术创新推动"三治融合"，回应治理新需求

基层治理现代化需要以智能化、信息化手段推动社区治理创新。成都强调以现代信息技术赋能"三治融合"，深化大数据和信息技术在社区治理中的综合运用，回应居民日益增长的物质文化新需求。首先，以对接民需为导向，运用新技术优化服务供给方式。依托现代信息技术、网格传输等治理机制精准识别民需，把服务对象进行精细分类，建立分级服务供给策略，形成供需对接的社区服务体系。其次，应用现代信息技术带动治理机制创新。加强治理体系的信息化和网络化建设，充分运用"互联网＋"等现代科技元素创新治理方式。通过技术赋能"三治融合"，整合运用线上平台大数据，打通信息和部门壁垒，建成社区网上服务平台，实现信息共享，使问题识别和服务传递获得技术条件支撑，多方式回应治理新需求。

成都实践对形成共建共治共享的基层社会治理新格局具有重要的启示意义：（1）党建引领在"三治融合"中发挥了统合与保障作用；（2）"三治融合"的重点在于激发自治活力；（3）"三治融合"的价值和生命力在于是否能够有效回应社会需求。

2. "五治融合"

"五治"是指"政治引领、法治保障、德治教化、自治强基、智治支撑"。这"五治"是中国共产党领导人民探索中国特色社会主义国家治理之路的实践结晶，也是新时代推进国家治理现代化的基本方式[1]。

---

[1] 陈一新："'五治'是推进国家治理现代化的基本方式"，https://baijiahao.baidu.com/s? id = 1657300612924435221&wfr = spider&for = pc，访问日期：2022 年 2 月 16 日。

案例：深化"五治融合"，创新社会治理①

近年来，陕西省铜川市耀州区按照"系统化、特色化、品牌化"要求，大力推进政治引领、法治保障、自治强基、德治教化、智治支撑的"五治融合"社会治理模式，积极助力乡村全面振兴，为建设更高水平的平安耀州、法治耀州提供了强有力的支撑和保障。

政治引领强保障。耀州区委、区政府将社会治理工作纳入全区经济发展规划，区委常委会多次谋划、部署推进，区乡村社会治理有效衔接工作组制订清单、挂图作战，区上每年拿出40余万元用于村级组织综治和平安建设奖励，连续5年为全区7.3万户家庭购买了家庭平安保险。先后建成区检察院未成年人一站式保护中心、区司法局王玉理示范工作室、区法院家事纠纷多元化解机制、陈家山社区地矿共建联席会议机制等8个创新社会治理项目。积极优化网格管理资源，全区785个三级网格共配备专兼职网格员856人，强化党建引领推进网格管理，以网格内党员、群众齐参与的方式，推动实现服务群众"零距离"。

法治保障提效能。耀州区委、区政府完善法治建设责任体系，夯实党政"一把手"第一责任，将法治建设纳入"十四五"规划、年度目标责任考核，建立了"一村（社区）一法律顾问"制度，配备法律顾问23名。建立领导干部"五法"机制，创新开展"五个一"指尖普法工作模式，打造全区群众指尖上的法治课堂，耀州区荣获"全省法治政府建设示范区""全省'七五'普法中期先进区"称号。加强基层司法所规范化建设，全区创建了国家级民主法治示范村（社区）2个、省级民主法治示范村（社区）2个、市级民主法治示范村（社区）9个，董家河司法所被司法部表彰为"全国模范司法所"，董家河司法所、小丘司法所、石柱司法所被省司法厅命名为第一批新时代"六好司法所"。

自治强基激活力。耀州区委、区政府坚持和发展新时代"枫桥经验"，全区建成"王玉理工作室"141个、人民调解委员会组织145个，选聘专职人民调解员154名，全区"红袖章"志愿者突破1 000名，实现了工作室、调解组织、调解员的"三级全覆盖"。深入推进诉源治理，在全省率先搭建由司法局牵头、法院指导、调解组织和律师及公证机构共同参与的多元化司法调解平台。建立健全了社会各界参与乡村社会治理的协同机制，引领社会组织、经济组织、

---

① 李成龙："深化'五治融合'创新社会治理"，https://baijiahao.baidu.com/s?id=1724772181780590318&wfr=spider&for=pc，访问日期：2022年2月16日。

乡贤能人等全面参与乡村社会治理。新兴村荣获第七批"全国民主法治示范村"、王家砭村被民政部确认为"全国村级议事协商创新实验试点单位"。耀州区平安建设满意度连续三年稳步提升，蝉联全国信访"三无区"荣誉。

德治教化扬正气。耀州区委、区政府以文明村镇创建为载体，先后培育出王家砭村好人群体、全国道德模范张水珍等中央、省、市好人道德模范162人次。积极推广"石柱镇活龙村红白理事会"等典型，在全区广泛开展节俭评比、文明创评、道德讲堂、文明餐桌、文明婚礼有关活动。深入开展依法治理忤逆不孝行为专项行动，对履行赡养义务不当的人员依法进行教育训诫，有力维护了老年人合法权益。

智治支撑增动力。耀州区委、区政府搭建平台载体，全面建成1个区级、11个镇（街道）和129个村（社区）综治中心，完善提升"1+5+X"规范化运行模式，三级综治中心实体化运行水平不断提升。投资近5 400万元，在全区建成一类监控摄像机1 344套；设立校园"护学岗"，在全区83所公办学校（幼儿园）安装建设"一键报警"系统，全部接入公安指挥平台。在实践中持续完善和提升综治视联网系统、"9+X"信息系统、公安大数据合成作战指挥系统的智能化应用水平，搭建"智慧闪耀"党建信息化平台，开发社区网格化管理信息平台。耀州区先后迎接了全省综治中心建设现场会、全省加强和创新社会治理法治保障研讨会两个省级现场会，全省70多个县（市、区）到耀州区观摩交流综治中心建设和运行情况。

3."六治融合"

"六治"是指政治、法治、德治、自治、共治、智治。

政治（党建），就是以党的政治建设作为统领，不断推进社区治理。在社区层面，一方面在横向维度构建起共治平台，绘画出以社区党委为圆心，社区居委会、驻区单位、社会组织、社区居民协同参与的社会共治同心圆，增强社区治理的向心力；另一方面在纵向维度打造好治理的联动体系，基层党委和政府充分发挥引领、指导和支持的重要作用，明晰社区居委会的权责，下沉社区治理层级到楼院，运用网格化管理方式，形成上下贯通的社区治理体系。

法治，就是运用法律思维和方式，依法治理社区，依法解决社区问题和矛盾。"法治"运用的"法"，是运用广义的"法律"治理社区，包括人类在法律实践过程中所创造的习惯、规范、制度等。既包含国家以强制力制定实施的、具有普遍约束力的规范形态的法律文化，也包含以公序良俗为核心的观念形态的法律文化。

德治，就是"以德治理，以德服人"。在社区治理的过程中，要大力弘扬社会主义核心价值观，通过提高居民的道德修养，提升公序良俗，在较高的道德水平之上建立和谐稳定的社区。加强个人品德建设，培养个人道德习惯，加强家庭美德建设，培育良好家风，从而支撑起新时代的社会好风气。

自治，就是居民通过自我管理、自我教育、自我服务，实现自己当家做主。我国经过多年社区建设的实践，基本形成了基层党组织领导，基层政府主导的多方参与、共同治理的城乡社区治理体系[①]。各地政府在不断提升社区自治组织治理能力的基础上，探索创新出网格化管理服务、"三社联动"等治理方法，提高了服务居民群众的水平；在鼓励专业社工机构走进社区的基础上，着力发展公益慈善类、治保维稳类、文化体育类、养老服务类的社区社会组织，更好发挥居民群众通过自治方式维护公共秩序、救困扶贫、化解矛盾方面的重要作用，让"微治理"在社区治理中释放出"大能量"。

共治，就是多元主体围绕社区平台对各项事务进行治理的活动和过程，是实现社区治理的重要条件。治理是一个自上而下的管理和自下而上的参与相结合的过程，是一项复杂的系统工程，本质在于多元的参与和各个主体之间的互动。

智治，就是"智慧治理"。科技的支撑是完善和创新社区治理体系的重要元素。利用智能监测设备，实时监控保障社区安全；汇聚社情民意、舆情警情等社区数据，用好大数据及时研判，从依靠经验应对向依靠大数据超前谋划转变；线上与线下结合，方便动员群众，了解信息，凝聚共识，提升工作效率；窗口服务转移到网上、连到掌心，让居民少跑路，用"小程序"解决"大事情"。社区服务与智能手段深度融合，为居民提供多元、便捷服务，不断提升居民的居住质量和生活幸福感。

案例：城市老旧小区"六治融合"治理模式[②]

北京市朝阳区望京街道花家地西里社区充分发挥老旧小区优势，面对小区中的种种问题和居民需求，以党建为引领，打造共治平台，引导居民自治，让矛盾重重的小区既安定有序又具有活力，创造了"花西现象"。

望京街道花家地西里社区建成于 1994 年，占地面积 0.41 平方千米，由 3 个自然小区和南湖公园构成，有居民楼 30 栋，其中塔楼 15 栋，板楼 12 栋，商

---

① 中共中央、国务院："关于加强和完善城乡社区治理的意见"，载《人民日报》2017 年 6 月 13 日，第 1 版。

② 王云斌："六治融合"视角下的城市老旧小区治理研究——以北京市朝阳区望京街道花家地西里社区治理为例，载《社会福利》（理论版）2021 年第 11 期，第 32 - 33 页。

住两用楼3栋，居民4 474户，常住人口约13 000人，流动人口约3 000人，社会单位580家。花西老旧小区房屋建筑与基础设施老化现象严重，乱搭乱建、环境卫生脏乱，基础设施落后，交通组织不畅、停车矛盾突出、环境秩序较差、物业管理欠缺不到位、矛盾纠纷突出，居民需求不能完全满足，给社区治理造成很大难度。社会组织、市场力量、小区居民和社会志愿者等主体参与不足，现代物业管理服务严重缺乏，多元主体参与老旧小区工作的治理格局尚未形成，信息智能化服务水平落后等问题，因其复杂性和特殊性，成为花西社区治理的一个难题。

2018年，花家地西里社区以社区党委为龙头，以党建为引领，以居民需求为根本，以问题解决为导向，以狠抓落实为目标，协调各方，促进党、政、群、社、企多方联动，构建了以党组织为核心、居委会和服务站为两翼的"三位一体"管理体系，让一个"环境脏乱差、上访经常出现"的问题社区，成为一个环境高端化、积压矛盾全部化解、居民心系社区的优秀社区，朝阳区领导到社区检查工作，看到花家地西里的巨大变化，称之为"花西现象"，受到了社会的广泛关注，《中国社会报》《中国社区报》等媒体进行了报道。

1. 建立了党建领航的社区治理模式

2019年，社区党委针对党建引领社区治理实践中党支部发挥作用不足，力不从心的现象，从解决基层党建工作与社区治理中心工作"两张皮"的现状入手，着力化解党支部弱化、虚化、边缘化问题，围绕"让支部行动起来"的理念，打造"社区党委+行动支部"工作法。"行动支部"是指围绕社区党委的中心工作或居民群众的需求来创新党支部的行动目标和活动方式，让党支部的党建工作具有明确的针对性和方向性。社区党委在调研讨论的基础上，将原来的5个支部拆分为11个，结合社区实际和中心工作，每个支部依据其团队优势和党员特长，根据社区治安、文化宣传、助老爱老、结对帮扶、环境清洁、垃圾分类、公益活动、居民健康、接诉即办、美术馆维护、创建和谐楼院等11个行动目标，创建了"顾我安稳支部""精文通舞支部""情暖夕阳支部""温情助困支部""环境卫士支部""绿色时尚支部""文明使者支部""健康卫生支部""为民解诉支部""艺术维护支部""携手逐梦支部"11个"行动支部"。"行动支部"的设立，实现了党建工作在社区治理过程中从配合到融合的转变。在这种深层次融合中，双方不是物理捆绑而是发生化学反应，产生了"1+1＞2"的效果。

2. 明确了社区发展的愿景与目标

社区"两委"（党委和居委会）为社区描绘了"五邻"的社区治理愿景，设定了社区治理的"三零"目标。"五邻"即邻帮（相互援助，解决遇到的身边困难)、邻爱(相互施爱,儿女不在身边也不孤独)、邻教(促进个人发展,老了也能学技能)、邻和(融入社区,邻里和睦)、邻乐(身心和谐,邻里无烦忧)。引导居民之间进行感情和思想交流,相互影响相互促进,推动邻里之间相互保护和支持,在安全感和信任感中营造"邻帮邻"的幸福氛围,让城市中的人们生活在梦境般的"桃花源"中。"三零"目标是指在社区治理过程中,以需求为导向做到保障零盲区,以党员为主体做到服务零距离,以共享为宗旨做到共治零洼地。社区党员是社区治理各方的带头人,是实现保障零盲区、服务零距离、共治零洼地"三零"治理目标的责任主体,是"管理有序、服务完善、文明祥和"社会生活共同体的积极推动者。

3. 发挥了党建工作协调委员会作用

花家地西里社区党建工作协调委员会是社区党委和辖区内各级单位、各类党组织共同参与的社区建设平台。社区依托党建协调委员会整合社区党建资源,采取列资源清单、需求清单、项目清单,建立双向需求征集、双向提供服务、双向沟通协调、双向评价通报机制,强化资源共享,统筹重大事项民主协商,形成党建合力,推进区域化党建,齐抓共管社区事务。几年来,通过党建协调委员会协调物业公司、驻区单位为辖区居民解决了多年的历史遗留问题。例如,协助物业公司改造锅炉,更换高层电梯、塔楼污水管道,指导辖区中学解决社会车辆在社区内停车拥堵的老大难问题;动员辖区单位,共同参与垃圾分类、指导成立物管会等。党建工作协调委员会让辖区内各级单位、各类党组织形成了共建共治共享的社区治理新局面。

4. 创建了破解难题的居民议事厅

花家地西里社区高度重视居民诉求,多渠道听民生,全方位解民忧,创建了"居民议事厅",走近居民,倾听民意,了解需求,解决困难。2018年以来,通过议事厅先后解决了社区环境脏乱差、培基幼儿园招生、过街天桥加装围挡、安装智能健身器、浩沙会员卡问题、小区北门停车秩序乱等百姓关注的热点、难点问题26个。社区议事厅是社区居民、社会单位、社会组织参与社区建设与管理的重要平台,是征集居民意见,汇集居民智慧,促进社区居民、社区单位与社区党委和居委会有效沟通,共商共治的重要途径。在"议事厅",居委会、企业、居民群众,各方的立场有所不同、看问题的视角不同,表达的具体诉求不同,但共同点是都期待社区居民生活得更美好。社区建立"社工+微信"的服务模式,由居委会干部担任群主,搭建微信议事交流平台——包片民意畅通群,建立"双居"(居干与居民)联动、互动机制,小到家里水管堵了,大到社区各种事务的商议,都可以在微信群中发声。居民的诉求提炼成议题后,通过居民议事形成解决方案后,由居委会干部及时有效地提供服务,处理速度快,居民满意度高。

5. 打造了"爱满花西"志愿服务品牌

花家地西里社区坚持引领居民自治,组织群众开展自我服务活动。社区志愿服务氛围浓厚,共建立了40支志愿服务队伍,志愿者人数达到1 400人,占社区常住人口比例的15%。社区党委将学雷锋志愿服务活动与创新社区治理相结合,积极培育和践行社会主义核心价值观,大力弘扬"奉献、友爱、互助、进步"的志愿精神,建立了"爱满花西——多功能志愿者服务站"。服务站长年招收各类志愿者,居委会发挥不同人群的作用,先后成立了环境清洁、治安巡逻、交通秩序维护、民事调解、帮扶结对、心理咨询、孝老爱亲、书画班、手工班、合唱队等志愿服务团体,将志愿服务品牌化。依托"爱满花西"志愿者服务站建立志愿服务综合工作平台,完善志愿者招募、培训、计时等制度,以"爱满花西"打造社区志愿服务的品牌。

第三节 城市社区参与的研究脉络

一、实践起点

中国的社区建设发端于城市社区。2000年,中共中央办公厅、国务院办公厅转发的《民政部关于在全国推进城市社区建设的意见》,可以看作我国全面推进社会建设的前奏。这是我国在市场化程度加深、城市化速度加快、人民需求提高的背景下,从城市基层社区入手,综合回应社会建设问题的尝试①。

中国社区建设的发展历程大致经历了1989年居民委员会建设的起步阶段、1999年居民自治试点的发展阶段和2001年至今的不断探索社区建设模式的深化阶段。社区建设的重心依次可以表述为社区服务、社区自治、社区治理。社区参与是社区建设的完成形式。

从居民主体性的角度出发,我国社区建设可分为以下三个阶段:第一个阶段:政府包办阶段。从中华人民共和国成立后的1954年到1990年,主要体现的是政府包办思维。在该阶段以政府为主体自上而下,确定服务内容、配置服务资源、提供服务项目、分解服务责任、行政考核服务,因此,在这个阶段中,政府包办思维明显,居民的主体性完全没有体现出来。第二个阶段:给予式服

---

① 王思斌:"改革开放以来我国社会政策的发展及其社会建设意涵",载《社会》2018年第6期,第68页。

务阶段。从 1991 年至 2012 年，主要体现的是社会组织的给予思维。在该阶段，社会组织（社会工作者）成为政府在体制之外为社区所培育的新建设主体，它使城市社区建设走向"嵌入式三社联动"。在这个阶段，居民的主体性出现萌芽，但取决于社会组织的开明纳言程度。第三个阶段：增能式服务阶段。从 2013 年直到现在，主要体现的是社区居民主体性。在该阶段，政府通过社会组织向社区居民委员会赋权增能，在社区内部自主生成社区社会组织、社区居民相互增能的主体性共同培育机制，构建"内生式的三社联动"，形成以充分发挥社区居民主体性为基础的多元复合主体增能式服务阶段。

二、政策导向

社区参与、居民自治是 20 世纪 90 年代以后中国社区建设的新主题。1991 年 5 月，原民政部部长崔乃夫在听取基层政权建设司汇报工作时，指出基层组织建设应着重抓好"社区建设"，首次在我国明确提出了社区建设概念。1992 年 10 月，中国基层政权建设研究会在杭州市下城区召开了"全国城市社区建设理论研讨会"。1998 年，《国务院机构改革方案》首次提出"社会管理"目标。1999 年年初，民政部在全国建立了 26 个"城市社区建设实验区"。2000 年，中共中央办公厅、国务院办公厅转发的《民政部关于在全国推进城市社区建设的意见》（中办发［2000］23 号文件）指出，"大力推进社区建设，是我国城市经济和社会发展到一定阶段的必然要求，是面向新世纪我国城市现代化建设的重要途径"。2001 年 3 月，社区建设列入国家"十五"计划发展纲要。2002 年 11 月，社区建设写入党的十六大报告，报告明确提出要"完善城市居民自治，建设管理有序、文明祥和的新型社区"。这一系列举措使社区建设逐渐从官方话语变成了大众流行话语。2006 年，十六届六中全会提出"构建社会主义和谐社会"，进入了社会建设时期。2012 年，党十八大作出了经济建设、政治建设、文化建设、社会建设、生态文明建设"五位一体"的战略布局，完善"党委领导、政府负责、社会协同、公众参与、法制保障"的社会管理体制，法治方式和政府之外的社会主体、社会公众参与得到了逐渐重视和机制保障。2013 年，《中共中央关于全面深化改革若干重大问题的决定》将"创新社会治理体制"列入改革清单，从社会管理到社会治理，是中国政府主动吸收社会理论最新成果，顺应了社会发展需求，彰显了执政理念和治理方式的重大变化。社会治理现代化，就是"使社会治理体系制度化、科学化、规范化、程序化、精细化，使社会管理者善于运用法治思维、法治方式、法律制度治理社会，把中国特色社会主义各方面的制度优势转化为治理社会的效能"①。创新社会治理体制,推进社会治理现代化,"是马克思主义中国化的又一项最新成果,是我们党对社会发展规律的认识和把握的又一个新飞跃,实现了我国社会建设理论和实践的又一次与时俱进"②。2017 年,中共中央、国务院出台了《关于加强和完善城乡社区治理的意见》,进一步明确指出城乡社区治理的总目标是:城乡社区治理体制更加成熟定型,城乡社区治理能力更为精准全面,为夯实党的执政根基、巩固基层政权提供有力支撑,为推进国家治理体系和治理能力现代化奠定坚实基础③。该文件作为中华人民共和国成立以来,第一个以中共中央、国务院名义颁布的关于社区治理的纲领性文件,在一定程度上具有历史开创性意义。在社会治理现代化方面,随着经济的发展和变迁,基层治理不仅在政策层面,而且在民主发展道路、国家建构等方面日益发挥着关键作用④。"政府通过运用有效的治理工具,针对公共事务的复杂性特点,区分不同公共事务的属性,以及建立与市场、社会的伙伴关系等一系列方案,促使治理规则和程序发生改变,通过培育社会组织,整合社会资源。吸引公众参与,倡导社会规范,改变了基层治理的结构和制度环境"⑤。俞可平在《论国家治理现代化》中专章论述社会自治,提出建设健康的社会主义公民社会,社会自治的组织载体主要是社会组织,公民社会已经是一个客观的存在,从国家治理上看,"政府的社会管理和公民的社会自治是相辅相成的两个方面。仅仅加强社会管理,即使做得再好,至多也只能有善政,而不可能有善治。善治是政府与公民对社会生活的共同治理,是社会治理的最佳状态。"⑥

三、现实驱动

社区参与是社区治理实践的内在需要,可以说,社区治理是社区参与的现实驱动。改革开放之前,中国采取的是一种国家全面统合的基层社区治理模式,其主要的治理逻辑就是国家高度集中的政治经济体制在基层单位的运行。中华

---

① 徐猛:"社会治理现代化的科学内涵、价值取向及实现路径",载《学术探索》2014 年第 5 期,第 9 页。

② 《中共中央关于全面深化改革若干重大问题的决定辅导读本》,人民出版社 2013 年版,第 310 页。

③ 中共中央、国务院:"关于加强和完善城乡社区治理的意见",载《人民日报》2017 年 6 月 13 日,第 1 版。

④ 陈家刚:"基层治理:转型发展的逻辑与路径",载《学习与探索》2015 年第 2 期,第 47 页。

⑤ 李慧凤、郁建兴:"基层政府治理改革与发展逻辑",载《马克思主义与现实》2014 年第 1 期,第 179 页。

⑥ 俞可平:《论国家治理现代化》,社会科学文献出版社 2014 年版,第 123 页。

人民共和国成立后，为了实现快速工业化，采取了国家高度垄断资源的制度，在城市实行单位制、街居制，在农村实行人民公社，这一体制被概括为"单位制"①。由于发展市场经济的需要，放弃"单位办社会"的基层治理模式，释放出市场动能，让劳动力、土地和资本的自由流动。正是基于这样的背景，民政部 1992 年正式提出了"社区建设"的政策主张，并在 1995 年开始大规模组建新的居委会，于 1998 年大规模推动住房商品化改革，此后随着大规模快速城镇化和房地产市场的建设，中国基层社区的空间形态和治理格局发生了巨大变化。然而，市场逻辑强烈冲击了社区基本秩序，增加了社会风险，出现一些"业主维权"事件，政府为了社会稳定又重新介入基层社区的治理②。面对"市场失灵"和"政府失灵"，如何整合社区多元关系，如何重建社区基本秩序？成为社区建设的首要问题。

现实驱动有几个方面：国家社区建设的目标和动力系统；市场机制引发的社会自主性生长，及其对社会空间和资源配置的主张；民众日益增长的民生需求。三个来自国家（政府）—市场—社会的驱动力，塑造了中国社区治理的理论逻辑和实践模式，也为社区参与场域的形成和社区参与实践的展开提供了广阔的舞台。改革开放四十年来各地社区治理的创新模式，充分说明来自三个方面的现实驱动力在治理实践中呈现出复杂的博弈状况。各地社区治理虽然呈现出多种创新模式，但主要的治理逻辑可以分为以下三种：行政统合、政社合作与多元参与。③ 首先，在中国的政治制度下，社区治理的大逻辑或者说是主要治理模式毫无疑问是政府主导或者说是党政统合为主，但是具体到处于不同发展阶段的区域或城市，在社区治理上存在着不同的逻辑：第一，是行政统合的治理逻辑，也就是政府统管社区公共服务。在这一治理逻辑下，社区公共服务供给的主体是行政力量，行政力量采取了多种形式来直接支配社区公共资源、承担治理责任。第二，是政府与社会组织合作的治理逻辑，即通过培育社会组织、鼓励其参与社区公共服务供给。这一治理逻辑的实践案例大多来自具有"强政府"和"强市场"色彩的长三角地区。第三，是多元参与的治理逻辑。在市场改革较早、经济较为发达、毗邻港澳的珠三角地区，政府主导下的多元参与治理逻辑能够很好地反映中国市场经济最为发达地区的社区治理特征。

---

① 李路路："'单位制'的变迁与研究"，载《吉林大学社会科学学报》2013 年第 53 卷第 1 期，第 11 页。
② 葛天任："建国以来社区治理的三种逻辑及理论综合"，载《社会政策研究》2019 年第 1 期，第 53 页。
③ 葛天任："建国以来社区治理的三种逻辑及理论综合"，载《社会政策研究》2019 年第 1 期，第 53 页。

表4-2 我国城市社区治理创新的四种模式

治理模式	创新案例
政府主导模式	田村街道（北京）、右安门街道（北京）、瑞泉馨城社区（成都）、美丽社区建设（厦门）
市场主导模式	怡海花园社区（北京）、桃源居社区（深圳）、百步亭社区（武汉）等
社会自治模式	翠竹园社区（南京）、太湖国际社区（无锡）等
专家参与模式	清华大学清河实验（北京）、大栅栏（北京）、塘桥街道（上海）

资料来源：葛天任、李强论文"我国城市社区治理创新的四种模式"，载《西北师大学报》（社会科学版）2016年第53卷第6期，第6页。

四、理论研究

20世纪90年代初，民政部提出"社区建设"这一议题，学术界随之开展了相应的理论探索。如果以1993年鲍跃敏在《城市问题》杂志发表"从提高居民参与看城市社区服务的拓展"[①]作为"社区参与"讨论开启的标志，对社区参与的研究至今已超过30年。

中国的社区研究起始于20世纪30年代。20世纪30年代，吴文藻提出"社区研究"是社会学中国化的核心议题。吴文藻先生和吴景超先生主持的北平社会调查所，开创了我国城市社区研究的先河。他们主张把社区作为社会学的研究对象，进行本土化的社区实证研究。我国社会学家费孝通最先把"社区"概念引入中国，其著名的"江村调查"，从小社区入手进行微观调查，用直观的方法多方面了解人们在社区里的生活，为社区建设研究奠定基础。20世纪70年代后期社会学恢复和建立以后，社区研究有所发展。20世纪八九十年代以后，城市社区服务和社区建设的迅速发展有力地推动了城市社区研究，对社区居民参与的研究也逐渐增多。随着"以人为本""民主参与""协同治理"等现代理念逐渐融入我国城市治理体系，社区建设和社区治理中越来越看重社区参与的作用和重要性。围绕社区居民的社区参与研究，诸如在参与意识、参与意愿、参与动机、参与能力、参与内容与参与途径、参与制约因素、参与制度保障等方面，都开展了大量的研究，形成了一批研究成果。在党中央十八大提出国家治理体系和治理能力现代化建设的战略以后，围绕基层治理、社区自

---

① 鲍跃敏："从提高居民参与看城市社区服务的拓展"，载《城市问题》1993年第2期，第59-62页。

治、居民参与的研究更加系统和深入。

20世纪90年代后期,由于中国提出社区建设的时间不长,因而在社区建设的实践中,不可避免地面临着许多的问题。当时的国内学者针对社区参与尤其是居民参与问题开展了如下研究:(1)居民参与是社区建设与社区发展的重要议题。马西恒研究指出①:居民参与是全球社区发展中的核心议题。在中国城市社区建设中,居民对社区管理和社区事务的参与拥有政府及民间两个方面的需求推动。但这两种力量在当前并没有起到同等作用,政府的推动意愿明显高于来自居民本身的需求。诸多调查表明,中国城市社区居民的参与意识、参与比率和参与程度都存在较大的不足。居民参与不足成为社区建设和社区发展的一个瓶颈。涂晓芳、汪双凤认为②,在社区建设中,居民参与是社区建设的内在动力和源泉。当前,我国城市社区居民参与的积极性不高,与信任、合作和公民参与等社会资本的缺失有关。原因在于:社区居民工作单位对社区社会资本的侵蚀;居委会功能缺失导致形成社区社会资本的动力不足;社区居住状态的改变导致社区社会资本培育困难;"数字社区"的出现降低了社区社会资本形成的机会。王小章、冯婷根据对某市的调查③,认为城市居民参与社区公共事务的意愿总体上是比较弱的,除了经济参与意愿较强一些,其他如社会参与意愿、文化参与意愿都不是很强,其中利益关联与情感认同是主要影响因子。他们认为,对社区参与而言,参与意愿可能更为重要。因为:①只有真正出自居民自己意愿的参与行为才是真正的自主性参与,才显示"民主自治"的真义,没有参与意愿的参与行为无非是外界动员的结果;②没有参与意愿,即使有参与渠道也没有意义,充其量只是充当动员的工具,有了足够强的参与意愿,即使没有渠道,居民也会自发地创造出来。(2)学者们认为,很长一个时期内,居民参与意识淡薄是制约居民参与的重要问题。马卫红等学者研究发现居民参与意愿总体不高,并受制于个人特征与组织制度的因素④。贺妍通过实证调研发现,居民社区认同感和社区归属感不强,相应的社区参与意识就很薄

---

① 马西恒:"社区治理框架中的居民参与问题:一项反思性的考察",载《上海行政学院学报》2004年第2期,第59页。
② 涂晓芳、汪双凤:"社会资本视域下的社区居民参与研究",载《政治学研究》2008年第3期,第17页。
③ 王小章、冯婷:"城市居民的社区参与意愿——对H市的一项问卷调查分析",载《浙江社会科学》2004年第4期,第101页、第99页。
④ 马卫红、黄沁蕾、桂勇:"上海市居民社区参与意愿影响因素分析",载《社会》2000年第6期,第15页。

弱①。(3) 针对我国社区发展和建设存在的居民参与普遍不足问题开展调查研究。王珍宝认为参与不足问题主要体现在两个方面②：一是社区居民总体参与率不高，而且分布不均匀，表现在参与的积极性不够高而且发展不平衡，老年人和学生参与较多而青壮年参与较少；二是社区参与的程度不深，参与的形式不够丰富，目标层次较低，居民在大多数情况下只是参与社区具体事务的运作，尤其是社区内所出现的临时性问题和文化娱乐性活动，而很少参与决策和管理。李晓凤分析了城市社区居民参与的内容特征与制约因素③，认为我国城市居民的社区参与存在的主要问题包括：参与主体不平衡，总体参与率低；参与领域不平衡，参与不深入；参与的主观愿望较强，但实际参与率不高；参与方式被动多，主动少；参与机制运行的行政化严重。陈伟东等认为④，居民社区参与存在的主要问题是：个体化参与多，组织化参与少；本地式参与多，外来式参与少；政治性参与少，非政治性参与多；参与意愿高，参与效能低；参与主体单一，总体参与率低；执行性参与多，参与层次不高。社区参与制约因素多，除生活水平、居住年限、年龄结构等因素外，主要有以下因素：社区公民意识薄弱；社区行政化严重；社区居民组织化程度不高；社区居民利益表达渠道不畅等。第四方面，居民社区参与动力缺失也是当今居民参与的突出问题。徐勇认为中国的社区建设以及由此所推动的社区参与正是在政府和民间这两个需求的推动下才广泛开展起来的。但我国的社区建设还处于初级阶段，这两方面的动力都存在不足问题。张宝锋探讨了城市社区居民参与动力缺失的原因，认为居委会的行政化以及由此而来的自治功能的缺位贬损了居委会在居民心中的合法性，离散了居民的参与热情；动员型参与制约了居民社区参与的积极性；传统制度孕育的臣民意识和自私意识影响了居民社区参与的主动性和价值取向⑤。肖富群⑥和孙璐⑦认为居民参与社区活动的动力主要来自两方面：追求共同利益

---

① 贺妍："对城市社区居民参与意识的实证调研"，《西南民族大学学报》（人文社科版）2004年第9期，第274页。
② 王珍宝："当前我国城市社区参与研究述评"，载《社会》2003年第9期，第50-51页。
③ 李晓凤："城市居民社区参与的内容特征与制约因素"，载《求实》2005年第51期，第170-171页。
④ 张大维、陈伟东："城市社区居民参与的目标模式、现状问题及路径选择"，载《中州学刊》，2008年第2期，第116-117页。
⑤ 张宝锋："城市社区参与动力缺失原因探源"，载《河南社会科学》2005年第4期，第23-25页。
⑥ 肖富群："居民社区参与的动力机制分析"，载《广西社会科学》2004年第5期，第161页。
⑦ 孙璐："利益、认同、制度安排——论城市居民社区参与的影响因素"，载《云南社会科学》2006年第5期，第71页。

和追求情感满足价值认同,简言之就是"利益驱动"和"认同驱动"。居民的社区参与行为不能实现其价值或者价值最优。从理性选择的视角看,个体参与公共事务是基于共同利益,因此群体团结的程度与个体对于群体的依赖程度有关。

此外,针对"社区居民脱域化"现象和社区参与的话题开展了相关研究。社区居民脱域化,通常是指社区居民居住在社区,工作、学习、社会活动和社会交往在社区之外的现象。中国学者研究认为,在计划经济时期,单位型社区是主要的社区形态,社区居民因此具有高度的同质性。即使在那些非单位型社区,由于人口的非流动性也导致以邻里关系为基础的熟人社区形成。市场经济和城市化发展导致人口的频繁流动由流动带来的城市异质性的增长,不仅出现了社区间的分化,社区内居民在职业、民族、文化、收入和财富等特征上的差异也在增加,社区居民之间缺乏单位社区或熟人社区的"自然联系"特质。社区需要通过居民的社会互动重建社区社会网络,形成社区信任和情感。但在现代城市社会里,社区居民的行为自发的呈现"脱域化"特征。"所谓脱域,是指社会关系从彼此互动的地域性关联中……脱离出来","在居民个人的关系网络中,地缘性关系总量远远小于脱域性关系;邻里关系在个人生活中已不再是主要的社会关系,并且在个人关系总量中所占比例越来越小;个人的社会支持网络或者说个人主要的社会关系已经移向地域之外,脱域的关系网络已经成为普遍的个人关系模式"[1]。社区作为一个共同体,是以居民之间的紧密互动、社会网络、情感交流和心理认同为基础的。社区作为一个以基层群众自治为体制机制的单元,离不开居民对社区公共事务的广泛和有深度的参与。能否克服"脱域"对社区的影响是社区建设和社区治理必须回应的问题。

当前,针对社区参与的研究,更多的结合基层治理实践和社区治理创新开展,说明社区参与实践已经取得长足的进步,无论形式、内容和层次的丰富性都逐渐展开,社区参与的重要性也得到了社会的认同和关注。

---

[1] 兰亚春:"居民关系网络脱域对城市社区结构的制约",载《吉林大学社会科学学报》2013年第3期,第124–125页。

第五章 城市社区参与的理论逻辑与实践路径

城市社区的健康发展，离不开社区成员的社区参与。社区参与能够实现居民社区参与的主体性，实现社区自组织的赋能，助力社区组织的能力提升和社区成员有序参与社区事务的制度化。社区参与的重要性毋庸置疑。当前，城市社区参与有了进展和成效。但由于历史的、体制的、现实的、文化的原因，社区成员的社区参与还不够充分。为此，研究城市社区参与的理论逻辑问题就格外重要。本书所指的城市社区参与主体主要包括社区居民和社区社会组织。

第一节 城市社区参与的基础

社区治理是社区参与的基础，社区参与是社区治理的条件。社区治理离不开社区多元主体的参与，尤其是社区居民的参与。社区治理如何实现广泛的社区参与？需要从社区治理作为社区参与的基础开始讨论。

一、社区治理的概念

"治理"概念是"舶来品"，源于20世纪七八十年代。在西方语境下，治理包含多中心、网络治理以及谈判、协商与合作等要素，在社会管理上体现为减少政府直接监管、多层级治理、由社会组织或私营企业承担公共服务、创建包含不同利益相关者的政策网络等特征。全球治理委员会提出，治理是各种公共或私人机构在管理共同事务时所采用的方式总和，是在调和各种社会冲突和利益矛盾时采取联合行动的持续性过程[1]。

第二次世界大战以后，在联合国的倡导下，西方各国掀起了一场社区重建运动。特别是1948年，联合国提出"以社区为基础的社会发展"理念，之后又倡导和实施了"社区发展运动"推动了社区的兴起和繁荣。1961年联合国发表了《都市地区社区发展报告书》，把社区发展计划推广到亚洲，于1962年在

---

[1] The Commission on Global Governance. Our Global Neighborhood. Oxford University Press, 1995.

新加坡召开了"亚洲都市地区社区发展研讨会"等。在联合国推动下,社区发展得到许多国家重视。在西方社区建设实践的潮流中,西方社区治理理论层出不穷。学者们论及了社区治理的重要性、社区中培育社会资本的重要性(马萨诸塞大学教授萨缪尔·伯勒斯和赫伯特·金迪斯著的《社会资本与社区治理》);强调了社区治理的三大核心主题:社区领导力、促进公共服务的供给与管理、培育社会资本。西英格兰大学的教授海伦·苏利文在《现代化、民主化与社区治理》中论述了社区治理的主要目的是"领导力、信任和社会资本"等理论观点。此后,理查德·C.博克斯在其名著《公民治理:引领21世纪的美国社区》中阐释了公民治理中的公民、代议者和公共服务职业者这三个关键角色的功能、地位及其相互关系,展示了一个基本思路,即如果公民参与公共治理过程,国家应该如何运转。与此同时,著名管理学大师德鲁克写出了《未来的社区》,书中高瞻远瞩地认识到随着人类社会进入21世纪,许多国家正在建立一种新秩序。在这种新秩序里,越来越多的非政府、非商业和非营利性的组织在社区治理中发挥着越来越大的作用。并提出了"创建组织社区""全球化的社区"的观点。对于社区治理中不同人群的研究,社会资本与社区治理的研究,对社区治理中社区组织的探讨,一直是西方社区治理研究的主题。

可以看出,现代西方的城市社区治理研究注重多元主体之间的互动、协调、合作。每个治理主体都是社区治理的一部分,只有各部分的效用得到充分发挥,才能起到整体效用的良性运转,实现善治。从实践上看,社区治理结构趋向于扁平化,基本上形成了"政府行政指导、社区组织自治、社区公民参与"的社区治理体系。在社区治理中居民有很强的政治参与意识与公民责任感,塑造了社区共同的精神。这些对于我们开展从"管理"转向"治理"的社区建设,具有借鉴意义。

国内学者对社区治理开展了专门的译介和研究。1998年,毛寿龙、李梅、陈幽泓出版了《西方政府的治道变革》一书,对国内学术界系统地了解西方国家的治道变革起了重大作用。1999年、2001年俞可平发表了《治理与善治引论》《治理和善治:一种新的政治分析框架》两篇论文。2000年,俞可平主编的《治理与善治》论文集出版,书中收录了治理理论代表人物斯托克、库依曼、杰索普、罗茨等人的著作,该书较为全面地收录了国际学术界治理研究的一些重要文献,推动了国内学术界对治理的深入了解。毛寿龙教授在译介治理时指出:"英文中的动词govern既不是指统治(rule),也不是指行政(administration)和管理(management),而是指政府对公共事务进行治理,它掌舵而不划桨,不直接介入公共事务,只介于负责统治的政治与负责具体事务的管理之间,它是对于以韦伯的官僚制理论为基础的传统行政的替代,意味着新公共行政或者新公共管理的诞生,因此可译为治理①"。俞可平教授认为,"治理一词的基本含义是指官方的或民间的公共管理组织在一个既定的范围内运用公共权威维持秩序,满足公众的需要。治理的目的是在各种不同的制度关系中运用权力去引导、控制和规范公民的各种活动,以最大限度地增进公共利益。所以,治理是一种公共管理活动和公共管理过程,它包括必要的公共权威、管理规则、治理机制和治理方式"②。中国共产党十八届三中全会公报提出了创新社会治理的观念,被众多学者认为是中国在社会转型上的一次重大突破③。2017年中共十九大报告中强调,坚持党对一切工作的领导,加强社会治理制度建设,完善党委领导、政府负责、社会协同、公众参与、法治保障的社会治理体制,打造共建共治共享的社会治理格局。④ 中共十九届四中全会决议指出:"社会治理是国家治理的重要方面。必须加强和创新社会治理,完善党委领导、政府负责、民主协商、社会协同、公众参与、法治保障、科技支撑的社会治理体系。建设人人有责、人人尽责、人人享有的社会治理共同体。确保人民安居乐业,社会安定有序,建设更高水平的平安中国。"⑤ 这些论断为我国社会治理实践创新指明了方向。

二、社区治理内容

社区治理是政府、社区组织、居民及辖区单位、营利组织、非营利组织等基于市场原则、公共利益和社区认同,协调合作,有效供给社区公共物品,满足社区需求,优化社区秩序的过程与机制。另外,社区治理是治理理论在社区领域的实际运用,是对社区范围内公共事务进行的治理。社区治理是社区范围内的多个政府、非政府组织机构,依据正式的法律、法规以及非正式的社区规范、公约、约定等,通过协商谈判、协调互动、协同行动等对涉及社区共同利益的公共事务进行有效管理,从而增强社区凝聚力,增进社区成员社会福利,推进社区发展进步的过程。

其一,社区治理的主体多元化。尽管政府在社区治理过程中依然会发挥决

---

① 毛寿龙:《西方政府的治道变革》,中国人民大学出版社1998年版,第7页。
② 俞可平:"全球治理引论",载《马克思主义与现实》2002年第1期,第22页。
③ 《中国共产党十八届三中全会公报》,2013.11.12. http://www.xinhuanet.com//politics/2013-11/12/c_118113455.htm. 访问日期:2022年2月17日。
④ 中共中央党史和文献研究院编:《十九大以来重要文献选编(上)》,中央文献出版社2021年版,第34页。
⑤ 中共中央党史和文献研究院编:《十九大以来重要文献选编(中)》,中央文献出版社2021年版,第287页。

定性的影响作用，但是社区治理的主体不再是单一的政府。在政府之外，还有其他治理主体，如企业、非政府组织、私人机构甚至个人，它们通过同政府机构之间的协商与合作，来共同决定和处理社区公共事务，使得过去政府的社区管理趋向于社区治理。

其二，社区治理的目标过程化。社区治理除了有明确的目标任务之外，过程目标更是其所注重的因素。社区治理要解决社区存在的问题，完成特定的、具体的经济社会发展任务。此外，社区治理还要培育社区治理的基本要素，包括调动社区居民参与公共事务，培育改善社区组织体系，建立正式、非正式的社区制度规范，建构社区不同行为主体互动机制等。这些社区治理的过程目标只有在社区治理的长期过程中才能逐渐培育起来。

其三，社区治理的内容扩大化。社区治理的内容涉及社区成员社会生活的多个方面，事关社区成员的切身利益。它包括社区服务与社区照顾；社区安全与综合治理；社区公共卫生与疾病预防；社区环境及物业管理；社区文化和精神文明建设；社区社会保障与社区福利等。要做到社区公共事务的治理就必须最大限度地整合社区内外资源，构建社区治理机制，调动社区居民参与，达成社区事务的良好治理。

其四，社区治理是多维度、上下互动的过程。社区治理区别于政府行政管理，其权力运行方式并不总是单一的、自上而下的。社区治理并不是通过发号施令、制定执行政策等来达到管理目标，它通过协商合作、协同互动、协作共建等来建立对共同目标的认同，进而依靠人民内心的接纳和认同来采取共同行动，联合起来对社区公共事务进行良好的治理。多维度、上下互动的过程使得社区治理源于人们的认可，而不是外界的强制。

在社区治理中，存在着多种"分力"——政府、社区、企业、社会组织以及居民等利益主体，各主体经过协商和调和会形成有利于社区发展的"合力"。伴随着人类理性的发展，人们也逐渐认识到，在充满资源依赖的社会当中，只有相互间的合作才能有效达成目标。

三、社区治理主体

社区治理是社区治理主体共同参与、协商共治的过程。社区治理强调多元主体的良性互动、协同行动和共同参与；强调通过对涉及社区共同利益的公共事务进行有效管理，增强社区凝聚力，增进社区成员社会福利，推进社区的文明、进步与和谐发展。因此社区治理特别强调社区参与。社区参与是社区治理的基础；社区治理成效的高低取决于社区参与的广度、深度和效度。社区治理主体包括基层党组织、社区政府、社区组织、社区居民、社会工作专业力量，以及驻社区企事业单位、社会组织和机构等。当前的基层治理实践中,如何突破"参与不足"的瓶颈,实现对社区参与尤其是居民社区参与的提升和引导,需要研究社区治理主体成为社区参与主体的路径和策略,进而探索社区治理实践中居民社区参与的实践路径和引导策略。

(一)社区党组织、社区政府

基层党组织和社区政府在社区治理中发挥着主要作用和引领作用。党建引领和政府负责,确定了社区党组织和社区政府在社区治理中的地位、角色和职能。社区党组织直接联系管理所属党员,并联系居住于社区但组织关系不在社区的其他党员,包括在职党员和流动党员。在社区治理的实践中,基层党组织对社区的领导者角色主要是通过所属党员渗透到其他治理主体而体现出来的[①]。在社区治理中,社区政府履行社区公共事务管理职能,通过政策制定、实施、监督及保障,维护社区及社区居民的公共利益。

(二)社区社会组织

社区社会组织作为社区的自治组织,他们与政府之间建立起多种多样的协作共生关系,并通过协商与合作、博弈与融合、共享与共治等方式,与政府共同参与社区公共事务。作为社区治理法定自治主体的居民委员会,在城市治理结构中,它的职责定位是:依法组织居民开展自治活动,依法协助城市基层人民政府或其派出机关开展工作,依法依规组织开展有关监督活动[②]。

(三)社区居民

社区参与最主要的利益相关者是社区居民。居民是社区的主体,也是重要的社区治理主体,是推进社区建设,促进社区发展,增强社区治理效能最关键的主体。居民参与是社区参与的一个重要组成部分。如果社区治理缺少居民参与,仅仅依靠政府和社区居委会的努力,无法建设更有活力、更开放包容、更满足居民诉求的现代社区。

四、社区参与主体

社区参与主体首先来自社区利益相关者。而社区利益相关者中自发或自觉地参与社区公共事务的组织、单位和个人,就是社区参与主体。基层治理实践

[①] 胡小君:"从分散治理到协同治理:社区治理多元主体及其关系构建",载《江汉论坛》2016年第4期,第43页。

[②] 胡小君:"从分散治理到协同治理:社区治理多元主体及其关系构建",载《江汉论坛》2016年第4期,第43页。

中，社区参与是社区治理的基础，社区治理是社区参与的平台和实现机制。因此，社区参与主体基本上包括社区治理主体。需要说明的是，社区参与主要指社区成员自发或自觉地参与社区公共事务和公共决策的过程。基于基层党组织在社区治理中的引领地位和社区政府在社区治理中的领导角色，本书将社区参与主体集中在社区居民和社区社会组织本身。

中国学者针对社区利益相关者、社区治理主体和社区参与主体曾经开展过相关研究。其中，徐延辉等提出，目前我国城市社区的利益相关者包括政府、社区组织、社区居民、辖区单位、社区非营利组织等直接影响社区发展的、内部的利益相关者，而社区所在城市的其他社区、非营利组织、高校、媒体等对社区发展产生间接影响的其他个人和团体，则可以归入社区外部的、次要的利益相关者①。

社区居民作为最重要的利益相关者，其社区参与对于社区的形成和发展具有实质性作用。社区居民通过加入社区居民代表大会、业主委员会等组织，参与社区决策；通过加入社区志愿者队伍，方便社区居民；通过参与社区文体类组织，拓展交流渠道并达到强身健体的目的；通过承担公共责任，成为社区公共服务的提供者之一。根据是否涉及公共议题和是否参与决策过程，可以将居民的社区参与划分为强制性参与、引导性参与、自发性参与和计划性参与四种类型，居民的自主性在四种参与类型中依次升高。根据西方民主社会的公民参与理论，活跃的公民参与是推进民主政治和实现政府善治的重要保证，但是，公民参与依赖于一定的社会背景。从我国国情出发，相比于公民参与，群众参与更符合社区居民参与的实际。社区居民也是社区建设和社区发展的重要监督者。在社区居委会的组织下，社区居民参与涉及自身利益的公共政策听证活动，监督基层人民政府及其派出机关的职责履行情况，评议驻社区单位参与社区共建的力度和方式，监督供水供电、园林绿化等市政服务单位在社区服务的质量，通过这些方式，确保政府社会管理和公共服务覆盖到社区，推动社区自治制度的丰富和发展。管理和公共服务覆盖到社区，推动社区自治制度的丰富和发展。

社区社会组织，主要是指独立于政府之外，处于政府和社区成员之间的，以联系和动员社区成员参与社会活动、支持社会发展为主要目标的社区层面的各类非营利组织，包括社区自治组织、民间自助组织、咨询型社区中介组织、民间社会服务组织、社区文娱组织和社区公益组织等。社区非营利组织的根本

---

① 徐延辉、龚紫钰："城市社区利益相关者：内涵、角色与功能"，载《湖南师范大学社会科学学报》2014年第43卷第2期，第105页。

目标是维护社区公共利益的最大化，使社区居民过上更好的生活，这与社区发展的根本目标相一致。通过弥补国家和市场在提供公共物品方面的不足，社区非营利组织能够有效回应社区居民的服务需求。此外，社区非营利组织还是沟通外部宏观环境与社区成员的中介者，来自政府、社会、市场等外部环境的信息通过社区非营利组织传达给社区居民，社区居民的需求和评价又通过非营利组织反馈给外部环境，由此微观的个人与宏观的环境之间形成一种良性互动。社区非营利组织还能够通过组织活动，推动居民的社区参与。见表5-1。

表5-1 城市社区利益相关者的分类及其角色功能

利益相关者	合法性	权力性	紧急性	角色功能
确定型利益相关者				
政府	高	高	高	提供信息和资源、政策指导、咨询、回应需求等
本社区居民	高	高	高	参加活动、关心社区事务、参与决策、监督评估
本社区主体组织	高	高	高	代表维护社区成员利益、组织活动、传递信息等
预期型利益相关者				
本辖区单位	高	中	中	拓宽社区服务、活跃社区文化、提供资源等
社区非营利组织	高	中	中	丰富居民生活、扩大公民参与、强化民主意识等
潜在的利益相关者				
其他社区	低—递增	低—递增	低	经验交流、提供信息、资源共享等
外部社会组织	低—递增	低—递增	中	提供信息、服务、资源，形成外部监督等
媒体	中	中	低	宣传报道社区事务、形成舆论压力等

续表

利益相关者	合法性	权力性	紧急性	角色功能
高校	低	低—递增	低—递增	志愿者活动、培训、讲座、高校与社区共建等
企业	低	低—递增	低—递增	提供资源（人力、物资、场地等）

资料来源：徐延辉、龚紫钰论文"城市社区利益相关者：内涵、角色与功能"，载《湖南师范大学社会科学学报》2014年第43卷第2期，第106页。

注："本社区主体组织"是指社区居委会、社区党组织以及社区工作站等；"本辖区单位"是指辖区内的行政单位和企事业单位；"社区非营利组织"是指居民兴趣团体、业主委员会等。"外部社会组织"是指社会团体、民办非企业单位和基金会等非营利性组织。

第二节 城市社区参与的条件

一、城市社区参与的前提

社区参与的具体场域是社区。社区作为"地方性社会"或者区域性人群生活共同体，因其各自独特的社情民意和待解问题，在社区治理实践中采取了各具特色的实践模式和参与方案，体现出社区参与实践样态的"地方性""区域性""独特性"的特点。尽管如此，城市社区参与发生的前提仍然具有共同性，分析如下。

（一）宏观层面与微观层面

宏观层面就是改革开放和经济体制转轨，给社会管理体制带来深刻的变革。政府改变全能主义管理方式，将很多社会职能交给社会，社会需要相应的机构去承接这些社会职能。单位制逐步解体，单位制、街居制逐渐向社区制过渡，"单位人"纷纷转型成为"社区人"，社区成为社会的基础，也是社会转型和社会变革的矛盾焦点，城市管理体制的改革迫在眉睫。城市建设和城市扩张的加快，尤其是住房制度的改革和住房货币化政策，人们依托单位的居住方式发生改变，新建小区纷纷涌现，从四面八方搬进来的居民聚居在一起，成为"陌生人居住共同体"，给社会关系重组和社会秩序重建提出了新的课题。上述原因，是国家启动社区建设进程、推动社区治理创新的主要原因。

微观层面就是社区本身的具体差异,包括社区本身的类型特征、关系结构特征、社会资本存量等。由于社会转型和社会变革的驱动,中国城市社区出现了单位制社区、商品房社区、混居社区等不同类型的社区。不同类型的社区由于区位差异、成员构成的异质性差异、成员关系的紧密度差异、社区社会资本的差异以及居民社区认同感的差异等原因,导致社区管理和社区治理存在具体差异。杨秀勇、高红通过调查研究发现,"就社会资本构成性成分而言,居民的社区参与程度和社区交往水平在不同类型社区中的分布与社会资本存量的分布一致,且均处于较低水平";[1]"在社会资本的构成性成分中,社区参与和社区交往在不同类型社区之间存在显著差异"[2]。由此可以推断,城市社区之间具体样态的差异,是导致社区参与具有不同发生形态的微观原因。"以全盘社会结构的格式作为研究对象,这对象并不能是慨然性的,必须是具体的社区,因为联系着各个社会制度的是人们的生活,人们的生活有时空的坐落,这就是社区。每一个社区有它一套社会结构,各制度配合的方式"[3]。

(二) 历史层面与现实层面

历史层面是中国社会的传统体制与现代社会的民主机制之间缺乏有效的对接。政府的全能主义管理方式,造成社会自主性缺乏,社区自组织能力偏弱,居民对政府和组织具有依赖性。社区建设和社区治理一方面要实现国家对社会的整合和管理,另一方面要实现基层社区的自主性、自治性,形成共建共治共享的社区治理格局。它的前提性要求就是出现并发展了社区参与实践。社区建设和社区治理实践,其核心要义是探索中国传统体制与现代民主体制之间有效衔接的问题。这也是政府大力推动社区建设和社区管理的主因之一。

现实层面原因是,中国城市化进程的加快,城市流动人口的急剧增加,住房分配制度的市场化改革,房屋住宅的商品化和私权化,深刻改变了城市的居住格局,重新塑造了社区的居住形态。过去的单位社区、熟人社区在商品大潮的冲击下不复存在,改组社区和新建社区普遍存在社区人口多元异质、社区关系疏离、社区居民陌生冷漠的状态,成为城市社区管理的主要难题。推动社区建设,推进社区治理,就需要改变这种社区形态,促进陌生和冷漠的消退,促进多元异质的融合。社区参与实践能够起到这方面的作用。

---

[1] 杨秀勇、高红:"社区类型、社会资本与社区治理绩效研究",载《北京社会科学》2020年第3期,第82页。

[2] 杨秀勇、高红:"社区类型、社会资本与社区治理绩效研究",载《北京社会科学》2020年第3期,第83页。

[3] 费孝通:《乡土中国 生育制度》,北京大学出版社1998年版,第91-92页。

(三) 体制层面和机制层面

体制层面就是社区建设和社区治理首先是国家和政府大力推动的实践过程，是国家对基层社会重构的过程，是社会转型和社会变革的必然要求。国家意志的主导作用，国家权力在基层实践的介入，必然使得自上而下的管理体制发挥作用。社会自主性的发育不足，在基层治理实践中表现为政府行政色彩浓厚、自上而下的权力干预过多，导致社区管理中多元合作、协商共治的元素不足，自下而上的社区参与和社区活力不足，影响了社区管理和社区治理的工作效率。体制变革不是一朝一夕的事情，在社区建设和社区治理层面，需要创新性地处理国家和社会的关系问题，创新政府管理体制，形成国家主导、社会自主、社区自治的创新性管理体制。发动社区参与，是这一创新实践的切入点。

机制层面就是现代社区作为国家与社会的连接点，既是国家行政管理体系的一个层级，又是居民的生活聚居地，是微型的社会共同体。社区承担着国家赋予的基层政权建设和公共服务供给的职能，还是社会自我调节的重要场域[①]。城市社区的复合性职能，使得城市社区既是自上而下的社会管理体系的一个层级，又是自下而上的自治性公民社会生活共同体，处在自上而下的行政管理和自下而上的社区自治的对接点上。社区行政职能过强而自治职能不足，会导致社区建设和社区治理出现"参与不足"和"社区参与困境"。研究和解决这一问题的关键，是启动社区参与实践，推动社区参与由浅入深、由消极到积极，由被动为主动，由发动到自动的发展过程。

(四) 区域层面和个人层面

(1) 区域层面。中国社区的形成和演进与中国的城市化进程高度相关。随着城市改造和扩张的加快，大片居民小区、新建小区、城乡接合部社区拔地而起。来自四面八方的居民组成了一个又一个居住社区。居住社区逐渐成为居住共同体，但还缺乏成为生活共同体所需要的紧密的互动关系和守望相助的社区意识，更缺乏成为治理共同体应当具有的共建共享共治的协商合作多元共治机制。社区参与是破除陌生和疏离，形成熟悉和信任，产生社区社会资本和社区认同与归属感的契机。

(2) 个人层面。社区工作有两个层面的目标：任务目标着眼于解决诸如社区治安、卫生、出行、环境等具体问题；过程目标着眼于社区长远发展和居民

---

① 曹海军、鲍操："社区治理共同体建设——新时代社区治理制度化的理论逻辑与实现路径"，载《理论探讨》2020年第1期，第13页。

培育目标的实现。社区治理的根本目的是社区过程目标的实现，任务目标常常是实现过程目标的抓手。为此，开展社区公共活动、发动居民参与社区公共事务是社区建设不可缺少的环节。但是，实际开展社区活动时发现，居民对与自己相关的事务可以考虑参加，对与自己无关的事务常常不考虑参加。居民的社区参与具有弱公共性、强个体性的特点。原因在于，居民对社区的第一位需要是居住安全、生活便捷。对于参加社区活动和社区公共事务，并没有看作是自身必须履行的义务。社区居民的社区期待与政府的社区期待常常不契合，导致居民社区参与不足。此外，社区居民自身的特质也需要关注：其一，社区居民异质性高、差异化状态明显。他们聚居在社区，彼此陌生感强，社区公共意识不足。这一点在新建小区和城乡接合部社区尤为明显。其二，社区居民大多工作在单位、生活在社区，这一状态决定了他们的主要社会关系和主要社会资源在社区之外，他们与社区的关联度并不紧密，容易游离在社区活动之外。其三，社区居民在参与过程中呈现弱势状态。社区居民首先作为个体，如果没有社区的组织化安排，容易处在社会联结松散状态，对社区信息和社会信息了解不足，把握不了参与机会，也缺少有序参与社区事务的能力。往往处于社区公共参与的被动状态中，出现参与的无助感和无能感。能力不足是长期缺乏积极参与的后果，也是居民主体性不足的表现。上述社区居民的自身特质也会导致参与不足。

二、城市社区参与的条件

（一）社区公共事务

社区是一定地域内居民的生活共同体。社区公共事务是社区内以社区民众为直接服务对象，为实现社区公共利益和社区居民诉求而出现的具有公共性、服务性特征的公共事务，属于社会公共事务的范畴，包括社区服务、社区教育、社区医疗卫生、社区环境、社区治安、社区文化娱乐、社会保障、基础设施等诸方面。社区公共事务是某一社区地域范围内与社区居民福利密切相关的，需要借助一定组织机制提供和解决的公共物品和公共问题[①]；可以将其分为单位制解体后外移出来的社区公共事务、因城市化加速增加的社区公共事务、社区发展带来的新的社区公共事务以及因行政体制改革而下移的社区公共事

---

① 张玉佩："社区公共事务自主治理：背景、机制和模式"，载《陕西行政学院学报》2018年第32卷第1期，第36页。

务①。或者依据事务性质和责任主体，将其分为社区行政事务、社区公共服务和社区自治事务②。《国务院关于加强和改进社区服务工作的意见》（国发[2006] 14号)③将社区公共服务分为社区就业服务，社区社会保障服务，社区救助服务，社区卫生和计划生育服务，社区文化、教育和体育服务，社区流动人口管理和服务，社区安全服务共七大类。

在西方社会，公共事务是与私人事务相对的概念，指提供关涉全体社会成员公共利益的公共产品与公共服务的相关活动。所谓公共事务，是指涉及全体社会公众整体的生活质量和共同利益的一系列活动以及这些活动的实际成果④。在宏观上，凡是在国家治理范围之内，按照属地原则分到社区，以社区为单位去组织、协调、运作的公共事务，就属于社区公共事务；在微观上，社区经济、教育、卫生、体育、文化五大方面的资源以及社会福利、社会救济是传统的社区公共事务。在当今的市场经济体制下，新独立出来的社区治安、社区服务等也属于社区公共事务⑤。上述界定说明，社区公共事务关涉社区全体成员尤其是社区居民；社区公共事务涉及公共物品的提供和公共问题的解决；社区公共事务属于特定的地域范围，具有明显的区域特点，社区公共事务从发生、形成、运行到组织管理，都需要社区有具体的组织运行机制。

学者张玉佩认为，存在着政治性较强的社区公共事务和技术性较强的公共事务。社区公共事务的两种属性内在地决定了社区公共事务治理必须同时依赖行政化的组织机制和自主治理的组织机制。以社区公共事务的两种属性为一个维度，以社区公共事务治理的两种机制为第二个维度，可以从类型学的角度，构建一个二维四分的社区公共事务"属性—机制"分类图，如图5-1所示⑥。

---

① 周晨虹："社区公共事务管理中的社区民间组织的作用探析——以济南市L区Q街的个案为例"，载《济南大学学报》（社会科学版）2008年第4期，第26页。

② 卢爱国、曾凡丽："社区公共事务的分类与治理机制"，载《城市问题》2009年第1期，第78页。

③ 中华人民共和国国务院："国务院关于加强和改进社区服务工作的意见"，http://www.gov.cn/gongbao/content/2006/content_303523.htm，访问日期：2022年2月17日。

④ 李之洋："公共管理研究中的几对基本概念"，载《行政论坛》2002年第3期，第16页。

⑤ 汪大海、徐颖："外国人是如何管理社区公共事务的"，载《社区》2005年第5期，第18页。

⑥ 张玉佩："社区公共事务自主治理：背景、机制和模式"，载《陕西行政学院学报》2018年第32卷第1期，第37页。

图 5-1 社区公共事务"属性—机制"分类

社区公共事务发端于社区居民的公共利益和公共诉求，与社区居民息息相关。社区公共事务本质上是"公域"和"私域"区分之后的产物，它是社区运行系统生产出来的，也需要社区运行系统不断加以消化。这一生产和消化的处理机制就是社区治理机制，这一机制相应地构成了社区参与的现实基础。按照奥斯特罗姆夫妇的观点，公共事务治理就是公共产品的供给和生产，"生产是指物理过程，据此公益产品或者服务得以成为存在物，而提供则是消费者得到产品的过程"。也就是说，治理过程存在两类重要的行为者：公共服务的提供者（购买者、"掌舵者"）和公共服务的生产者（服务者、"划桨者"）。奥斯特罗姆夫妇关于公共产品或服务的提供与生产分开的观点，为我们理解社区公共事务治理责任主体提供了理论指导：政府行政管理与社区自治管理应当分开。社区公共事务的治理主体包括政府组织（包括市区政府和街道办事处）、社区组织（包括社区党组织、社区居委会及社区居民代表大会和社区居民议事委员会）和其他社会组织（包括各类公营组织、社会民间组织、驻社区单位以及物业服务公司等）。根据社区公共事务的属性以及责任主体的双重标准，将社区公共事务分为三大类：社区行政事务、社区公共服务和社区自治事务。见表 5-2。

表5-2 社区公共事务分类表及其责任主体

大类	小类	责任主体
社区行政事务	社区行政管理 社区行政执法 社区信息采集	政府
社区公共事务	社区行政服务 社区便民服务 社区公益服务	其他社会组织
社区自治事务	社区法定组织事务 邻里互助事务	社区组织

资料来源：郎晓波论文"城市社区公共事务分类治理模式的实践与创新——以杭州为例"，载《甘肃行政学院学报》2010年第6期，第31页。

(二) 社区个体利益的实现

社区是各种利益的交织点、各种矛盾的汇聚点、各类人群的落脚点。随着社区异质性、流动性、差异性的增强，社区成员日益表现出多元化的利益诉求。面对居民利益诉求的多元化、个体化，在社区治理实践中，需要构建个体利益通过公共利益得以实现的路径和机制，才能真正启动社区参与和居民自治。

第一，社区"公共领域"与"私人领域"的区分。理论上看，"公共领域"和"私人领域"的区分是现代社会的必然趋势。社区内居民拥有明确的产权和个人利益，有主张个人诉求的权利，有自主处理个人事务的自由。同时，社区是一个公共区域，存在公共事务和整体利益，实质上是一个社区公共服务和公共产品的再生产系统。从实践上看，居民的个人利益和个人诉求，只有在社区公共事务和公共利益中才能实现。尽管在现代社会中，私人领域或者说市民社会中各种各样的利益要求是相互冲突的，甚至在很大程度上是不可调和的，但是在责权利相统一的观念之下，社区成员只有通过社区参与，才能表达个人诉求，维护个人利益，才能在社区公共再生产系统中实现自己的权益主张。社区参与是责任，也是权利和义务，社区成员在承担参与责任的同时，分享参与的权益和成果，是现代社会进步的一个标志。如今智慧社区的建设，网络参与的普及，社区议事会、社区居民互助体系等参与的具体尝试，为参与机制的完善提供了有益的经验。

第二，社区公共性的增长和私人性的保障。社区参与的关键前提，无非是触动了社区居民的需要和利益，对接了社区居民的诉求和预期。在社区具体工作实践中，社区党组织、社区居委会、社区物业、社区社工站等部门，通过协同治理、多元共治的方式，建立社区公共服务系统，形成社区公共产品再生产系统。社区公共性的增长，一方面表现为社区自身公共服务和治理能力的提升，另一方面表现为社区拥有一定的资源汲取能力和社区动员能力。目前来看，这是一个有待提升的问题。随着社区公共服务体系的完善和社区公共事务处置机制的增强，社区居民的私人性保障不断增强，表现为居民的个人利益被尊重，个人诉求被听见，个人隐私被维护；也表现为社区的环境、治安、卫生和基础设施不断得到完善。

第三，社区公共系统提质升级。冯敏良认为，社区公共事务和公共活动，具有公共性或准公共性。根据公共产品的相关理论，"社区参与"概念的内在逻辑，就是为了满足生活在社区地域范围内广大居民的公共需求，社区要提供各种公共产品的组合；当公共产品的供给与公共需求不均衡时，就产生了社区公共问题。换言之，社区公共需求能否被满足、社区公共问题能否被解决，关键在于社区公共产品的供给。而内源性发展的理念和社区自治的方向决定了社区公共产品生产和输送的主体是社区本身，即广大社区居民。因此，"社区参与"的内容是社区公共产品的生产和输送，即社区居民应活跃于社区公共产品的生产线到供应链的任何一个环节。[1]

随着我国政府对于基层社会管理的日渐重视与居民对于公共事务参与意识的增强，在居民自下而上的内在动力和政府自上而下的外在推力两股力量的共同作用下，社区建设取得了显著的成效。与此同时，社区治理提质升级的表现，就是在保证党和政府的领导之下，发展社区的自组织，提高社区自治能力，扩展社区自治空间。这就意味着破解居民社区参与的瓶颈，促进社区参与的广度和效度。社区居民对公共事务的参与构成了社区治理的重要方面，社区参与不仅是"共同体"意识的体现，同时也是推进社区自治进程的关键之所在。

第三节　城市社区参与的动力机制

城市社区参与的动力机制正处在实践探索和理论研究的过程中。当前中国学者关于社区参与机制的研究成果，对于本研究的开展具有启迪作用。结合中国社区参与的地方性实践，可以将城市社区参与的动力机制分为宏观、中观、微观三个层面。同时分为自发和自觉两个动力源部分。宏观层面包括社区管理制度、社区动员机制和社区文化；中观层面包括社区关系网络和社区社会资本；微观层面则涉及参与主体的参与心理、参与预期、参与角色和行为逻辑。自发动力源来自个人的利益驱动和权益诉求；自觉动力源来自公共精神、公共意识、社区认同、志愿服务等方面。

---

[1] 冯敏良："'社区参与'的内生逻辑与现实路径——基于参与—回报理论的分析"，载《社会科学辑刊》2014年第1期，第58页。

一、动力机制分析

（一）宏观层面的分析

社区是国家与社会互动与交汇的直接场域。国家主导着社区建设和社区治理的方向，也规定着社区组织和社区居民参与社区公共事务和公共决策的范围、领域和权限。与此同时，社区自下而上的社情民意、诉求主张和自组织机制，则是社会本身自主性和相对独立性的表现。国家与社会的互动与交汇，决定了社区采取党建引领、政府主导、组织建设、居民培育的参与模式。社区参与是在既有的社会管理体制和社区治理体系内开展的。社区管理制度和社区治理结构奠定了社区参与的制度框架，规定了社区参与的层级和途径。党建引领确定了社区参与的方向和目标；政府负责确定了社区参与的责任和权限；组织建设保障了社区社会组织的发育，形成了对居民的吸纳和动员；居民培育则是社区历史和文化融入个人的行动逻辑之中，成为居民社区参与的持续动力源。

（二）中观层面的分析

主要是指社区关系网络和社区社会资本。社区关系网络是社会网络的一部分，是将居民在社区内部连接起来，通过交往互动和彼此分享形成紧密的相互关系，从而满足居民日常生活需要和情感需要，由此形成的相对持久稳定的关系网络。

社区社会资本是存在于社区网络关系之中的一种社会资源，该种资源表现为调整人们行为以实现特定目标并能产生投资回报的特定资源，包括社区交往、社区信任、社区参与、社区认同等多个维度。江永良认为社区社会资本包括六个维度：社区参与、社区信任、邻里互助、家庭和宗教关系、社区规范、社区价值[①]。中国学者从定性或定量方面对社会资本在社区治理的积极作用进行了研究，社会资本对社区治理的积极作用已经获得众多研究者的认同，学者们认为，社会资本可以增加居民参与。刘丽娟根据CGSS2012年数据实证分析得出结论[②]：城市社区居民的政治面貌、性别、年龄、教育年限以及社区类型影响社区参与意愿，同时社会网络资本、社会信任资本和社会规范资本对于主动型社区参与和动员型参与均有不同程度的影响，社会资本可以增加社区的治理绩效。袁振龙探讨了社区社会资本对社区治安的影响，认为两者存在正相关关系，

---

① 江永良、孟霞："社区社会资本与信访实例分析"，载《湖北社会科学》2012年第6期，第46页。

② 刘丽娟："社会资本与城市居民社区参与的影响因素——基于CGSS2012年数据"，载《现代商业》2017年第17期，第149页。

即社区社会资本存量越多的社区治安越好，社区社会资本存量越少的社区治安越差[1]。

案例：中国学者的一次调查研究[2]

  本次调查范围选取 T 市 L 社区。L 社区综合体制改革后由原来的三个小社区组建而成。目前，L 社区内一共有 6 个居民村，本次调查主要选择了 L 社区内的 a、b、c 三个居民村。这三个居民村也代表着当前我国社区中居民村的主要形式，即包括了老旧型、回迁型和商品房这三个类型的住宅。其中，a 小区是 L 社区内的老旧型住宅区，c 小区是 2004 年左右建成的回迁型住宅区，b 小区则是在 2009 年前后建成的商品房型住宅区。

  针对居民开展的居民社区关系网络调查，总共包含 3 个测评项目，分别为社区居民间的网络强度、网络规模和网络内容。根据问卷的题目，主要可以分为网络强度、网络规模、网络内容等三个维度。对 L 社区居民关系网络状况的调查主要统计结果分析可以看出，L 社区中这三个小区的整体关系网络状况的平均值为 3.48，其中社区网络内容、社区网络强度、社区网络规模这三个维度从高到低的得分分别为：3.87（网络内容）＞3.36（网络强度）＞3.22（网络规模），三个维度平均数均未能达到 4 分。当前 L 社区的居民实体网络规模数量较少，各个实体网络之间的强度也比较弱，虽然网络内容这一维度的得分最高，但依旧达不到平均值。

  1. 居民在社区社会组织中参与程度低

  在本次的问卷调查和访谈中发现，L 社区的居民中愿意积极参与社区社会组织的居民较少。在 L 社区中的社会组织主要是社区内部的居民们自发成立的兴趣团体。当地居民只有在生活中的确遇到了难以解决的问题，来到居委会办公大厅后居委会才会去处理事务。总体而言，正是由于 L 社区的社会组织跟不上社区内部居民实际的需求，导致 L 社区的居民在社区社会组织的参与程度低。

  2. 居民在社区活动中参与人数较少

  在参与社区活动与事务上，多数社区居民很少参与甚至从不参加。但是与社区邻居的互动率以邻里互动最为频繁，其中大部分居民很少或不参加社区政务活动，但是有部分居民会参与一些社区娱乐活动，且经常参加活动的居民多

---

  [1] 袁振龙：“社区认同与社区治安——从社会资本理论视角出发的实证研究”，载《中国人民公安大学学报》（社会科学版）2010 年第 26 卷第 4 期，第 111 页。

  [2] 杨玉琳：“社区认同视角的城市社区关系网络状况调查”，载《现代交际》2020 年第 19 期，第 242 页。

为 60 岁以上的中老年人。由此可知当前社区居民在社区活动方面的参与不足。

3. 共同情感意识的缺失

目前 L 社区网络内容中主要是以邻里情感交流为主,在社区活动中缺失了公共意识,尤其是在建成较晚的 b 这样的商业小区中,多数居民不主动交流,而且对待邻居缺少一定的热情。在调查中,当被询问到是否认同"社区能够凝聚居民力量,解决居民问题"这一问题时,选择了"非常不认同"和"不认同"的被调查者达到了 38.6%,而选择"认同"和"非常认同"的居民仅有 25.1%。这体现出了 L 社区居民对于社区共同意识的缺失。

(三) 微观层面的分析

微观层面则涉及参与主体的参与心理、参与预期等方面。具体而言,参与心理源于利益与需求。居民利益是社区居民参与的最重要的驱动力和推动力,居民利益除了"利"之外还包括"益",也就是能够从社区参与的过程之中能够得利或者获益都包含在居民利益之中,也正因如此居民利益成为促进社区参与的关键性动力因素。这在一定程度上根源于"单位意识",虽然随着经济发展和时代的变迁,单位制已然解体,但是潜藏在人们脑海里的"单位意识"和"单位依赖"仍旧存在。原来通过单位事务的参与来获得自身的经济、政治、声望和自我实现等各种资源,但到了如今居民不得不以社区参与的形式参与到社区的各项事务中,而参与这些社区事务既不能很好地获得更多的资源和利益,同时又需要时间、精力和情感的付出,因而城市居民在考虑选择社区参与的时候往往会有很多考虑和顾忌,担忧自身不能从社区公共参与中得到相关的利益。因此,可以看出只有当社区成员感到社区与其"利和益"息息相关时,而且社区参与能够有效维护其利益诉求和权益保障时,他们才会产生参与到社区事务中去的动机与期望,并积极主动地参与到社区具体的事务中。反之如果没有相应的利益驱动,居民参与社区建设和社区事务的热情在很大程度上就受到抑制,表现出漠然甚至抗拒[1]。居民参与也与其参与预期有关。居民的社区参与行为具有一定的价值取向,居民是否参与以及以什么态度参与,这取决于参与行为的价值预期或价值的大小。符合或者超出居民参与的价值预期,就会参与;否则就会终止。

二、动力源分析

自发动力源来自个人的利益驱动和利益诉求;自觉动力源来自居民的公共

---

[1] 吴骏:"城市居民社区参与的动力因素分析研究",载《决策与信息(下旬刊)》2015 年第 3 期,第 140 页。

责任和公共意识。利益诉求是居民社区参与的原初动力。当居民只有通过社区参与才能满足自身利益诉求时，一般会直接或间接地参与到社区公共事务之中，表达自身的利益诉求，影响社区公共政策的制定和实施。社区公共事务与社区相关利益群体的利益关系越密切，地理空间越接近，相关者的参与期望和参与热情就越强烈。社区居民考虑到相关社会服务和决策直接关系到自身的福利分配状况，往往直接参与到社区治理中来。

自发动力源也来自居民的社区心理和社区关系，包括社区认同感、社区归属感以及个人所属的社区关系网络等因素。社区认同感和社区归属感是社区居民对自己所居住社区的认同、喜爱、维护、归依的主观感受和心理感觉，是居民形成社区参与行为的心理动力。社区关系主要是指个人所属的社区关系网络，表现为个人拥有的人际关系、邻里关系、个人信誉等，是居民社区参与的自我驱动力。居民会为了维系社区关系和个人信誉而参与社区公共事务和公共活动。

自觉动力源来自居民的公共责任和公共意识。居民明确意识到社区公共利益与个人利益之间的关系，明确意识到自己的角色责任和权利义务，明确意识到社区参与的目标和职责，就会超越个人的利益偏好，自觉关注和积极参与社区公共事务，自觉维护社区公共利益和公共秩序。自觉动力源需要通过社区教育和居民培育，才能逐渐形成和兴旺起来，成为促进居民社区参与的持久动力源，这也是社区公共性培育的课题之一。

第四节　城市社区参与的实践路径

一、党建引领：城市居民社区参与的引领路径

对居民社区参与而言，基层党组织的引领和社区党员的带动至关重要。由于城市社区的社区类型、资源状况、社区关系网络以及居民特质各不相同，居民社区参与呈现出各自独有的实践样式和现实路径。然而，无论社区具体特点如何，党建引领始终是居民社区参与的核心关键要素。其一，居民社区参与不是个人行为，是集体行为和共同行动，是基于个人表达的公共利益实现和公共秩序维护，属于社会行动的范畴。社会行动需要组织化和秩序化，居民作为参与主体需要规范和引导。党建引领能够对社区参与行动和社区参与主体实现组织、规范和引导。其二，中国社区类型多样，建设和发展的状态不尽相同，根据社区形成和存续的时间而论，许多新建小区，比如城乡接合部社区、商品房社区、村改居社区等，需要大力开展社区凝聚力建设，需要形成社区联结，产

生社区公共意识和公共精神。存续时间较长的社区，比如城市老旧社区、单位改制社区、混居社区等，因基础设施改造问题，公共空间使用问题，流动人口管理问题，居民异质性高和陌生感强导致的"原子化"问题，一度出现大量的邻里纠纷和社区矛盾，需要社区权益协调机制和矛盾纠纷化解机制，而这些依靠社区自发行为难以达成，依靠社区自组织完成则缺少强有力的制度保障和行政授权。另外社区自组织本身自治能力偏弱，难以胜任制度化任务的完成。因此，党建引领必然在社区机制建设和社区参与模式方面给予强有力的政治保障和实践引领，是当前社区现状和居民特质导致的必然选择。其三，社区居民之所以启动社区参与，微观上起于居民的内在需要和利益诉求，中观上来自社区处理公共事务、完成社区任务的要求；宏观上源于国家和社会对社区的形塑，即国家行政力量和社区自治能力对接之后形成的社区管理模式。无论从哪个层面来看，居民社区参与都离不开社区公共性范畴，即个人利益在公共利益中实现，个人需求在公共服务中满足，个人诉求在公共事务中达成。这些同样不是自发地和无序地实现的，需要党建引领下的制度建设和组织建设加以保障。因此，居民社区参与需要党组织尤其是基层党组织的引领。基层党组织加强基层干部队伍建设、上下联动整合资源、搭建参与载体，团结凝聚社区居民，拓宽参与渠道，逐步搭建党建引领多元主体参与的治理格局。社区党员发挥社区领袖的骨干作用，组织和联结社区居民，有序参与社区公共事务和公共活动。基层党组织和社区党员是引领者、组织者和带动者。党建引领成为居民社区参与的引领性实践路径。

需要讨论的问题是：党建引领如果采取了行政化方式，则会出现行政化方式中自上而下的动员机制、上下级之间的层级管理色彩以及可能的固定化参与模式。这些虽然带来高效率和及时性，但有可能抑制社区居民的主动性和积极性，吞噬社区居民参与的动力，让社区居民逐渐产生依赖心理，从而抑制社区居民的参与行动，不利于居民社区参与能力的提升，这样就背离了党建引领社区居民参与的初心。实践表明：能力源于参与，参与源于意愿。社区居民自己有了参与意愿，就会不断增强自己的行动能力。因此，党建引领是核心，还需要其他方面的协同和保障，共同走出居民社区参与的实践路径。

二、"N 社联动"：城市居民社区参与的基础路径

"三社联动"的前身是指地方政府提出的社工与义工合作的"两社联动"。2004 年上海民政部门提出的社区、社团、社工"三社互动"，随着社区治理体系的不断发展，逐渐形成现在社区、社工、社会组织"三社联动"的概念。王思斌教授认为，"三社联动"是指社区居委会、社会组织和社会工作者在社区

服务、社区建设、社区治理方面联合行动、互相促进，实践各自职能和获得共同发展的过程。① 三社联动目前有内需驱动型、政府主导型、项目引领型、理念践行型和体制创新型五种模式②。"三社联动"模式，即充分增强社会组织、社会工作者助人与服务能力，以政府购买服务为牵引，以社区为平台，社会组织（民办社工机构）为载体，社会工作者为骨干，满足居民需求为导向，通过社会组织引入专业资源和社会力量，通过提供专业化、有针对性的服务，解决社区问题的模式。增加社会组织与社工的职能与作用，以此带动社区治理的进步，发动全体居民参与治理，引导社区治理朝积极健康的方向发展。

"四社联动"不是"四社"简单的联合与互动，而是以政府购买服务为牵引，以满足居民需求为导向的动态性"四社"联合与交互行动的有效机制。"四社联动"机制形成的前提就是要通过加强社区建设、培育发展社会组织、强化社会工作专业服务能力、完善社区志愿服务网络，明确各自的定位，发挥各自的功能，为实现社区建设、社会组织建设、社会工作、社区志愿服务互动融合、优势互补、协调发展奠定基础。③ "五社联动"是对已有"三社联动"机制的创新和发展。"五社"是指社区、社会组织、社会工作者、社区志愿者、社会慈善资源。"五社联动"是指以提升基层治理能力、建设"共建共治共享"的社会治理共同体为目标，坚持党建引领，社区居委会（村委会）发挥组织作用，以社区为平台、以社会组织为载体、以社会工作者为支撑、以社区志愿者为辅助、以社会慈善资源为补充的现代基层治理行动框架。作为一种基层治理行动框架，"五社联动"提供了要素框架、愿景、目标和行动策略参考，以及可供借鉴的实践模式。"五社联动"的要素框架是四个主体性要素加一个资源性要素④；"五社联动"的愿景是建设一种以党建为引领的专业支撑型中国特色基层治理体系；"五社联动"的目标是在基层促进多主体联动，以解决社区问题、提供居民服务、强化居民联结，实现社区善治；"五社联动"的行动策略是指一种社区优势要素渐次卷入联动的过程和方法，简称"卷联"⑤。在"N 社

---

① 王思斌："'三社联动'的逻辑与类型"，载《中国社会工作》2016 年第 2 期，第 61 页。
② 叶南客、陈金城："我国'三社联动'的模式选择与策略研究"，载《南京社会科学》2010 年第 12 期，第 77 - 78 页。
③ 田志梅："'四社联动'：强化功能 保障发展"，载《中国民政》2017 年第 11 期，第 37 - 38 页。
④ 四个主体性要素是指"社区、社会组织、社会工作者、社区志愿者"；一个资源性要素是指"社会慈善资源"。
⑤ 湖北省民政厅课题组："'五社联动'助推基层治理体系和治理能力现代化"，载《中国民政》2021 年第 17 期，第 37 页。

联动"的治理机制中,以精准回应居民服务需求为导向,以完善社区服务体系为目标,充分发挥社区与社会组织、社会工作者、社区志愿者、社会慈善资源的联动效应,建立全面的居民参与网络和居民参与机制,启动居民参与的自发动力源和自觉动力源,成为居民社区参与实践的基础路径。

"N社联动"以社区服务回应居民的利益诉求和现实需要,是带动居民社区参与的关键着眼点,可谓精准对接。以社区服务引导居民参与社区公益和志愿服务,是构建社区参与长效机制的关键举措。需要进一步思考的问题是:居民在这一联动机制中,如何发展出主体性参与意识和参与能力,成为社区参与的自觉行动主体?还需要在基层治理实践中不断完善治理机制,促进参与主体的发展和参与行动力的提升。

三、志愿服务:城市居民社区参与的长效路径

社区志愿服务作为居民参与社区事务的重要途径,对社区治理具有重要的促进作用。它弥补了政府与市场服务的不足,保障了弱势群体的切实利益。居民在参与社区志愿服务时,对居民自身成长和社区发展都有积极促进作用。从自身层面上讲,有利于居民综合素质和能力的全面提升,居民在参与社区志愿服务时能真实感受到"被需要",让自身的价值有所体现;从社会层面上讲,能够协助社区工作者满足居民的实际需求,有效缓解社区治理矛盾,减轻各级人民政府救助社区弱势群体的压力,弥补政府基本社会保障制度;从文化层面上讲,影响着广大市民,带动广大市民加入社区志愿服务事业中,提高整个城市的精神风貌。张勤等认为,"社区志愿服务是指社区内的志愿者利用自身资源,参与社区的各项服务、公益活动,并在此基础上逐步参与社会上的各类志愿服务活动,为社区居民、社会提供公益性、非营利性的服务"[1]。于静静、徐礼平将社区志愿服务界定为由官方或个人牵头组织的,志愿者付出一定时间和精力,自愿无偿面向社区有需要的居民提供相关服务的行为。[2] 按照民政部2005年10月发布的《关于进一步做好新形势下社区志愿服务工作的意见》,社区志愿服务指的是"社会组织和个人自愿用自身的时间、技能等资源,在社区

---

[1] 张勤、武志芳:"社会管理创新中社区志愿服务利益表达的有效性",载《理论探讨》2012年第6期,第17页。

[2] 于静静、徐礼平:"社会治理背景下社区志愿服务创新路径研究",载《湖北经济学院学报》(人文社会科学版)2021年第18卷第4期,第11页。

为居民和社区慈善事业、公益事业提供帮助或服务的行为"①。社区志愿服务的重要性和长效性表现在：发展社区志愿服务，有助于增强社区的服务功能；有利于增强社区居民的主人翁意识。

典型案例②：组织协同：社区志愿服务的创新路径——基于"四堂联盟"项目的调查与分析

湖北省黄冈市黄州区赤壁街道建新社区位于黄冈市城区，是"全国文化先进社区""全国和谐社区建设示范社区"，辖区面积2.05平方公里，总人口2.16万人，现有1个社区志愿服务站、13个志愿服务点、11个志愿服务小分队，注册志愿者2 073名。为做好新时代文明实践志愿服务项目，社区发动居民中的志愿服务积极分子成员先后组建"爱心课堂、先锋讲堂、道德讲堂、建新学堂"四支宣讲小分队，围绕"传播新思想、学习新文化、弘扬新风尚、传授新技能"进行一系列探索与实践，取得了初步成效。但由于四支宣讲队服务内容同质、活动形式单调，未能充分调动群众参与的积极性。为此，四支队伍整合资源组建"四堂联盟——新润百姓宣讲团"，聚焦文化教育、文体活动、文明礼仪培训宣讲的志愿服务内容，创新"理论+全民""理论+文艺""理论+点单"的志愿服务模式，开展兴趣培训班、情景剧、云课堂等群众喜闻乐见的志愿服务活动，促进"垃圾分类、文明出行、光盘行动、文明用餐"等理论宣讲进网络、进小区、进家庭、进舞台，满足居民求知、求乐、求健康的需求，并在新冠肺炎疫情期间积极响应社区号召和居民需求，高效有序参与社区抗疫工作，最终实现志愿组织协同运作，为社区治理和社区服务凝聚力量。如表5-3所示。

表5-3 新润百姓宣讲团志愿服务项目孵化

	志愿活动项目	志愿服务成效
文明宣讲进网络	疫情期间开设"用爱守护—艺不容辞—葫芦丝云课堂"，传授兴趣技艺、宣讲防疫知识	线上学员多达300人，深受社区居民欢迎

---

① 民政部："关于进一步做好新形势下社区志愿服务工作的意见"，https://www.110.com/fagui/law_66243.html，访问日期：2022年2月17日。

② 袁方成、王悦："组织协同：社区志愿服务的创新路径——基于'四堂联盟'项目的调查与分析"，载《中国志愿服务研究》2020年第1卷第2期，第46页。

续表

	志愿活动项目	志愿服务成效
文明宣讲进小区	走进小区文化广场,开展"爱卫同行 洁净家园"、拒绝餐饮浪费等文明宣讲。通过三句半、湖北大鼓等文艺表演方式,向居民讲解开展爱国卫生和文明用餐的具体实践做法	先后发动2 000多位居民参与到爱国卫生运动和文明实践中
文明宣讲进家庭	自编自导,拍摄"公勺公筷 筷筷有爱"情景剧,制作创意海报,走进居民家中表演宣传	广泛吸引居民视线,拉近志愿团队与居民距离,加深居民认同、践行文明用餐的好习惯
文明宣讲进舞台	开展"先锋面对面"专题宣讲,树典型、扬正气,让身边人讲身边事,激励身边人	直接带动居民参与。一位居民听完宣讲后倍受感召,发动志愿者为邻居空巢老人加固老旧房屋,自费承担5 000余元

资料来源:袁方成、王悦论文"组织协同:社区志愿服务的创新路径——基于'四堂联盟'项目的调查与分析",载《中国志愿服务研究》2020年第1卷第2期,第50页。

四、专业培育:城市居民社区参与的发展路径

社会工作作为一门学科和专业,对社区治理和居民参与能够提供实务支持。社会工作优势视角认为,居民作为社区生活的首要主体,他们能够直接观察到居民的需求及问题,直接参与社区事务,可以作出最符合居民利益的改善意见。优势视角是社会工作专业领域的一种基本理念和实践模式,在具体实践中,可以指导社区工作者积极发掘社区居民的潜能。社区居民自组织是社区居民参与社区治理的重要渠道,社区自组织在成长过程中不可避免地会遇到很多问题,其组织的正常运转和活动的有序开展不能离开政府的指导,但是更需要社区成员自身能力的培养,通过培育社区成员来提升治理能力是社区工作的重要使命。

社会工作的服务理念和工作方法,在培育居民参与意识,提升社区参与能力,孵化社区自治组织,形成社区参与制度化机制方面,具有独特作用。社会工作有独特的专业特色可以引导居民规范性参与社区治理、对社区居民进行赋权、对社区自组织领袖进行培育,多维度、多途径促进社区居民和社区自组织

健康成长。社会工作的专业方法可以帮助社会工作者、发现社区中有问题的个人以及家庭,协助其通过表达合理诉求、链接资源、提供专业的个案服务。

典型案例① "金点子"社情民意反馈机制促进参与式治理

山东省济南市槐荫区青年公园街道社会工作服务站(以下简称社工站),作为山东省首家街道级社工站,积极探索服务型治理模式,启动"金点子"社情民意反馈机制,助力打造多中心的社区治理格局。

1. 实践概述

社工站广泛收集社区问题提案,拓宽社情民意反映渠道,通过"社会组织培育中心平台+社会志愿者+专业社工+社会组织+社会资源"的"联动"服务模式,成功搭建了由社区居委会、社会组织、社会志愿者、社工、社会企业参与的"五社联动"社区治理平台,并通过为服务对象、社区社会组织及志愿者赋权增能,培育孵化更多本土服务队伍,带动他们参与社区治理活动,促进"五社"融汇。

2. 实践过程

(1)搭建集思广益、多元融合的参与平台。社工站链接社会组织、高校资源、社会志愿者、社区企业一同建立"资源方——储备资源库",作为金点子的实施方与参与者,广泛征集辖区居民所需、所急、所惑的问题,为全面征集社区治理的新思路夯实基础。

在街道治理层面,社工站以激发社区内生动力为核心,培育居民共享共治的社区治理理念,切实让"金点子"成为培育居民自治力量的载体、激发辖区单位参与社区共建的平台、实现居民议事的有效方式。

在社区互助层面,发挥社群及资源方的互助优势,动员社区居委会、社区骨干、辖区居民、共建单位、高校师资力量等共同参与社区治理,激发居民的参与热情,引导居民关注社区身边小事,调动一批热爱公益、具有奉献精神的居民带头人以组织化的方式参与社区建设。

(2)完善资源交汇、职能明确的组织构架。社工站通过对落地方社区居委会、社区骨干、高校师资力量、社会组织等参与人群的资源分析和调动,共同搭建一个"互联、互通、互助"的机制反馈平台。

①针对落地方的问题分析。作为问题解决及实施方,创新社区服务体系、优化社区居民参与机制,整合服务需求,推动社区的包容性建设以及无障碍环

---

① 张晴:"'金点子'社情民意反馈机制促进参与式治理",http://new.qq.com/omn/20211026/20211026A0AQ8M00.html,访问日期:2022年2月17日。

境建设，找到解决问题的最有效答案。

②落地方骨干力量。居民本身对所生活的辖区"人、文、地、景、产"具有一定的熟识度，对辖区有一定的共情，同时对问题具有一定的针对性，可以提出更为有价值的问题及输出更为有效的直接方案。同时也能满足对骨干力量的支持功能，对其进行赋权增能。

③高校师资力量。社工站的高校支持方为山东建筑大学社会工作专业的师生，高校学生有想法、有时间、有热情，热衷于"学以致用，学有所用"，高校老师的行动研究也具有一定的实践意义。作为专业方法的提供者具有不可或缺的指导意义。

④街道社工站。社工站作为参与社区治理的"中转方"，全程参与，在"金点子"落地中发挥统筹运营协调的作用。

(3) 梳理流程明确、有迹可循的参与机制。

①介入的主要途径。

a. 介入的主要模式。地区发展模式，关注社区共性问题，通过提升社区自主能力实现社区的重整，提高居民的能力建设。

b. 介入方法。小组活动、社会资源链接、社区互助网络的构建、共同参与、共同行动、民主协商。

c. 介入行动。社会支持，从服务活动中发掘居民需求和社区问题，提议形成金点子，引导协商参与解决问题。

②实施的主要流程。

a. 宣传动员阶段。通过街道、社区广泛宣传社区金点子公益微创投计划，并在辖区内各社区及楼院广泛进行金点子征集，社工通过发掘、支持、优化等引导金点子转化为提案项目。

b. 提案项目评审。社工站召开提案大赛，邀请专业评审老师依据创新性、预算合理性、公益性、影响力等几大维度对提案项目进行筛选，最终确认支持的提案项目。

c. 提案项目实施。社工站对重点类提案项目进行重点跟进，对提案项目进行日常监测、指导，为居民提案人提供财务、项目管理能力方面的培训指导。

d. 项目总结表彰。对提案项目实施过程进行总结表彰，街道总结会与社区总结会相结合，挖掘形成好的经验案例，在辖区范围内进行广泛宣传，提升居民参与的获得感与价值感。

e. 机制经验梳理。对项目实施过程进行经验总结，建立相关保障机制，形成青年公园街道办事处工作特色，推进社区公益创投工作的专业化、规范化。

3. 服务成效

（1）调动居民参与，提案贴近需求。社工站搭建"金点子"社情民意反馈机制，贴近社区生活，关乎民生百态，事无巨细地征集、采纳、反馈来自于社区居民的"点子"，注重以人为本，助力实现柔性化的社区治理。

"金点子"社情民意反馈机制自设立以来共收集60例提案，社区问题解决方案20份，社区问题阐述报告20份，许多有建设性意义的金点子得到有效落实。

（2）协商互动，打造特色社区报。社工站通过开放式的协商——互动，探索出了构建居民参与社区治理的新路径——打造居民也能参与制作的社区报。如为了传承前卫街历史优秀文化，社工鼓励居民积极参与，成功打造有前卫街社区特色的现代版的前卫报。

（3）借助多元治理资源，拓宽参与渠道。社工以金点子社区公益微创投为载体，拓宽居民参与社区渠道，充分激发居民参与社区建设的积极性，培育居民参与能力，提高了居民参与社区治理的信心。

4. 总结与反思

社工站经过一年多的探索，挖掘和培育了辖区"人、文、地、景、产"等内生资源，搭建了"政校地"协作平台，发挥了多元力量共同推动社区发展的优势。社情民意反馈机制的建立，对于收集社区治理及建设金点子创意，推进多元力量参与社区治理具有重要意义。

社工站在启动"社区金点子"作为一种参与式社区治理输出形式的同时，还设计了协商议事平台"小院会议"、360°的线上线下志愿者服务平台"时光储蓄·爱心公益银行"，这些联动平台的打造，对于盘活多元主体参与社区治理具有一定的推动作用。

反思以往，在筛选社情民意提案、协调多方主体落实解决方案的过程中，较多提案可操作性不强：一是覆盖面广，超出社工站目前服务范围和资源解决能力；二是较多提案个人主义色彩浓厚，科学性不足，可操作性不强。

下一步，社工站将通过复盘，为参与"金点子"提案的参与方进行专业指导，建立动态资源数据库，并定期更新，以"资源视角"推动资源的可利用化，优先调动可利用的资源，更好地服务社区工作。

五、网络参与[①]：城市居民社区参与的智慧路径

互联网的快速发展为基层社区治理带来新思路、新路径和新方式。居民通

---

① 孔娜娜、祝捷："互联网时代居民参与社区治理的功能价值、现实问题与路径选择"，载《行政科学论坛》2021年第8卷第6期，第33-34页。

过微信公众号、社区群、微博社区等新媒体平台参与到社区事务管理中，参与途径得到充分拓展。互联网作为社区与居民进行沟通的桥梁，其参与社区治理的优势有以下三个方面：一是信息发布的便捷性。传统信息发布主要依靠社区公示栏、广播等方式，利用这些方式虽然可以很好地传递信息，但信息传递是单向性的，在发生突发事件情境下会因信息不对称造成信息延误。现如今，互联网将社区与居民、居民与居民紧密连接起来，社区可以通过微信群、QQ群、微信公众号、抖音等方式准确传达信息。如北京市北里社区的社区工作者借助微信群及时发布和传递火灾隐患信息、分配任务、组织动员，在消防救援队赶来前，成功控制住一起火情的发生[①]。二是参与主体的广泛性。在传统条件下，受时间、地理空间分割以及居民自我参与意识薄弱等要素限制，信息传播能力有限、信息覆盖范围窄，大大约束了多元主体的参与。互联网的广泛应用使得参与主体得到广泛拓展，越来越多的居民开始关心公共事务、参与公益活动和承担公民责任。三是信息传播方式的多样性。在传统媒体环境下，居民信息接收方式单一，信息种类单调，传播形式有限，同时，居民大多只被动地接收信息，居民想要参与公共决策却错过了参与时间的情况屡见不鲜。互联网时代社区可以提供全天候、一体化的信息服务，使居民充分实现点对点、点对面交流，沟通方式得到充分拓展，信息传递不再局限于文字，极大地调动了居民的参与热情。如在这次新冠肺炎疫情中，社区作为疫情防控的第一战线，通过抖音、微博、微信群等多种形式向居民通报最新疫情动态。防疫科普小动画、抗疫支援小视频的发布极大地提高居民的防控意识，增强了凝聚力和社区认同感，为社区防疫工作的开展带来诸多便利。

居民参与社区公共事务的类型可分为以下方面：一是通知式参与。社区工作者直接通过网络平台发布社区最新工作动态、服务和办事指南、政府文件等内容，居民利用微信等媒体工具查收，可弥补线下方式信息接收不全的缺陷。二是建议式参与。社区工作者组建社区讨论群，邀请网格员、社区党员、物业管理人员、社区领袖、利益相关者、热心居民等加入群组，在线提出社区公共问题，如停车、宠物饲养、楼道管理、垃圾分类、疫情防控等，并通过集体讨论动员群众解决提出的公共问题。三是投票式参与。社区是民主的场域，社区工作者通过微博或微信等网络平台发起投票，可以推选社区居民代表、业主委员会成员、文明家庭、最美邻居、优秀居民等。运用在线投票的方式可节约人力、物力成本，提高信息收集效率，在一定程度上也提高了投票的客观性和公

---

① 李松林：" 社区微信群，好用更要管用"，house.people.com.cn/n1/2018/0919/c164220－30303612.html，访问日期：2022年2月17日。

平性，减少面对面因受人情世故等影响在投票中产生的不公平、不公正现象。如广州市越秀区建设街设置"同心家园"微信小程序，居民利用单位上班时间就能进行社区投票表决，决策社区事项，解决了居民限于客观条件无法亲自参与社区议事的难题①。

问题讨论：微信群、理性与社区治理——以T市A小区道路维权为例②

微信群的出现对原有信息传播方式提出了挑战。一是告知信息更加便捷，可以不用张贴，直接在群里发布信息即可。二是发布信息主体的多元化，不仅党委、政府可以发布信息，一般公民也可能提供相应的信息，这些信息既有公开的政府信息，也有限于少数人知道的信息，更有所谓小道消息。以A小区的微信群为例，有业主把党委和政府对小区的一些纠纷的处理决定发布到群里；也有业主将一些不准确的信息发送到群里，譬如"八种情况下不交物业费""法院判了，地库归业主所有"等消息。三是信息交流中的互动性，微信具有自媒体的特征，微信群里的每个人既是信息接收者也是信息发出者，大家可以就相关问题进行探讨，从而形成共识。

微信群对社会治理的影响可以概括为以下三点。第一，使公民群体内部的民主协商成为可能。微信群的出现对公民参与的影响是直接的，通过微信群，科技支撑、公民参与、民主协商三者建立起联结，民众通过微信群对某些议题进行讨论，讨论的结果形成公众舆论，对党和政府的决策施加影响。微信群出现之前，公民参与的民主协商的诸多议题，多是由政府部门设计的，议题和议程均有所限定，譬如温岭恳谈会。而微信群的议题往往是由群内成员将现实中存在的问题发到群里，形成具体的议题并引发讨论，这种讨论也是随机形成的，是一种自下而上的过程。第二，微信群的建立降低了集体行动的成本。集体行动的产生源于"不满"，然后将这种不满凝聚成共识，而要将共识转化为行动，则取决于对政治参与利弊得失进行的考量，譬如自己的时间成本、参与中的利益得失，成功的可能性大小，等等。微信群的出现主要对共识的凝聚、行动的实施有着较大的影响；在微信群出现之前，集体行动多为群体性事件，事件的发生多基于对某种现象引起的极度不满。对这些事件的"不满"，形成共识的成本较高，组织成本也相对较高，加之事件与政府官员的政绩密切相关，政府

---

① 巫颖："广州市越秀区建设街首推社区议事小程序，居民可随时随地参与社区治理"，https://news.ycwb.com/2019-04/29/content_30249718.htm，访问日期：2022年2月17日。

② 季乃礼、阴玥："微信群、理性与社区治理——以T市A小区道路维权为例"，载《学习与探索》2020年第12期，第52-54页。

修正的难度较大，最终与政府冲突的概率也比较高。以 A 小区为例，三期的业主因为种种原因 8 年没有入住，他们通过电话联系和租借场地进行讨论，最后形成共识，然后不断向有关部门写信，最终问题得以解决。但微信群的出现，使"不满"转化为共识更加容易，群内成员将自己的"不满"发到群里，如果持续的回应且人数较多，就会形成大家的"不满"，然后在群里讨论具体的解决方案。与以前的维权方式相比，微信群的维权节约了物质成本和时间成本。第三，集体行动表现出鲜明的理性特征。学者们多将群体性突发事件界定为一种非理性的行为，认为事件的发生主要基于一种对政府处理方式感到不公的泄愤的心理。在考察群体性事件时发现，驱动群体采取行动的除了情感外，也有理性的因素：将群体性事件作为解决问题的有效方式，是一种有限理性的行为。

　　微信群的出现，使集体行动的理性成为可能，此类集体行动也是来自对政府处理方式的不满，但这种不满可能是对集体利益的轻微威胁，并没有对集体的基本需求产生实质性的影响。通过微信群，除了凝聚共识之外，还会对这种"不满"的合理性、采取方式的合法性、集体行动的利弊得失进行讨论，从而使集体表达不满的方式相对缓和，也比较理性。以 A 小区个案为例，整个道路维权过程就是一种理性的行动过程，在群内讨论是否应该进行道路维权，得出肯定的结论之后，通过集体依次打电话的方式表达诉求。集体理性的表达方式既有积极影响，也有消极影响。积极影响在于通过摆事实、讲道理的方式表达集体诉求，整个维权过程比较和谐，加之反映的问题并不严重，政府改正起来也相对容易，有利于以平和、协商的方式解决问题。消极影响在于其反映问题的手段过于平和，对主管部门官员的仕途不会产生实质性影响，因此官员有可能置之不理。而对表达不满的群体来说，由于引起不满的问题对其基本需要不会产生威胁，在问题得不到解决之时会产生悲观失望的情绪，甚至采取退却的行为，导致集体行动消失。以我们考察的本案例为例，在集体行动最为密集的时候，问题并没有得到解决，但在集体行动消失后的两个月之后，政府对自己以前的处理方式进行了修正。

典型案例：A 小区道路维权过程[①]

　　A 小区位于 T 市较为繁华的地段，开发时属于中高档小区；A 小区的对面是 B 小区，居民多由拆迁户构成。两个小区由一条马路分隔，中间留有出口，方便两个小区的居民通过。A 小区的居民经常到 B 小区买早点、买菜，利用体

[①] 季乃礼、阴玥："微信群、理性与社区治理——以 T 市 A 小区道路维权为例"，载《学习与探索》2020 年第 12 期，第 53 - 54 页。

育设施健身；B小区的居民经常到A小区散步，到健身会所健身。2017年T市要举办一个大型的运动会，交管部门对道路进行了重新规划，对出口进行了封堵，这样两个小区居民无法直接到达对方小区，只能到前面路口绕行。

在微信出现之前，联系小区业主的主要方式是张贴通知、电话联系、开会。但开会不仅耗费一定人力，而且需要场地，因此开会次数较少，多是由业委会或物业为完成上级的任务而召开的。2017年6月，有小区居民组织了一个微信群——"A小区业主沟通群"。最初群里主要讨论小区物业服务、是否开通环型道路、没有小区通行证的业主堵大门等问题。2017年10月25日，也就是出口被封堵的两个月之后，有业主在群里发了一条信息："东门马路中间的护栏我们大家得想个法子把它拆掉，需要联合马路对面B小区的人共同努力"。这条建议得到了一些业主的响应，纷纷表示支持。小区的业委会主任在群里发言，"护栏问题曾多次向区交通队反映，李队长承诺如原来有小区出口，调查核实后将予以恢复。后经多次催促无果"，于是他建议大家打电话向有关部门反映，有业主按照业委会主任提供的电话向有关部门反映情况；有业主在群里贴出了反馈的结论，并号召各位业主都通过电话反映情况；甚至有人提议要"一天一个打，连续打一个月，这样效果会更好"；有人提议将结果在群里说一下。于是大家纷纷将结果发到群里，其间不断有业主给予点赞。值得注意的是，有业主一再提醒大家打电话的语气，强调"我们不是骚扰政府，而是在争取老百姓的权利"。关于打开小区出口的第一阶段讨论到此结束。从这一阶段的讨论我们可以看到微信群的作用：一是凝聚共识，即业主对有关部门的做法表示不满时，可以通过微信群达成共识。二是找到了解决问题的方式，即以集体的力量向相关部门反映问题，并通过群策群力的方式解决问题。三是理性地讨论和解决问题，即坚持以依法依规为前提反映问题、解决问题，坚决反对非法行为。可以说，这次的讨论也是一个自我教育的过程，大家知道了为什么维护自己的权利，通过什么方式主张自己的权利。

一周之后，有业主将"有关部门拒绝打开小区出口"的反馈结果贴到群里，有关部门的解释主要有两点：一是打开小区出口之后行人不安全；二是其他小区会纷纷效仿。消息一发出，就有业主反驳说："X政府门口打开出口就安全了吗？"于是有业主提议走法律渠道，但马上自我否定了，理由是法律诉讼需要大量的时间成本和资金消耗。最后，业主们还是达成了共识：继续拨打电话反映此问题。之后在很长的一段时间里，群里没有人再讨论护栏的事情了。2017年12月18日，小区两位业主在大门口发生了汽车剐蹭，在友好协商解决之后，他们决定直接找属地交管大队反映问题，交管大队一位负责人答复：此处出口之所以封闭是因为离红绿灯过近，封闭是市里的统一部署。但被问及面临相同情况的某政府部门为何会保留出口时，该负责人不置可否，并表示他们无权解决此问题，唯一能做的就是逐级上报。汽车剐蹭事件对业主的影响很大：其一，业主的担心成为现实，因为护栏的出口被堵不但导致汽车拥堵，而且发生了交通事故；其二，有关部门给出的"不能打开出口"的解释难以让人满意；其三，知道了解决护栏问题的行政决策流程，即业主打电话进行投诉，接访部门将此事转给属地的交警支队，接着再转给市级交管部门，但意见被驳回。能够理解的部门没有权力，有权力的部门认为业主的要求不合理。尽管投诉的信息依然有流转，但是问题的解决却陷入了僵局。可以说，经过业主微信群的讨论，业主对事情的了解更加清晰。但如何应对未来的局面：是维持现状还是继续维权？当事的业主主张继续拨打电话，她的理由是：一是投诉的平台会有大数据分析，如果投诉的次数多了，就会引起有关部门的重视；二是交通队的人对他们说，"老百姓持续打电话反映问题的力度，比他们上报要大"。此建议一出，有许多业主表示支持，但是也有业主在群里抱怨打过无数次电话，对方只是说给反映，但最后都不了了之。于是有人提议在投诉内容上要有变化，将此事上升到政治的高度；可以投诉他们"不作为"，他们最担心被扣上"不作为"的帽子。更多的业主讨论是否应该拓展更多的渠道，如拨打市长热线、拨打交通台的交管局长热线，甚至有人提议利用有政治身份的人进行投诉，于是有业主说某某的爱人是市政协委员，建议业主委员会的几个委员主动联系这位政协委员。但由于这条措施操作起来过于复杂，没有得到实施，最后业主们决定仍然以"打电话"的方式反映问题。之后，就是漫长的等待，业主们在群里很少讨论护栏的问题了。2018年3月12日，事情终于迎来转机，有关部门通知物业公司：在13日的凌晨，交通部门进行施工作业，恢复原小区出口。

第六章 社区自治与居民参与

社区自治是社区建设的长远目标。社区自治的重要标志就是社区居民积极主动地参与社区公共事务,通过社区居民的社区参与,有效促成社区自治体系,形成社区自我管理、自我服务、自我监督、自我教育的治理格局,从而推动基层社区健康稳定和谐的发展。城市治理不是政府单方面的行动过程,而是政府与市场主体、社会主体的互动过程。面对市场机制的扩张,城市治理既要坚持政府主导,也要培育社会组织,提升居民自治能力。居民参与是社区自治的前提,社区自治是居民参与的保障。居民参与如何促进社区自治体系的形成?社区自治如何保障社区的制度化参与机制?如何应对"社区参与困境"?这些问题是本章集中讨论的内容。

第一节 社区自治的兴起

一、西方社区建设运动

社区自治肇始于西方的社区建设运动。20世纪50年代,西方的社区建设运动兴起,社区民主自治的浪潮初见端倪。20世纪60年代,欧美国家开始推行"新社会运动""反贫困之战"以及形式多样的社区发展项目,在实践上有力地推动了社区的发展。联合国对"社区发展运动"的倡导和推动,普及了社区建设与发展的观念,进而使社区发展备受世界各国关注。与此同时,随着战后西方国家的经济复苏和社区重建,西方国家城市化出现新的发展,西方的社区研究重新进入学者们的视野,此时的代表人物是美国社会学家路易斯(Lewis)和甘斯(Gans)。他们认为城市化和工业化虽然带来了城市社会中的科层分化和价值观分化,但并没有导致城市社区的消亡,社区中的人际关系依然存在,并表现出新的特征与特点。桑德斯的《社区:一个社会系统导论》应用帕森斯的社会体系综合理论,从四种不同角度讨论社区发展。桑德斯的角度分别是:(1)过程论。社区发展作为一种过程,是一系列变迁中进行的若干阶段,即从少数精英决策、最少合作、依靠外部提供资源,转变为社区人民自己决策、最大合作和充分利用自身资源的情况,强调的是居民在社会关系和心理态度上的转变。(2)方法论。实现一种目的的工作方式,其中,特定的目的是否有益于社区发展是重要的判断标准。(3)方案论。社区发展是由一个项目计划构成的,强调有计划地解决社区所面临的实际问题。(4)运动论。社区发展是一项人民献身并致力于社区整体发展的社会运动。此后,社区研究进入繁荣时期。人们不仅从传统的社会学视角出发,而且从政治学、心理学、行为学、管理学、犯罪学、医学等多学科的视角综合研究社区建设与发展。跨学科的研究使社区理论呈现多元化发展趋势,各种理论和观点争奇斗艳,学术著作也层出不穷。

国际上通常把社区实践称为"社区发展"。其总体指导理论是从社区到社会的社会现代化理论。西方国家在"社区发展"实践中逐渐形成了不同类型的治理模式。西方城市社区的治理模式大都有自己的特色,发达地区如欧美、澳洲、日本等,由于社会政治、经济制度和专业化社会的发展,到现代大多已形成了比较完备的城市社区治理模式,归纳起来主要有三类:自治型治理(欧美等国家和地区)、政府主导型治理(新加坡等亚洲新兴国家)和混合型治理(以色列、日本等)。见表6-1。

表6-1 发达国家社区自治模式与基本特征

发达国家社区自治模式	典型国家	基本特征
自治主导型	美国 澳大利亚	自治组织机构健全;享有社区发展规划与目标、社区公共事务、社区文化活动等方面的决策权与管理权;非政府、非营利性组织作用显著
行政主导型	新加坡	政府部门中设立专门的社区治理管理部门;政府行政力量对社区治理有比较强的影响力和控制力
混合型	日本 以色列	由政府部门人员与地方及其他社团代表共同组成社区治理机构;分工合作,各司其职

资料来源:董小燕著《公共领域与城市社区自治》,社会科学文献出版社2010年版,第67页。

具体而言，以美国为代表的自治性社区治理模式，对美国社会管理与社区建设产生了重大影响，其主要特点是减少政府行政参与，主要以社区自治组织管理社区与居民主动参与进行社区自治相结合，极大促进了民主意识的提高，也激发了非营利组织的产生与发展。以新加坡为代表的政府主导型的社区治理模式，其显著特点在于党政干涉与政府强力行政主导，所有的社区事务都由政府及其部门具体组织、规划、运行、实施并监督，导致政府财政与人力负担大。以日本为代表的"行政—自治"二元结构，在日本更能实现其各自的功能，使政府与社区自治组织的界限更加清晰，更有利于实现社区治理。西方民主国家经过一百多年的社区发展，在社区治理方面建立了比较系统的理论与治理模式，为我国进行社区治理实践提供了理论支持与实践经验。

二、中国社区自治实践

在中国，20世纪80年代以来，随着改革开放和市场经济体制的确立，国家对社会的控制方式发生转变，由国家统揽的社会管理职能逐步回归社会，社会的自主性大大增强。政府从包揽一切经济与社会事务的全能政府，尝试向承担必要的社会公共事务的有限政府转变，促进了政治民主化的进程。在这一进程中，"公域"和"私域"开始有了分化，多元利益群体的自主性逐渐体现与增强，民众的参与意识和民主观念逐步提高，若想发展壮大，迫切需要构建一个不同利益主体表达利益诉求的"平台"，因此，基层与地方自治成为一种逻辑的必然。与此同时，随着城市单位制的逐步解体，旧有的城市管理体制无法应对新出现的社会矛盾和社会问题，需要建立一种新的社会治理和社区整合机制。社区作为社会矛盾和社会问题的焦点，同时又是社会的基础单元，自然成为城市管理体制改革的中心。

20世纪90年代后期，中国社区建设在城市社区发端，社区自治应运而生。社区自治、居民参与始终是中国社区建设的主题和高层次目标。自1998年我国设立"城市社区建设试验区"以来，以社区选举为突破口的城市社区自治制度迅速发展。1999年，民政部在全国先后选定26个国家级社区建设实验区，开展社区建设实验。2001年，社区建设在全国范围内铺开，各省市结合本地区实际进行了大胆的改革和创新，积累了较为丰富的经验，出现了上海模式、沈阳模式、江汉模式、青岛模式等各具特色的社区建设，典型社区自治在中国大地上蓬勃展开。见表6-2。

表6-2 各具特色的社区治理模式

社区模式/比较项目	核心特征	社区划分	组织体系	资源运行	推进方式
上海模式	以街道为社区载体，以行政力量推进社区建设	截至2001年年底，上海共有99个街道办事处，3 407个居委会	二级政府、三级管理	街道设立社区发展委员会，依托小区创建发展社区	政府推进
沈阳模式	通过组织建设促进社区民主自治的体制完善	2011个原居委会调整为1 295个社区，社区规模为1 000—1 500户	社区成员代表大会（决策层）；社区协商议事委员会（议事层）；社区居民委员会（执行层）；社区党组织（领导层）；各类协会	—	政府推进和民主自治
江汉模式	转变政府职能，明确政府社区功能	248个原居委会调整为112个社区，小于街道，大于原居委会	社区成员代表大会（决策层）；社区协商议事委员会（议事层）；社区居民委员会（执行层）；社区党支部（核心层）	—	政府推进
青岛模式	以社区服务为龙头，提升社区功能来推进社区发展	1 176个原居委会调整为521个社区，小于街道，大于原居委会，平均规模1 340户	市、区、街、居四级社区服务体系，包括社区服务管理、服务求助和设施服务三个方面	政府投入，促进社区服务产业化，提倡驻社区单位资源共享，共驻共建	政府推进和社会化参与

资料来源：任远、章志刚论文"中国城市社区发展典型实践模式的比较与分析"，载《社会科学研究》2003年第6期，第100页。

社区自治是社区建设和社区治理的最终目标。社区自治的一个重要标志就是社区居民广泛积极地参与社区公共事务。通过社区居民的社区参与，促成社区自治体系的形成和完善，促成社区自我管理、自我服务、自我监督、自我教育的治理格局，从而推动社区健康稳定和谐的发展。归根结底，健全有序的社区参与是推动社区自治的关键，是社会治理功能发挥的动力来源，是推进社会建设的重要途径。社区自治作为一种新的政治元素及制度变量，已经催生并引发了一系列的社会政治变迁，对整个国家的政治民主化也将产生积极的影响。20世纪90年代中期以来，我国社区自治的动力机制和治理模式可以归结为三大类型。

一类是政府主导型的社区治理模式。社区治理的主体主要是政府组织。政府对社区的干预比较直接和具体。居民委员会虽然在法律上是基层群众的自治组织，但它是被纳入政府体系中的组织，其独立性和法律所规定的自治性都受到限制。城市社区在实践中更多地表现为一种行政化的共同体，其典型代表是上海的"街道社区"。

上海模式的典型特点是①，在推进"两级政府、三级管理"体制改革时，在街道设立了社区，并组建社区管理委员会，由社区党工委领导管理，以街道办事处为中心，把社区相关单位和部门组合在一起，共同处理和协调日常事务。参与社区治理的主体主要有社区党组织、街道办、居委会、业委会以及专业的服务公司。上海社区治理模式是体制改革背景下的产物，政府掌握了雄厚的财力、物力和丰富的社会资源，非政府组织也和政府保持着密切联系，在政府的支持帮助下成长和发展，因此在社区治理中政府表现出统领全局的作用。上海模式的优点是可以集中力量，短时间内快速推动一些社会问题的解决和社区的发展，如上海建立的社区服务中心体系基本覆盖全部街道，不仅提供了大量社区工作岗位，更为社区培养了大批实践经验丰富的服务管理者和社工团队，有利于提高社区治理的工作效率和服务水平。

一类是混合型的社区治理模式，或称合作型的社区治理模式。社区治理的主体由政府组织扩展到社区内的自治组织和非政府组织。政府组织主要通过规划指导、下放权力、提供经费等方式支持城市社区自治组织体系的构建，然后通过城市社区自治组织体系的有效运作，逐步实现社区居民民主选举、民主决策、民主管理、民主监督之目标。目前我国大部分城区都是采用这种混合型的社区治理模式，其中以武汉江汉模式最典型。

---

① 姜秀敏：" 社区治理：典型模式及'一核多元'新模式构建"，载《天津行政学院学报》2019年第21卷第1期，第41页。

2000年，武汉市江汉区在全国率先提出建立政府行政管理与居民自治良性互动体制，率先推进政府职能社区化实践进程，率先实行政府与社区分权改革。学术界和实践界将江汉区社区体制改革成果称为"江汉模式"。"江汉模式"顺应了城市社会问题社区化的现实，在全国产生了极大的扩展效应，引领了以政府职能社区化为导向的第一轮社区建设浪潮。我国第一轮大规模的社区建设聚焦"三个重建"：加强社区党组织和社区居委会建设，重建政权基础；推进基层民主、扩大居民自治，重建社区基础；兴建社区基础设施，重建公共服务基础。2008年，江汉区启动新一轮基层社会管理体制改革。江汉区顺应社区体制改革过程转换的趋势，选择了一种既符合我国实际又契合国际社区发展趋势的社区建设目标模式，即以提高政府社会管理效能、公共服务效能、社区自治效能为依归，以社区为平台，通过社区体制和街道行政体制创新，建立一种政府行动与社会行动有机衔接的社区合作治理模式。①

社区合作治理模式在构想上突出如下特征：（1）以社区流程再造为突破口，体现效能优先的改革理念。在城区范围内进行体制创新，重建社区综合服务和综合协管体制、街道大部门协作体制及其运行机制，从体制上拓展社区自治空间。（2）坚持居民组织化原则，以社区居委会为纽带，以项目制为社会建设工具，使政府行政管理与居民自治良性互动从一种理念真正转变为一种行动。（3）从性质上看，它既不同于过去那种主要依靠行政权力、行政资源、自上而下地推进社区建设的政府行动模式，也不同于西方国家早期那种仅仅依靠社会权力、社会资源、自发推进社区建设的社会行动模式，而是一种既依靠政府引导又依赖社会参与、共同推进社区建设的政社合作行动模式。

再一类是自治型的社区治理模式。社区自治的主体主要是社区自治组织和社会组织。这种社区一般指经过了社区体制改革后作了规模调整的居民委员会，或者指在城市社区建设初期以各类新建生活小区、居民小区为基础而组建的社区委员会等。在这种自治型的社区治理模式下，政府对社区的干预主要是通过制定法律法规和相关政策，以一种间接和协商的方式进行。这类以社区自治为目标取向的新型城市社区，应该说是一种比较完全意义上的城市社区。但目前在我国各地尚不多见，加之由于这类城市社区的生存和发展受方方面面的条件限制，且起点较高，因而在目前情况下不可能成为一种普遍的发展选择。自治型的社区治理模式以沈阳模式为代表。

沈阳市从1997年开始加强居委会建设，明确提出居委会工作要以社区建设

---

① 卢爱国、陈伟东："'江汉模式'新轮改革目标选择、体制创新及可行性"，载《湖北社会科学》2013年第1期，第39页。

为中心,经过"探索—实践—总结—再实践"的不断发展完善,逐渐建立了更加注重居民自治、更加注重居民和社会组织参与互动的治理模式。沈阳市政府将社区界定在街道办事处与居委会之间的位置,并建立了社区成员代表大会、社区管理委员会、社区协商议事委员会和新的社区党组织等新型社区组织体系。成员代表大会每年定期召开会议,选举产生管理委员会,推荐产生议事协商委员会,商讨评价社区建设等事宜;管理委员会承担提供社区服务、处理社区事务的职能和责任,维持社区的正常运作;协商议事委员会通过监察督促管理委员会的工作来提出相关建议;社区党组织在社区内处于主导地位,负责社区范围内党的政策引导和贯彻。沈阳模式通过对社区体制改革,使社区自治组织真正承担起社区治理的职责和使命,充分发挥了社区居民和社区组织的自治权利。[1]

近年来沈阳模式的治理创新表现在[2]:第一,(1)进一步完善了社区居民自治体系。建立了以社区党组织、社区成员代表大会、社区居委会及社区协商议事会为主导,社区社会组织为骨干、楼院长、居民组长为支撑的社区居民自治工作体系。(2)队伍建设得到了进一步加强。建立健全了社区实名制管理办法,实行了全科社区工作者制度,不断强化社区工作者的理论培训和实践技能培训,社区工作者的管理基本实现了规范化和制度化。(3)硬件建设得到了加强。不断加大财政投入,自2018年以来的五年中,投入8亿元改造城乡社区基础设施,城镇社区公共用房平均面积为713平方米,全部达到600平方米的标准;农村社区公共用房平均面积363平方米,社区服务功能日益完善。(4)进一步完善社区治理的制度建设。制定出台了《沈阳市推进基层治理能力提升三年行动计划(2018—2020年)》等各类专项工作的指导意见,为形成政府主导、部门协同、社会共治、全民参与的现代社区治理新格局奠定了制度基础。第二,(1)将社区建设纳入总体规划。市、区两级政府将社区建设工作纳入经济社会发展总体规划,作为政府履行社会管理和公共服务职能的重要内容。(2)健全社区建设领导体制。成立了市社区建设工作委员会,市领导挂帅,市发展改革委员会、市民政局、市服务业委员会等45个市直部门为成员单位,定期开会研究解决实际问题。(3)社区建设责任明确。明确区、县(市)委书记是社区建设工作第一责任人,街道党工委书记是直接责任人,并把社区建设成效纳入区、

---

[1] 姜秀敏:"社区治理:典型模式及'一核多元'新模式构建",载《天津行政学院学报》2019年第21卷第1期,第42页。

[2] 秦丽娜:"社区治理模式创新要素、条件及构建方略:以沈阳为例",载《经济师》2018年第11期,第13–14页。

县（市）工作目标管理和年度考核。(4)财政投入力度加大。市城乡社区事务支出2018年增长8.9%；2019年支出121.4亿元，增长25.9%；2020年支出123.4亿元，增长0.9%①。第三，目前，沈阳模式已初步形成了"一核多元"的社区治理模式。"一核"即"一个领导核心"，以社区党组织为领导核心；"多元"即"多元主体共治"，即政府、社区、社会组织、社区居民、企业及利益相关者等多元主体共同参与社区治理。2014年，沈阳市以全国排名第四的成绩，被民政部评选为首批"全国和谐社区建设示范城市"；2015年，沈阳市沈河区被国家民政部确认为第一批全国社区治理和服务创新实验区；2017年，沈北新区获批全国农村幸福社区建设示范单位、全国农村社区治理实验区；和平区、于洪区、沈北新区成功申报全省城乡社区治理与服务创新示范区。2017年的辽宁省加强和完善城乡社区治理现场会全面推广了沈阳市以及沈河、和平、沈北、于洪等区城乡社区治理经验。

此外，中国学者倡导和实践的社区治理模式引起了广泛的关注：这一社区治理模式来自"清河实验"，被称为"清河：专家参与模式"②。"清河实验"是清华大学社会科学学院2014年6月在海淀区清河街道开展的社区治理创新改革试点工作，专家组选择了清河街道的毛纺南社区、橡树湾社区、阳光社区三个社区试点。第一阶段是在专家组主导、地方政府支持以及广泛宣传动员下，选举产生社区议事委员，并确定议事规则，明确改组后的社区居委会既是"议"的机构，又是"行"的机构，议事委员定期开会对社区公共事务进行讨论，议题范围必须在事前经过居民需求调查确定，议事会在居委会主任的带领下展开，议事委员参与集体决策③。第二阶段开展社区提升实验，主要开展议事委员培训、民主协商讨论以及社区环境整治三方面工作，通过议事委员带领居民进行民主议事和决策，产生以居民需求为主要发展方向的社区发展议案，由专家组组织关联领域的专家进行技术与资源等方面的整合，居民参加且监督整个过程，实现社区改造和提升。专家参与模式的最大特点是专家学者与政府合作，由专家组主导构建以居民自治为主的社区治理模式④。

---

① 《2018年沈阳市国民经济和社会发展统计公报》《2019年沈阳市国民经济和社会发展统计公报》，tjj. shenyang. gov. cn/systjj/sjjd/tjgb/glist. html. 访问日期：2022年2月18日。

② 姜秀敏："社区治理：典型模式及'一核多元'新模式构建"，载《天津行政学院学报》2019年第21卷第1期，第42页。

③ 赵娜："创新社会治理与社区文化建设——基于清河实验的一些思考"，载《民俗研究》2017年第1期，第139页。

④ 李强、王拓涵："新清河实验：基层社会治理创新探索"，载《社会治理》2017年第7期，第59页。

第二节　社区自治的理论蕴涵

一、社区自治含义

自治相对于他治而言。自治的主要含义就是自己的事情自己管理。学术界一般采用《布莱克维尔政治学百科全书》中的"自治"概念，继而提出流行的社区自治概念：社区自治是政府管理之外的社会自治，即政府管理行政事务，而社区居民通过自己选举产生的自治组织来管理社区公共事务。中国学者陈伟东、李雪萍认为，这种观点主张政府组织与社区自治组织分权，使后者成为一个独立的权利主体，具有合理性的一面，但是概念界定缺陷明显[①]。如何界定社区自治概念，取决于中国社区建设和社区治理的实践原则和实践走向。

社区自治是社区治理的一种基本形态，是当前中国城市基层群众自治的基本体制。所谓社区自治是指脱离强制性干预的外部力量，社区内各利益主体通过民主协商的方式来处理社区公共事务，并使社区呈现出自我教育、自我管理、自我服务、自我约束的发展状态。随着中国社区建设和社区治理的深入发展，社区自治概念可以从三个方面着眼：其一，社区自治是社区地域范围内的居民通过民主协商讨论社区公共事务，依法实现自我管理、自我服务和自我监督的过程，强调居民参与民主协商。其二，社区自治是指社区组织依据社区居民的意愿来形成集体选择依法管理社区的事务，强调社区组织的自治作用。其三，社区自治以基层社区为依托，通过社区居民参与社区公共事务和社区管理，实现自我管理、自我服务、自我监督、自我教育的社区治理体制，是城市管理体制的创新性转型，强调自我管理、自我服务、自我监督、自我教育的社区治理体制。也就是说，"基层自治的良好实现，必须依靠相对完整合理的自治体系——也就是基于规则的基层治理结构"[②]。

社区自治可以归结为一句话：组织起来，使市民的参与制度化[③]。社区自治以社区参与为依托，社区参与是社区自治的基础和体现。社区居民参与社区建设的规模、程序和制度化水平将直接关系到社区的自治程度。由于我国社区

[①] 陈伟东、李雪萍："'社区自治'概念的缺陷与修正"，载《广东社会科学》2004年第2期，第127页。

[②] 汪仲启、陈奇星："我国城市社区自治困境的成因和破解之道——以一个居民小区的物业纠纷演化过程为例"，载《上海行政学院学报》2019年第20卷第2期，第54页。

[③] 王颖："论社区自治建设"，载《北京社会科学》2003年第2期，第95页。

建设起步晚，居民的社区意识还没有达到与社区自治实践相适应的程度。城市社区"陌生人社会"的特点使居民对社区缺乏归属感，公民意识发育不成熟，缺少参与社区治理的动力和能力，只在自身权益受到损害时才会为了维权而"被迫"参与。因此，社区参与的制度化建设任重而道远。社区参与不足是社区建设面临的瓶颈，也是社区建设动力不足的主要表现之一。探寻社区参与的实践路径，完善社区参与的保障体系，是社区自治体系建设的题中应有之意。

二、社区自治体系

党的十七大报告明确指出，以居民自治为主要内容的基层群众自治制度是我国的基本政治制度[①]。在现代社会，参与公共事务是公民个人的权利，但是建立和参加各种组织则是最有效的参与形式。一方面，各种形式的组织提高了公民个人集体行动的能力；另一方面，组织化参与有利于保持整体制度的有序性，从而实现参与的制度化。在社区自治体系的制度框架内，通过社区自治组织的发展，将社区居民纳入社区参与的正常化、规范化、法治化、制度化轨道，从而引导社区实现多元主体之间的连接和互助，形成社区内部的团结和整合，达成以居民自治为主要内容的社区自治体系。

社区自治可以分为民族区域自治、地方自治和基层群众自治。在社区治理的实践范畴中，社区自治主要指基层群众自治体系。按照民政部《关于全国推进城市社区建设的意见》中"扩大民主、居民自治"的原则，基层群众自治是"在社区内实行民主选举、民主决策、民主管理、民主监督，逐步实现社区居民自我管理、自我教育、自我服务、自我监督"[②]的民主过程。

社区自治的内容包括民主选举、民主决策、民主管理、民主监督，实现这些内容的主要方式是居民的社区参与。衡量一个社区自治程度的高低，主要依据就是社区居民和组织广泛参与社区建设的程度。它包括两个方面的内容：一是社区建设参与主体的广泛性。社区建设参与主体包括社区内全体居民和社区内的企事业单位、机关团体、社会中介组织等。衡量一个社区的建设是否达到自治的要求，首先要看各类参与主体是否都参加了社区建设活动，亦即是否具有较高的参与率。二是参与活动的广泛性。即各类社区主体不仅参与了社区服务活动，还能够参与涉及社区治安、社区环境、社区医疗卫生、社区文化、社

---

① 中央编译局比较政治与经济研究中心、北京大学中国政府创新研究中心联合编写：《公共参与手册：参与改变命运》，社会科学文献出版社2009年版，第27页。

② 民政部："关于在全国推进城市社区建设的意见"（中办发〔2010〕23号）https://www.gmw.cn/01gmrb/2000-12/13/GB/12%5E18633%5E0%5EGMA1-109.htm，访问日期：2022年1月28日。

区教育、社区体育等全方位的活动。这种参与的基本动力来自于互惠合作，源于共同的利益，而这又从根本上有待于公共领域的发育和公民社会的形成。

社区自治的实现主要看是否实现了自行管理自己的事务，包括自行选举、自行管理社区事务、自行管理社区财务、社区居民主动参与公共事务等①。具体来说，首先，社区自治首先表现在社区拥有自治权，居民拥有选举权和被选举权。据此社区居委会作为社区自治组织的代表，可以依法举行民主选举，依法组织和管理社区公共事务，凡涉及全体居民利益的重要问题，可经由居民代表大会和社区议事厅裁决。其次，社区居委会和社区自治组织依法管理社区财务，通过财务独立，实现社区自治所需要的保障条件。政府拨付的经费，也应由社区自主使用。社区财务应当公开，接受居民监督。最后，社区居民主动参与公共事务，即社区居民把社区的各项事务看作自己的事务，捍卫自身与社区的共同利益，关心社区发展。

社区自治的实现，除了需要社区居民的主动参与外，还必须依靠社区自治组织。就此而言，社区自治组织的规模与属性十分重要。从理论上说，社区自治组织是指社区居民通过参与社区民主政治，自主管理本社区公共事务的组织形式。在目前情形下，居委会是社区自治的主要载体。但由于特殊的原因，我国的居委会不仅行政化倾向明显、"人治"色彩浓厚，而且规模也相对过大。不仅如此，社区组织职能的多样化，致使仅仅居委会一级组织的工作就包括从环境卫生、民事调解、治安、再就业到外来人口管理、最低生活保障、社区服务等。居委会实在是不堪重负，几乎没有时间和精力来履行社区的自治职能。

由于居民参与程度和自治的领域不同，社区自治应该是多样化的，因而社区自治组织也应是多类型、多层次的。在实践中，社区自治组织除了城市居民委员会外，还应该有以下多种形式，如业主委员会、志愿者协会组织、文化体育类社团等。尤其是像业委会、志愿者协会等社区组织，其行政化倾向弱、自治意识强，值得我们花大力气培育。同时，为了实现居民对社区建设的积极有序参与，需要对有关的社区自治组织进行功能性整合，包括对社区居委会的有益改造。

在中国，现阶段社区自治组织的生成、发展依赖于政府的支持。政府始终是我国社区建设和发展的主导力量。但是社区自治的主体是社区的普通居民，政府应该有意识地从某些领域中理性退出，给予社区更多的资源与利益抉择机会，使居民作为自治主体能够享有真正的自治。

---

① 董小燕：《公共领域与城市社区自治》，社会科学文献出版社2010年版，第59-61页。

三、社区自治基础

(一) 自治以参与为基础

相对于"他治"而言,自治是社区居民的自我管理、自我教育、自我服务、自我监督。自治作为一种治理形式,是基层民主的一种重要表现形式。从广义上说,自治主要是指主体既作为被管理者,也作为一定程度上的管理者,即被管理者在合理范围内的自我管理。从这个意义上说,自治就是主体在参与公共事务和公共决策的过程中,通过参与行动实现自我管理、自我教育、自我服务和自我监督的目标。参与过程达成的目标是自治;自治目标实现的机制是参与。由此而言,社区参与是社区自治的基础和实现机制,社区自治是社区参与的目标和实践路径。可以说,"自治"是基层治理体系的内核。但是,当代的城市治理自治,都不是完全意义上的单纯的社区自治或居民自治。它是在党和政府的指导下,通过建立多元治理主体的合作共治,实现社区自治的目标和功能。城市和社区在坚持党和政府领导的前提下,引入多元治理主体——社区居委会、社区居民代表会议、社区监督委员会等——形成合作共治格局:既运用社区居委会的自治功能、发挥区县政府与街道办的"密切联系基层"优势,还将自治程度加深到居民自身的层次。城市居民自身的自治,主要表现为居民的社区自治行为。这种行为是居民在社区党组织的领导下,以社区居委会为依托,结合社区成员代表大会和社区协商议事会,实行民主选举、民主决策、民主管理、民主监督的行为活动。它依然是以社区参与为基础的。因此,在党和政府的指导下,通过一系列治理方法让居民真正参与到社区治理之中,既是实现居民社区参与的有效途径,也是实现社区自治的实践路径。

(二) 参与以自治为目标

社区自治的主要内容是民主选举、民主决策、民主管理、民主监督。所以,衡量一个社区自治程度的高低,主要依据的标准就是社区居民和组织广泛参与社区建设的程度。它包括两个方面的内容:一是指社区建设参与主体的广泛性。社区建设的参与主体不仅包括社区中的离退休人员和家庭妇女,还包括社区内全体居民和社区内的企事业单位、机关团体、社会中介组织等。衡量一个社区的建设是否达到自治的要求,主要看各类参与主体是否都参加了社区建设活动,亦即是否具有较高的参与率。二是指参与活动的广泛性。也就是说,各类社区主体不仅要参与社区服务活动,而且要参与社区治安、社区环境、社区医疗卫生、社区文化、社区教育、社区体育等全方位的活动。这种参与的基本动力来自于互惠合作,源于共同的利益,而这又从根本上有待于公共领域的发育和公民社会的形成。见表6-3。

表6-3 不同类型社区的参与程度

	行政社区	自治型社区
治理主体	政府（社区居委会被纳入政府体系之中）	社区自治组织与社会组织
政府责任	政府独自承担无限责任和所有风险	政府与社区共担责任与风险
治理方式	以行政管理手段为主	以自治手段、志愿手段为主
社会组织发育	受到限制	社区组织成为一种网络组织
居民参与的积极性	居民参与社区活动的积极性不高	居民参与社区活动的积极性很高
社区参与程度	低	高

资料来源：李雪萍著《社区参与在路上》，中国社会科学出版社2015年版，第123页。

第三节 社区自治实践机制

一、社区自治的实践属性

社区自治的实践属性来自于社区的本质特征。社区在本质上是社会生活的共同体，是一定地域范围内具有密切互动和持续关联的社区关系体系，因此社区具有关联性、互动性、公共性。关联性是社区内部成员之间的生活交集、事务交集、利益交集，决定了社区成员均处在社区网络之中。互动性表现为社区内部成员之间必然发生的交往互动和邻里关系，以及因为权益主张发生的合作与冲突。公共性则体现为社区整体利益和公共意识，包括社区安全与治安、社区卫生与防疫、社区环境与绿化、社区便利设施与服务，以及社区文化等。中国社区是通过社区建设建构出来的。通过行政辖区规划出来的社区，其社区本质特征不是天生具有的，必须经过社区生活事务、社区公共事务、社区行政事务和社区政治活动的运转过程，形成社区的共同体特征。无论社区最初表现为居民小区或者行政辖区，都是居民的生活区域，是居民居住、安全、便捷而选择的区域。当居住在一个区域的居民群体面临居住事务，比如权益维护、个人诉求、邻里纠纷、公共空间使用、隐私保护等问题时，很多人会诉诸社区居委会等自治组织加以解决。社区公共事务把社区居民整合成居住共同体，而纷繁的社区事务交给社区组织和机构无力承担。因此，社区公共事务和居民私人事务促使社区发育出自我管理、自我服务、自我监督的组织架构，形成自下而上的社区自治机制。自治是社区的必备属性，后天建构出来的社区，更需要培育出这种属性，以保障社区多样化、差异化诉求能够发出和得到回应，保障涉及各种人群的社区事务能够得到积极配合和妥善处置。社区不仅是事务密集系统和居住共同体，还是社会生活共同体。人们在社区中存在生活和事业的关联，包含日常交往、互惠互助、社会支持、心理归属、文化认同等因素。由于现代社会中社区的流动性和异质性不断增强，导致上述因素不断流失，人们的共同感减少，团结性降低，利益纠纷和陌生感增加，社区共同体弱化导致社区失序。为此，社区治理实践帮助社区找回真正的共同体特征，通过构建共建共治共享的社区治理格局，形成社区治理共同体，实现社区成员、社区居民的责任分担、成果分享。社区治理在利益层面、生活层面、精神层面、心理层面把社区居民联结起来，通过共同体建设构建社区秩序，实现社区自治。所以，社区的本质属性和共同体特征，决定了社区自治的实践属性。

　　社区不是个人利益和个人诉求的合集。社区是公共利益和个人利益交汇的地方，是公共领域和个人领域交织的场所。社区事务，无论涉及个体层面还是群体层面，仅仅依靠个人力量，是无法处理和解决的，需要依靠社区自治组织和社区公共系统。社区公共事务的存在以及社区与居民个人的密切联系，决定了居民参与是社区自治的前提。西方学者哈贝马斯从理论上阐述过"公域"和"私域"的分化。正是因为社区内"公域"和"私域"的分离，导致实践中居民的个人利益需要通过公共系统加以维护。社区公共事务的产生，是由于私权的产生，以及私权的维护和实现需要通过公共系统。这样，公与私，公共系统与个人利益之间形成了紧密的联系。个人利益与社区公共利益之间既有区别，又密不可分，客观上要求：无论是居民个人出于维护个人利益的考虑，还是代表居民利益的组织机构出于维护居民个人和居民群体利益的考虑，都必须参与社区管理、参与社区公共事务，才能达到维护居民利益，实现社区居民利益最大化的目标。居民或居民组织参与社区公共管理和公共事务的必然性，就是社区自治的必然性。

　　中国社区是随着住房制度改革和社区居住者对居所拥有选择权和所有权而逐渐兴盛和发展起来的。最初社区居民参与社区公共事务和公共决策，大多是因为其居住产权和居住权益遇到问题，需要通过"维权"提醒公共系统加以解决。随着政府对基层社区建设的加强，基层社区包括城市社区，成为社会治理的基本单元，肩负基层重建和社区整合的重任。因此，社区往往具有行政职能，成为社会管理体系的神经末梢。社区运行具有浓厚的行政管理色彩，但仅靠政府和行政系统远远不能满足社区居民差异化、多元化的需求，自下而上的社区自治以及社区居民的自我决定和自我管理，是解决社区问题的基本方略。

二、社区自治的实践机制

在党建引领下，社区自组织建设、居民制度化参与和社会工作专业服务构成社区自治的实践机制。

（一）社区自组织机制

社区自治是社区建设发展的必然结果与要求。社区自治不仅仅是居委会或村委会的自治，其自治的主体是多元化的，既包括社区成员代表大会、社区议事委员会、社区管理委员会、社区居民委员会，还包括其他各种中介组织。社区自治的主要内容是民主选举、民主决策、民主管理、民主监督，组织居民，利用社区中的一切组织和资源，使社区资源达到最佳配置，促进社区建设。

（二）居民制度化参与机制

基层自治是基层群众自我管理、自我教育、自我服务的一种制度化安排，是我国政治发展的基础。街道开创了居民自主性参与的制度渠道，推进了居民自治的进程。第一，施行居民代表会议制度，把居民的消极被动参与转变为积极主动参与，使之成为居民参政、议政以及监督政务的重要载体。第二，建立居委会的议事层与操作层相分离的工作运行制度，提高了组织效率，吸纳了社区精英的参与。第三，完善居委会的监督体制。通过信访网络制度，社区居民自主地参与社区事务，既对街道与职能部门形成监督机制，又提高了居民的参与意识和参与能力[①]。

社区自治作为基层社区治理的一种重要方式，是社区居民通过一定的组织形式和参与途径，依法享有和实现自主管理社区事务的权利及实践过程。在实践中，需从制度、结构与能力三个方面来探索社区自治的有效路径。制度上，要进一步厘清政府和社会的关系，明确角色定位，下沉公共资源，为社区自治营造出良好的社会环境；结构上，要重塑社区自治结构，整合社区自治力量，激活社区资本，凝聚社区合力；能力上，要大力培育和激发社区治理主体的自治意识和参与能力，着力提升社区居民的议事水平。

[①] 王刚、罗峰："社区参与：社会进步和政治发展的新驱动力和生长点——以五里桥街道为案例的研究报告"，载《浙江学刊》1999年第2期，第74页。

(三) 社会工作专业服务机制

在基层治理实践中,社会工作专业服务为促进社区自治提供了重要途径。社会工作专业服务可以促进自治空间的生成。社会工作的专业服务可以帮助社区提升社区组织和社区居民的自我管理、自我服务、自我监督、自我教育的能力和范围,从而扩展自治空间。社会工作专业服务可以帮助社区培育志愿服务队伍和自助互助体系,从而实现社区自治的愿景。社会工作专业服务通过技术手段,呈现服务特色,需要以其专业服务的有效性获得社会与居民的认同。党建引领社区和社工机构开展日常工作,拓展社区服务功能,搭建社区公共服务平台,建设政府、企业、学校等多元合作共治平台,在实现自身价值的同时,为社区提供产品、服务和社会资本,向社区提出基于自身角度出发的意见和建议,由此增强了社区的资源获取能力,为社区工作的开展提供了便利条件。

社会工作以其特有的专业优势,精准定位社区需求,精细化供给服务;增强社区居民参与社区治理能力;联动、整合和优化配置社会资源;提升社区矛盾预防化解能力;培育和传播社区文化等方面开展了积极的实践,为社区治理创新赋能,为社区治理现代化探索了专业路径和策略。

社会工作如何促进社区自治?姚进忠从社区自治性导向[1]出发,提出:(1)明确社区治理主体。"社区居民应扮演社区治理第一责任人的角色,社区治理的主体应该是原子化的居民个人和以居民为核心的各类自组织。""社区治理自治性的回归便是居民主体化的过程,核心是培养居民对社区事务的主动参与和主人翁意识,使居民成为真正的社区治理主体"。(2)主体寻回平台开发。一是搭建社区居民社会交往的互动平台。可以兴趣、娱乐、日常生活为抓手,搭建社区居民间的互动平台,引导居民之间进行社会交往,增强居民间的社会联结,增加社区邻里社会资本并回归熟人社会,这类互动通过重新构建社区邻里关系,最终导向生成兴趣活动类、公益慈善类、居民自治类等各类正式或非正式的社区社会组织。二是建设居民利益对话机制。基于社区居民共同关注的公共议题,建立社区议事会等定期公共对话平台。主要借助与居民息息相关的社区公共议题来引导居民主动参与,解决社区生活中的种种困境和问题,导向更为正式的社区治理机制。基于两类共同体的生成,可推动社区治理和服务重心进一步下移,切实以居民为中心健全现代社区治理体系,形成有效治理的社区民主协商机制。(3)主体激励机制的建设。如何让居民持续关注和高质量地协同便是建设共建共治共享社区治理体系的关键。一是参与意识的巩固。通过

---

[1] 姚进忠:"邻里本质:社区治理自治性的主体回归",载《中国社会工作》2021年第1期,第9页。

各类正式或非正式激励，让居民认识到参与的意义，内在地激励他们参与的主动性。二是参与能力的提升。多元首先是治理主体的多元。不同社区在治理方式、治理路径和治理效果上也可能存在多元化的状况。社区治理过程中要积极迎接和促进多元化发展，更要促进多元主体和多元内容培育出一个基层的生态①。

典型案例：社会工作社区特色服务

  浙江省台州市椒江区民政局推出②"街道—社区—小区"三级社区服务综合体，探索"1+5+X"建设模式，打造小区会客厅的2.0版本。所谓"1+5+X"，指的是小区会客厅的功能设置，"1"即党建活动厅，突出基层党组织的引领功能，把会客厅建成宣传党的政策、联系和服务群众的重要阵地。"5"即邻里交流厅、协商议事厅、矛盾调解厅、生活服务厅、文化展示厅。"X"为自设内容，各社区可以根据实际情况，增设治理类、服务类等功能区，满足居民多样化、差异性需求。可以归结为：搭建平台、承接项目、提供服务、挖掘社区领袖、解决纠纷矛盾和生活难题。运用专业方法形成了一系列居民有序参与协商的议事规则和制度。

---

  ① 任文启："基层与动员：社会工作参与社区治理的基础与关隘"，载《中国社会工作》2021年第7期，第11页。
  ② 夏学娟："小区会客厅，社区治理新名片"，载《中国社会工作》2021年第7期，第21页。

第七章　社区参与主体性培育

社区自治的重要目标，是培育社区的参与行动力，完善社区自我管理、自我服务、自我监督、自我教育的机制。基层治理实践中，社区参与主体主要包括社区居民、社区党组织、社区政府机构和社区自治组织等。它们在基层治理结构中所处位置不同，担任角色不同，利益诉求和功能定位不同，因而表现出不同的参与主体性。所谓社区参与主体性，主要包括三个方面：参与社区公共事务和公共决策，成为参与者；在参与过程中表现出参与意愿和参与能力，成为行动者；通过社区参与提高自身的素质和能力，推动社区治理，成为推动者。社区治理作为一个长期的过程，本身就有一项重要任务，就是社区培育和居民培育，增长社区自治能力，促进社区成员参与公共事务的行动力，完善社区组织和社区制度，促进社区中不同行为主体良性互动、友好互助的氛围形成。从这个意义上说，社区参与主体性可以理解为社区参与行动力，它是社区成员投入公共事务和公共服务的动力，也是社区成员参与公共管理与公共决策的能力，是社区参与主体性的集中表现。

第一节　社区参与主体性研究

一、主体性概念

主体性是一个哲学概念，是人作为活动主体的质的规定性，是在与客体相互作用中得到发展的人的自觉、自主、能动和创造的特性[①]。所谓主体性就是作为主体的人同作为客体的事务（包括作为客体的人）处于对象性活动状态时所表现出来的关系属性。人的主体性主要是指人在认识客观世界、改造客观世界的过程中所具有的自主性、能动性和创造性。"是否具有自我意识，构成人是否能成为主体的决定性因素"。

---

① 郭湛：《主体性哲学——人的存在及其意义》，云南人民出版社2002年版，第30页。

马克思在《1844年经济学哲学手稿》中阐述过这样的思想:"因为人的本质是人的真正的社会联系,所以人在积极实现自己本质的过程中创造、生产人的社会联系、社会本质,而社会本质不是一种同单个人相对立的抽象的一般的力量,而是每一个单个人的本质,是他自己的活动,他自己的生活,他自己的享受,他自己的财富。"① 在这里,人的本质和人的主体性是一致的,表现为人创造"真正的社会联系",凭借这种社会的主体性,"按照人的样子来组织世界",实现主体本身全面、自由的发展,否则,"这种社会联系就以异化的形式出现"。当然,正常状态的个人是在一定群体中进行社会生活的,总是以一定的社会形式组织起来,这是人的社会存在状态。在一种宽泛意义上,任何人类群体都可以视为某种共同体,只有在真正的人群共同体中,真正的个人自由即主体性才有可能实现,具有超越性的伦理关系体系才有可能建构。

按照马克思的观点,人类生产劳动的自由自觉的实践活动构成人的主体性地位。这种自由自觉的活动就是人的类本质特性。马克思说:"生产生活本来就是类生活。这是产生生命的生活。一个种的全部特性、种的类特性就在于生命活动的性质,而人的类特性恰恰就是自由自觉的活动。"人的类本质特性表明人的实践活动不仅和客观外界发生普遍的关系,人自身也互相发生着广泛的交往关系,"人是类存在物,不仅因为人在实践上和理论上都把类——自身的类以及其他物的类——当作自己的对象;而且因为——这只是同一件事情的另一种说法——人把自身当作现有的、有生命的类来对待,当作普遍的因而也是自由的存在物来对待。"②

人是客观世界唯一能动的因素,社会的进步和发展离不开人的主体性活动。但人的主体性不是人与生俱来的规定,而是人在改造自然和改造社会的实践中历史地形成并发展着的。人的主体性的发展水平,归根结底取决于实践的发展程度。

二、社区参与主体性

学界普遍认为,基层治理中的参与主体包括来自政府的、社会的、市场的各类主体以及社区成员自身,其中社区成员主要是指社区居民。社区治理参与主体具有多元性③。从广义的角度看,社区参与的各种主体既包括社区居民,

---

① 马克思:《1844年经济学哲学手稿》,中央编译局译,人民出版社2000年版,第170页。
② 《马克思恩格斯全集》(第42卷),中央编译局译,人民出版社1979年版,第95页。
③ 陈光、方媛:"论社区治理参与主体的利益追求与规制",载《武汉科技大学学报》(社会科学版)2013年第15卷第5期,第543页。

也包括相关政府部门、社区组织、社会团体、驻社区单位等,各主体有效地介入与其利益相关的社区公共事务中,在有关社区建设的决策、管理和监督过程中能够及时获得相关信息,表达自己的意愿和诉求。国内有研究者把社区参与主体列为:基层党组织、政府、社区居委会、社区社会组织、参与社工、物业公司、业主委员会、居民。其中,居民是社区的主人,也是社区治理的重要参与者[1]。随着社区建设和社区治理的发展,社区参与主体性问题日益凸显出来。

所谓社区参与主体性,是指参与主体在参与过程中表现出来的能力、作用和影响力,是参与主体在意识和行为上的自主性、能动性、目的性特征。

(一) 社区居民参与状况

调查研究显示,社区居民社区参与状况存在以下几个特点。[2]

第一,参与群体年龄不均衡。参与群体以老年人居多,青壮年参加者甚少;调查显示,居民参与社区治理呈现年龄不均衡的特点:55 岁以上的居民参与社区治理的积极性和热情最高,对社区的认同感最强;其次是 18 岁以下的青少年群体;最后 18 岁到 45 岁之间的居民参与意愿最低。18 岁到 45 岁之间的居民,除部分是暑假在家的大学生外,其余大部分是在职职工,很多人没有时间参与到社区治理中,当问及"您认为居民不愿意参与社区治理的最主要原因是什么?"时,68.4% 的居民表示"没有时间"。而 23.2% 的居民选择"居民对社区归属感不强"。这与他们没有时间参与社区治理有着直接的关系,该群体与社区外部的联系比社区内的联系紧密度高,他们的利益需求和社会价值都是在社区外体现并加以实现的,进而导致了该群体居民参与社区治理的积极性不高。

第二,参与意愿参差不齐,居民参与率低。社区居民参与社区治理的意愿,更多地与自身利益、社区身份和外界要求相关。社区参与的主体在学术界中被称为"一老一少",主要是在校学生和离退休老人。在校学生往往基于学业的要求,老年人参与社区事务往往依赖社区提供的福利条件。居民社区参与不足,不代表居民没有社区参与。居民社区参与有不同的行为类型,其背后有相应的参与意愿、参与诉求或参与动机。即使没有表现为参与行为,他们依然对社区参与持有自己的观点和看法,并且会发表不同的意见;外地户籍居民对所在社区没有认同感和归属感,仅将自己当作城市的一名"过客"。由此推论,户籍

---

[1] 王义:《九水模式:李沧社区治理创新报告》,中国海洋大学出版社 2019 年版,第 3 - 8 页。
[2] 本部分参考李智水:"南通市:城市居民参与社区治理现状困境与对策",载《区域治理》2019 年第 34 期,第 64 - 65 页;李晓凤:"城市居民社区参与的内容特征与制约因素",载《求实》2005 年第 1 期,第 170 - 171 页;涂晓芳、汪双凤:"社会资本视域下的社区居民参与研究",载《政治学研究》2008 年第 3 期,第 19 页;冯敏良:"'社区参与'的内生逻辑与现实路径——基于参与—回报理论的分析",载《社会科学辑刊》2014 年第 1 期,第 58 页。

所在地对社区居民的情感认同程度的强弱对居民参与社区治理意愿有着显著的影响。

第三，参与的层次较低。据了解，居民很少参与社区决策、自治管理等一些层次比较高、比较复杂且抽象的活动，多是参与如治安巡逻、文体健康、卫生保洁等具体的、简单的粗放型劳动。

第四，参与方式中被动式参与较多，主动式参与较少。社区参与过程中，强制性的参与占有较大的比例。强制性参与的对象通常包括三类：参与公益劳动的社区矫正对象、参加社会实践的在校学生、参与公益活动的低保对象等。社区参与的主动性不强，参与方式多是动员参与。当今，社区参与通常是集中在非政治性的参与中，参与的居民多是在社区居委会及工作人员的说服下参与进来的。决定的事项是提前决定好的，不参与不行，为此居民才被动地去执行，对于居民个人而言，缺乏明显的主动性。

第五，参与渠道有差异。当前社区参与的主体是社区中的弱势群体和社区精英，而社区的在职青年人很少参与社区事务。因居民从事的工作、所处的社会地位是不同的，为此对资源的依赖各有区别，因而社区参与的积极性也不同。社区弱势群体自身拥有较少的社区社会资本，这些弱势群体需要社区居委会帮忙，让他们开具一些贫困证明，所以说，弱势群体和社区居委会两者关系密切，因此，社区居委会才能够动员社区弱势群体这一边缘性的群体参加社区活动。而社区精英一般包括社区志愿者以及组织社区活动的组长等。社区中一旦遇到事情，他们便积极地参与其中，对他们来说，参与社区的活动不仅可以提高声望，还可以在社区居委会处得到一些政策及经济方面的便利和好处。然而对社区内的青年主力军来说，社区内的资源对其来说价值不大，对社区缺乏利益关联和心理认同，造成居民参与意愿不强。城市社区和农村不同，不是熟人社会，"楼上楼下不说话，对门不知姓是啥"。所以说，社区居民与居民之间的心理距离比较远，体会不到"远亲不如近邻"的心理感，为此也难以在心理上依赖社区。此外，城市社区作为居住场所，与居民之间缺乏直接的经济利益联系，在居民看来，自己是否参与社区活动都不会损害自己的利益，也不会让自己有经济收益。所以说，居民的社区参与意识不强。而且他们需要的服务在现代社会通过单位或者市场都能获得，因而社区所能提供的资源对他们来说没有吸引力。

（二）社区居民主体性分析

主体性既是人作为主体所具有的性质，又是人作为主体的依据和条件，居民主体性决定了社区参与的广度和深度。随着社区建设的深入和城镇化的推进，社区居民数量越来越多，分层分化现象日益突出。如何调动不同需求的社区居民参与社区治理成为学术界关注的问题。因为从本质意义上说,没有社区居民广泛参与的社区治理是缺乏生命力和持久活力的。见图7-1。

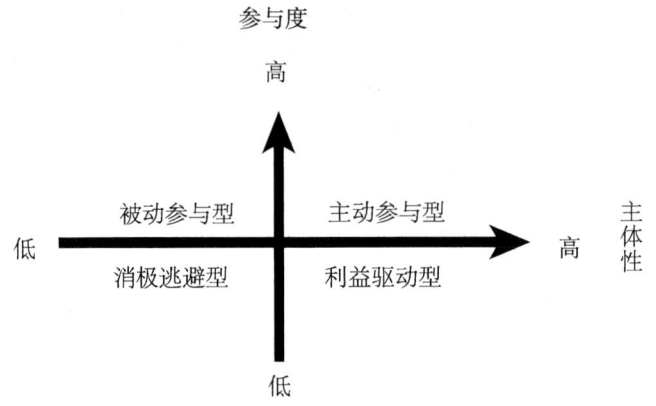

图7-1 社区居民参与类型

资料来源:焦若水、王凯论文"发现主体性:城市社区参与的困境与出路",载《开发研究》2019年第5期,第149页。

学者杨敏对居民参与类型做了划分,将居民参与分为四种类型:福利性参与、志愿性参与、娱乐性参与和权益性参与①。至于参与的实际情况,有的学者经过调查后发现,社区居民的参与存在很多问题,如参与率低且参与内容有限,能动性不高且缺乏广泛性。贺芒、杨童节把城市社区居民参与分成四种类型:主动依附型参与、被动依附型参与、主动独立型参与、被动独立型参与②。王凤丽通过对新疆乌鲁木齐60个社区的调查也得出类似的结论,同时还发现了居民参与不均衡、被动参与现象突出等问题③。陈建国通过对北京的抽样调查认为:"年龄、收入、党员、产权拥有情况、对共同财产维护的意识、个人利益维护意识都对居委会选举起正向显著影响;权利意识、社会资本因素基本都对社区活动参与起正向显著影响。这从微观视角进一步揭示了影响居民参与的主要因素。提高居民参与的积极性,除了提高居民的主人翁意识外,构建居民

---

① 杨敏:"作为国家治理单元的社区——对城市社区建设运动过程中居民社区参与和社区认知的个案研究",载《社会学研究》2007年第4期,第142页。

② 贺芒、杨童节:"城市社区居民参与社区治理的动力及类型研究——基于C市3个社区的实例考察",载《创新》2021年第15卷第4期,第4页。

③ 王凤丽:"对新疆各族居民参与城市社区治理的调查研究——以乌鲁木齐城市居民共同参与社区治理调查研究为例",载《中共乌鲁木齐市委党校学报》2017年第4期,第25页。

参与平台和有效载体成为学界的普遍共识①。黄江富提出，建立居民议事平台，引导居民有事多议、遇事多议、做事多议，激活社区居民自治细胞②。王佳主张："构建社区治理信息共享平台，在公共政策制定过程中充分吸收社区居民的集体智慧，集思广益。"③

第二节 社区参与主体性培育

在城市社区建设和发展的研究与实践中，无论是建设初衷、发展导向还是推动助力和完善服务，都无一不围绕着社区的主体——社区居民而展开。因此，作为社区建设的主体和推动社区建设发展的根源与主要动力，社区居民无疑在这个过程中受到了最多关注。

自我国社区建设提出之初，如何调动居民参与社区建设的热情和积极性，培养居民的社区意识和归属感等成为社区建设中需要重点关注和解决的问题。然而，在社区建设开展的30多年间，这一问题始终没有得到有效解决。已有的涉及社区建设相关问题的研究几乎都会提到"社区居民的参与问题"，具体问题包括参与主体的构成、参与领域和参与形式等方方面面，并且在历年所有的社区调查中，学者们普遍认为，我国社区居民的社区意识、归属感、参与度与参与热情等随着社区治理实践的开展有所提升，但还是停留在较低水平上，这种状况会制约我国城市社区建设向前推进④。除此之外，居民的社区建设参与问题还涉及社区建设中另外一个极为重要的问题，即社区自组织化问题。该问题不仅对社区建设和发展具有关键性的意义，更是直接涉及社区的性质及定位问题。在我国，在城市社区建设的性质和目标问题上，学术界一直存在着两种不同声音，一是"后单位制"时代国家权力的渗透；二是公民社会的自治空

---

① 陈建国："城市社区治理参与状况及其影响因素——基于北京市问卷调查的实证分析"，载《天津行政学院学报》2017年第1期，第18页。
② 黄江富："社区居民参与机制构建探索——以'我的社区我做主'居民议事会计划为例"，载《中国社会工作》2018年22期，第46页。
③ 王佳："构建更好的城市社区治理协调机制"，载《人民论坛》2018年第2期，第63页。
④ 康宇："对于当代中国社区参与的理论分析"，载《理论与现代化》2007年第4期，第52－53页；巩丽丽、李娜娜、王晓霞等："城市社区治理中居民参与样态与引导策略探究"，载《安康学院学报》2021年第33卷第5期，第120－121页；方玲玲、张云霞："城镇居民参与社区教育意愿影响因素分析——基于Logistic回归模型"，载《教育学术月刊》2020年第4期，第58－59页；李智水："南通市：城市居民参与社区治理现状、困境与对策"，载《区域治理》2019年第34期，第63－64页。

间。综合两种观点我们可以看到，无论是向下贯彻国家权力，还是形成社会整合向上传递社会需要，社区作为社会与国家联结点的作用毋庸置疑。而实现社区这种连接和传递作用的最有效且具有影响力的，只能是直接生活在社会之中、对居民的需要有实际了解、对满足居民需要负起责任且受居民支持和信任的社区居民自治组织。从我国城市社区建设的现状来看，社区自治组织虽然取得较大的发展，但受旧体制和观念的束缚，社区自组织数量还较少，其作用也还没有充分地发挥出来。[1]

一、一个简要调查研究

我们曾经对 J 市若干社区进行调研。其中位于城市中心地带的某传统社区，居住人口 7 000 余人，原属单位宿舍大院，在单位制向社区制转型的过程中，逐步成为混居社区。我们在上述社区发放 200 余份问卷，调查概况如表 7–1 所示。

表 7–1 调查对象基本情况

文化程度	性别				年龄					
	未知/人	男/人	女/人	总计/人	20 周岁及以上/人	21~35 周岁/人	36~45 周岁/人	46~55 周岁/人	55 周岁以上/人	总计
小学	0	8	16	24	1	1	0	2	20	24
初中	1	22	21	44	0	0	4	4	36	44
高中	0	28	33	61	4	2	4	3	48	61
专科	1	14	21	36	3	6	5	1	21	36
本科	0	17	24	41	4	17	12	2	6	41
研究生	0	1	3	4	0	2	1	0	1	4
其他	0	1	2	3	0	0	0	0	3	3
总计	2	91	120	213	12	28	26	12	135	213

---

[1] 徐勇："论城市社区建设中社区居民自治"，载《华中师范大学学报》（人文社会科学版）2001 年第 3 期，第 7 页。庞小宁："城市社区治理——从政府主导走向协同自治"，载《未来与发展》2013 年第 12 期，第 18 页。

社区居民对社区的参与,如表7-2所示。按照调查统计,高参与程度占比16.4%;较高程度的参与占比33.3%;二者合计占比为49.7%。不知晓、一般情况、完全不参与的占比达到50.2%,持有观望和疏离的态度。在访问居民时了解到,在社区活动和社区事务中,一般来说社区志愿者参与者程度高。一般居民要么不知道,要么知道了但不晓得怎样参与,要么即使知道了也没有参与的积极性。调查数据显示,社区居民对社区参与的热情和积极性还存在不足。

表7-2 社区居民参与程度

		频率	百分比/%	有效百分比/%	累计百分比/%
有效	不知晓	3	1.4	1.4	1.4
	高参与	35	16.4	16.4	17.8
	较高参与	71	33.3	33.3	51.2
	一般情况	72	33.8	33.8	85.0
	完全不参与	32	15.0	15.0	100.0
	总计	213	100.0	100.0	—

社区居民对社区工作的满意状况,如表7-3所示。满意占比25.4%,基本满意占比44.1%;二者合计占比为69.5%。未表态占比5%,一般占比22.5%,不满意和很不满意分别占比6.6%和9‰。调查数据显示,社区居民对社区工作状况的满意度还有待提高。

表7-3 居民对社区工作状况的满意程度

		频率	百分比/%	有效百分比/%	累计百分比/%
有效	未表态	1	0.5	0.5	0.5
	满意	54	25.4	25.4	25.8
	基本满意	94	44.1	44.1	70.0
	一般	48	22.5	22.5	92.5
	不满意	14	6.6	6.6	99.1
	很不满意	2	0.9	0.9	100.0
	总计	213	100.0	100.0	—

如表7-4所示,居民主动反映问题的占比为68.5%,不主动、不反映等等占比共计为31.5%。调查数据显示,居民的社区参与是有主动性的,但还有比较大的改进和提升空间。

表 7-4 居民能否主动反映问题

		频率	百分比/%	有效百分比/%	累计百分比/%
有效	不清楚	4	1.9	1.9	1.9
	会	146	68.5	68.5	70.4
	不会	27	12.7	12.7	83.1
	没想过	20	9.4	9.4	92.5
	没什么用	16	7.5	7.5	100.0
	总计	213	100.0	100.0	—

这个简要调查提示我们，居民的社区参与受制于多种因素，需要进一步完善研究。

为此，课题组在其他时段进入 J 市某社区，通过实地观察和随机走访，发现该社区位于城市开发区或城市新辟地段，具有规划先进、设施齐全、市政基础建设完善等特点；居民来自四面八方，异质性强，共同感缺乏。居民对物质层面的基础设施建设没有太大异议，但对于社区居民利益诉讼的渠道，社区居民纠纷化解的机制等，还有很大的期待。由于居民间的生活方式差异较大，其共同体意识和文化认同感不足，给社区治理带来很大的难度。社会工作服务机构在该类社区开展项目化运作，遇到的最大问题就是如何进行有效的社区动员？如何发掘社区领袖、发展志愿者队伍？如何发动社区职业人群参与社区志愿行动？这些问题，反映出社区居民参与社区事务时存在多样化的参与心态。

课题组继续走访了 J 市若干社区，在调研中发现，不少社区的居民具有以下几个特点：(1) 城乡接合部社区、新建居民小区解决生活问题更多地依靠物业公司，居民对社区居委会和社区组织所知甚少。笔者询问 Z 社区居民和社区人员，他们清楚物业公司，但对社区居委会不甚清楚。(2) 老城社区、转型社区由于政府和社区居委会的推动，以及社会工作机构的积极实施，社区居民不同程度地参与社区公共性事务和活动，比如爱心互助、志愿服务、文娱健身、选举、治安、巡逻等，但参与状态不均衡。F 社区中参与者老年人居多，青壮年甚少。(3) 无论哪一种社区，大多数居民工作在单位、生活在社区，使得居民之间仍然存在关联不紧密、邻里有陌生感，彼此有认知差异和认同差异的状态。(4) 新建小区周边基础设施尚不够完善，老城社区基础设施改造问题重重，使得居民对社区管理现状和社区管理者不理解、不满意。上述种种特点导致其社区参与积极性不高。

二、调查研究中相关问题的分析

中国社区的形成和演进与中国的城市化进程高度相关。随着城市改造和扩张的加快,大片居民小区、新建小区、城乡接合部社区拔地而起。来自四面八方的居民组成了一个又一个居住社区。居住社区逐渐成为居住共同体,但还缺乏成为生活共同体所需要的紧密的互动关系和守望相助的社区意识,更缺乏成为治理共同体应当具有的共建共享共治的协商合作多元共治机制。而现代社区作为国家与社会的连接点,既是国家行政管理体系的一个层级,又是居民的生活聚居地,是微型的社会共同体。社区承担着国家赋予的基层政权建设和公共服务供给的职能,还是社会自我调节的重要场域。城市社区的复合性职能,使得城市社区既是自上而下的社会管理体系的一个层级,又是自下而上的自治性公民社会生活共同体,处在自上而下的行政管理和自下而上的社区自治的对接点上。社区参与不足主要是社区行政职能过强而自治职能不足所导致的。前者是后者的表现,后者是前者的深层根源。

社区工作有两个层面的目标:任务目标着眼于解决诸如社区治安、卫生、出行、环境等具体问题;过程目标着眼于社区长远发展和居民培育目标的实现。社区治理的根本目的是社区过程目标的实现,任务目标常常是实现过程目标的抓手。为此,开展社区公共活动、发动居民参与社区公共事务是社区建设不可缺少的环节。但是,实际开展社区活动时发现,居民对与自己相关的事务可以考虑参加,对与自己无关的事务常常不考虑参加。原因在于,居民对社区的第一位需要是居住安全、生活便捷。对参加社区活动和参与社区公共事务,并没有看作是自身必须履行的权利和义务。社区居民的社区期待与政府的社区期待常常不一致、不契合,导致居民社区参与不足。此外,社区居民自身的特质也需要关注:其一,社区居民异质性高、差异化状态明显。他们聚居在社区,彼此陌生感强,社区公共意识不足。这一点在新建小区和城乡接合部社区尤为明显。其二,社区居民大多工作在单位、生活在社区,这一状态决定了他们的主要社会关系和主要社会资源在社区之外,他们与社区的关联度并不紧密,容易游离在社区活动之外。其三,社区居民在参与过程中呈现弱势状态。社区居民首先作为个体,如果没有社区的组织化安排,容易处在社会联结松散状态,对社区信息和社会信息了解不足,把握不了参与机会,也缺少有序参与社区事务的能力。往往处于社区公共参与的被动状态中,出现参与的无助感和无能感。能力不足是长期缺乏积极参与的后果,也是居民主体性不足的表现。上述社区居民的自身特质也会导致参与不足。

自我国社区建设开启以来,社会工作作为专业力量和社会力量,在推动社区发展和社区发展，促进社区治理创新方面取得了很大成效。社会工作在为民服务、促进居民参与方面，不但有创新之举，而且工作有效。社会工作强调专业方法，重视激发服务对象的内在动力、增强困弱者的能力[①]。社会组织和社会工作者开展了一系列社区领袖培育、社区志愿者队伍建设的工作，已经提升了居民和公众参与社区治理的积极性。社会工作"服务型治理"，从社会工作角度为居民的社区参与提供了理论支持。社区赋权增能旨在通过赋予社区资源与权力，增强居民的社区参与意识和能力，形成居民"自下而上"参与社区合作治理的格局，促进社区能力提升和可持续发展。

三、社区居民主体性培育机制

社区治理是居民主体性培育的过程。在当今共建共治共享的社会治理格局中，社区居民参与社区治理具有增强居民参与主体性的独特优势。运用社会工作服务和社会工作行动开展居民主体性培育机制构建，已经具有可观的成效。当前，需要从以下几个方面予以完善。

（1）坚持党建引领，完善基层党组织带领机制。在党组织的带领下，汇聚民情民意，整合社区资源，统筹规划社区资源布局，把握社区居民差异化和个性化需要，把社区公共事务与居民切身利益和核心关切结合起来，发展出符合社情、民情的社区活动方案和社区参与路径。

（2）发挥社会工作人才优势，借助社会工作专家库和专业人才队伍的智力支持，构建政社校企多元合作机制。通过合作机制的运行，为社区输送信息资源、智力资源、人力资源、教育资源和社会支持，促进社区资源合理布局，促进社区建设和社区营造的实践，发挥培育社区居民的作用。

（3）发挥社会工作专业优势，构建特色高效的社区服务机制。运用社会工作专业技术和方法，开展需求评估，整合社区资源，把握社区传统优势和特色，开展符合社情民意的社区服务，构建特色高效的社区服务机制：用服务回应居民诉求，用服务应对社区多元化需要；用服务提升居民社区意识，用服务凝聚居民公共精神，服务涵养社区居民情感。最终用服务为社区居民赋能，通过居民的获得感、满意感、幸福感实现居民培育的效能。

（4）倡导社区志愿服务，创造志愿服务氛围，培育社区志愿者队伍，形成志愿服务激励机制。以社区骨干居民培育为切入点，形成骨干带动效应，逐步扩大居民培训范围，开展居民自组织赋能培训，为社区志愿服务打好基础。以

---

① 王思斌："切实畅通社会工作参与社会治理的途径"，载《中国社会工作》2021年第4期，第7页。

提高居民自主开展活动的能力为依托，打造社区志愿服务的激励机制，为社区志愿服务打好基础。

（5）开拓社会工作促进居民参与的"互联网+"途径，依托智慧社区建设，吸纳社区居民参与社区管理，共享社区信息资源，共享社区发展成果。借助大数据和信息技术整合居民诉求信息，向社区信息共享平台发送，让居民感受到自己的诉求被看到、自己的意见被重视，社区治理和社区服务的重心就在自己身边。

（6）促进居民的社会联结和社会团结。以项目为依托，形成居民自主组织、自主参与的社区项目体系。培育社区社会资本，增强社区互动，增加社区信任，形成居民的社会联结网络，达到居民的社会团结。从社区互信与社区互动的视角出发，建构社区居民的互信与互动，促进社区信任，培育社区自治组织，提升多元化社区服务。

结语　社区参与的新形式、新变化、新发展

基层社区治理是国家治理体系和治理能力现代化建设的重要基础。打造共建共治共享的社会治理共同体，需要发挥人民群众的创造精神，调动基层民众的参与热情和参与意识。社区参与作为基层社区治理的重要议题，对于社区培力、居民培育提出了新的课题。无论从国家与社会关系的角度，还是社会资本、社区关系的角度，抑或是从社区深层属性和结构变动的角度，都能够说明社区参与主体是社区的基础力量。社区建设和社区治理的重点在人（居民）的建设。人（居民）的建设只有放置到社会参与的实践场域中，才能生长出推动社区治理的力量。2017年，中共中央、国务院颁布的《关于加强和完善城乡社区治理的意见》将"增强社区居民参与能力"列于提升社区治理水平六大能力中的首位，对参与的内容、形式和意义都予以了更全面、更高层次与更深刻的阐释。同时也将"坚持依靠居民、依法有序组织居民参与社区治理，实现人人参与、人人尽力、人人共享"作为社区治理的基本原则之一。居民既是社区治理的直接服务对象，也是社区治理模式创新的主体。居民参与社区治理，成为社区治理创新的基础条件；社区治理的创新性实践，也带动社区参与不断出现新形式、新变化和新发展。目前，城市参与的范围、形式和内容不断变化，范围从社区到社会、从社区常住居民到社区流动人口，从单一群体到多元群体；形式则从线上到线下、网络App到社区组织和社工站；内容从日常生活到政治议题，涉及社区治理、生态环境、网络舆论、青少年教育各方面，对促进社区自治和民主氛围起到巨大作用。

一、社区参与的新进展

（一）城市更新[①]

城市更新是对城市中不符合当下发展需求的建成环境进行有计划改造的过

[①] 钟晓华："城市更新中的新型伙伴关系：纽约实践及其对中国的启示"，载《城市发展研究》2020年第27卷第3期，第1页。

程，是城市发展必然的再开发过程①。城市更新在很大程度上是城市治理过程，是与社区居民密切相关的基层社区治理过程。城市更新不仅是城市物质环境和建设景观的更新，更是实现经济社会和精神生活的全面更新与发展，是对"人"的关注和提升。② 城市更新注重以人为本，强调社会赋权和全过程的社会参与。③ 因此，中国各地城市更新的典型案例是社区参与新进展的表现。

城市更新案例④：由内而外的城市社区更新何以可能？——以 X 社区更新治理为例

2020 年 1 月初，重庆市 X 社区全体居民共同举办了一场为庆祝小区改造更新的成功的百家宴，共享老旧小区改造更新带来的福利。看着干净整洁的楼栋、翻修一新的房屋、关系融洽的邻里，完全想象不到在一年前，大家还在为改造更新的问题僵持不下，纠纷四起……X 社区建成于 1993 年，经过二十多年岁月洗礼，因建设早、规划差、标准低等因素，早已成了条件极差的老街。488 套住房中有 465 套房屋有不同程度的漏水，打伞进卫生间成了常态，问题长期得不到解决，居民积怨深，人居环境矛盾突出，累积了大量的治理难题。实质上在 2005 年基层政府及社区就开始谋划社区改造。但由于条件不成熟，直到 2018 年年底，X 社区综合整治工程试点楼幢才开工。"最初仅有 23% 的居民支持综合改造，举步维艰，人喊不拢、会开不起、工开不成"。⑤ 居民普遍不同意整治，猜疑和谩骂成为社区每天都要面对的情况，甚至发生激烈冲突，公共秩序被扰乱，治理难度之大超乎想象，改造更新陷入停滞。2019 年 1 月，社区在上级政府支持下对症下药、精准施策，着力解决最突出的矛盾和问题。到 2019 年 11 月，X 社区已有 487 户居民同意改造并交纳款项，同意率达到 99.8%，积极参与社区改造，房屋改造工程完成 79%。改造后的楼栋、房间焕然一新，彻底解决了墙面霉变、漏水等问题。而且居民参与度、满意度、社区认同度大幅提升，改造更新目标逐步实现。该社区改造更新前后反差极大，从众多老旧小区

---

① 廖开怀、蔡云楠："近十年来国外城市更新研究进展"，载《城市发展研究》2017 年第 24 卷第 10 期，第 27 页。
② 顾大治、蔚丹："城市更新视角下的社区规划建设———国外街区制的实践与启示"，载《现代城市研究》2017 年第 8 期，第 121 - 129 页。
③ 唐斌："新加坡城市更新制度体系的历史变迁（1960—2020 年）"，载《国际城市规划》2021 年 3 月 22 日。
④ 刘炳胜、张发栋、薛斌："由内而外的城市社区更新何以可能？——以 X 社区更新治理为例"，载《公共管理学报》2022 年第 19 卷第 1 期，第 121 页。
⑤ 刘炳胜、张发栋、薛斌："由内而外的城市社区更新何以可能？——以 X 社区更新治理为例"，载《公共管理学报》2022 年第 19 卷第 1 期，第 121 页。

改造案例中脱颖而出,受到了地方政府、国家部委的肯定,是可复制可推广的城市更新和基层治理实践典范。

(二) 城市社区更新①

广州从 2015 年开始启动"老旧小区微改造",投入市财政资金 16.4 亿元,将 779 个老旧居住小区纳入微改造范围并重点推进。截至 2019 年 8 月底,全市共推进老旧小区微改造项目 685 个。与广州以往的城市改造不同,老旧社区微改造的工作,面对的是解决社区存在的诸如出行交通不畅、服务设施缺乏、基础设施陈旧等民生问题,仅依靠传统的政府单方面自上而下开展工作,而不发动居民参与是无法推进此项工作的。建立微改造协同工作平台,将政府相关部门、街道及社区居委会、社区居民、各专业领域组成的社区设计师团队等共同组织起来,依托工作平台,通过规划统筹、协同管理、共同参与,围绕社区的公共需求、文化多样性、环境可持续、社会互动等四个层面,以社区面临的问题为导向,开展多方协同的社区微改造。

1. 公众参与是社区更新的重要保障

与以往全面改造等不同,微改造的推进需要与居民进行沟通,并鼓励居民参与社区各项建设,建立一种新的社区人际关系,培养和促进居民间的互助合作和探索社区治理新的路径。可以说,社区居民主动参与微改造,是社区更新的重要保障。美国社会学者谢莉·安斯汀在 1969 年提出"市民参与的阶梯",分析了 8 种社区参与阶梯②。2018 年,中华人民共和国住房与城乡建设部推出"共同缔造"下的共商共建共治共享的社区治理新理念,提出搭建社区居民沟通平台,通过开展多种形式的基层协商,充分发挥社区居民的主体作用。从"象征性的参与"到"共同缔造",反映出进入存量更新时期,居民的角色已经发生转变,不仅是规划的参与者,还是改造后的使用者和管理者,是社区微改造中最重要的成员。如何激发参与主体社区居民主动参与的意愿,成为多方协同社区微改造首先要解决的问题。

引导公众参与,首先从邀请社区居民参与社区调研、发现社区问题开始。社区设计师团队通过与居民在社区共同行走调研、互动访谈和问卷调查等形式,围绕文化重塑、内部和外部资源利用、适老性设计、邻里关系、新业态发展等多个议题,运用质的研究方法和最大化差异度量等方法,既能获得单组对象的

---

① 谢璇:"促进公众参与社区更新策略研究——以艺术介入广州老旧社区微改造实践为例",载《装饰》2020 年第 1 期,第 138 - 139 页。

② Arnstein, Sherry R. A Ladder of Citizen Participation [J]. Journal of the American Planning Association, 1969, 35 (4): 216 - 224.

比较信息，又通过多组测量，保证比较信息的稳定性。最终获得社区居民共同最关注的社区问题和更新方向，较为精准地发现社区公共空间存在的共识问题以及作为使用者的真实需求。在社区调研发现问题的基础上，艺术介入社区，成为我们提升社区居民公众参与意愿的新尝试。

2. 艺术成为促进社区公众参与的有效媒介

社区公共艺术最早出现在20世纪70年代的美国，是一种以公共议题为导向，以公共利益为出发点，以社群为基础所进行的艺术实践，由美国艺术家苏珊·雷西首创。社区公共艺术具有在地性、公众参与、根植于社区的显著特征。作为一种策划、设计和处理事件的方法，艺术成为促进社区人与人之间、人与空间之间互动，引导提升公众参与意愿的柔性策略。因此，基于社区公共艺术的特征与所起的作用，成为我们推动社区公众参与，培育居民对社区的归属感，增强社区的凝聚力，开展居民参与社区更新的切入点。

实践案例：共同参与式社区公共空间改造

社区公共空间是社区居民日常生活和交往的场地，它建立起人与人交往的场所，是形成社区"熟人社会"的重要空间场所。而居民作为社区公共空间的直接使用者，最清楚自己的需求，能够提出切合实际情况的感受和建议。因此，在共同参与社区公共空间改造中，首先是寻找社区达人等热心街坊共同参与调研，一起去发现社区中一些零碎、闲置和废弃的公共场地。在调研的基础上，设计师团队与街坊共同深入探讨，完成对社区公共空间环境的微小、局部的改造。如在盐运西社区，垃圾回收房与街区环境极不协调，住在旁边的居民经常为了这个垃圾回收房与人发生矛盾。参与微改造的设计团队和社工、街坊们，带领社区里的小朋友们一起集思广益，对这个消极空间进行了景观艺术化改造，通过在垃圾回收房外墙上搭建垂直绿化墙、种植花卉等方式，改变了垃圾回收房以及旁边废弃单车棚的空间环境品质。完成改造后的绿化墙，成为盐运西社区新的景点，吸引了居民和路人的驻足停留。

二、社区参与的新变化

随着社区治理实践的深入，社区参与深入到越来越广阔的领域，深刻地影响了人们的生活方式和行为习惯，在生态环境等诸多方面表现出新变化。

典型案例："云"上公众参与值得创新推广[①]

近日，浙江省嘉兴市生态环境局官微"嘉兴生态环境"连续3天发布了治水"好声音"短视频大赛、"嘉"在绿水青山间征文和生态环保书法比赛等"云"上生态环保公众参与活动，还正在谋划举办"十大绿色系列""百名先进典型"公众评选和宣传活动。此举不仅受到当地主流媒体的关注，也在嘉兴市民的朋友圈里掀起一波绿色浪潮，更助推相关专业爱好者与环保达人"联姻"，纷纷组团、结伴踊跃参赛，共同抒发对嘉兴生态环境质量改善的获得感和幸福感。

自2020年以来，针对新冠肺炎疫情防控特点和要求，嘉兴市生态环境局主动转变思路，积极拓宽新冠肺炎疫情防控下环保公众参与渠道。继开展"云开放""云探访""云宣讲"之后，依托深厚扎实的公众参与基础，2021年又深入挖潜"云参与"模式。笔者认为，这是一种汇民智、聚民心、凝民力的举措。

地方政府的高度重视是坚强后盾。作为生态环保公众参与"嘉兴模式"的重要发源地，自2007年以来，在各级党委、政府的大力支持下，嘉兴先后探索开展了"环保道歉书""环保市民检查团""环保圆桌会""环保矫正学堂""环博会""市民生态探访""民间河长""民间闻臭师"等形式多样的参与活动，不仅调动了嘉兴市民参与生态环保的热情，为新时代环保公众参与开辟了一条可推广可复制的路径，也助推嘉兴的生态环境质量持续改善。这充分印证了地方政府高度重视是推进生态环保公众参与、创新开展"云参与"的坚强后盾。

深厚的群众基础是有力支撑。嘉兴市借助六五环境日、全国低碳日、浙江生态日、生物多样性日等重要节日，开展了形式多样的环境宣传活动，公众生态文明意识不断增强。目前，嘉兴依托"网格连心、组团服务"机制，把全市划分为4 600余个网格和9万余个微网格，成立一支由4 434名生态网格员和2 552名"民间河长""民间闻臭师"组成的队伍。可见，嘉兴多年来积累的深厚群众基础成为疫情时期"云参与"的有力支撑。

配套的制度与科技手段是有效保障。近年来，从国家到地方，出台了较好保障公众参与生态环保的制度措施。嘉兴更是把保障公众参与环保的制度建设放在首位，先后出台了环保志愿者管理办法、环保社会组织管理规定、"民间

[①] 蔡华晨："'云'上公众参与值得创新推广"，www.ce.cn/cysc/stwm/gd/202109/03/t20210903_36879863.shtml，访问日期：2022年2月21日。

河长""民间闻臭师"管理办法等。近期,还即将出台企业失信管理和信用修复管理细则等,把法律规定的公众参与权以规范的制度推动落实,让涉及每个人生存环境和切身利益的生态环保事业,通过全民共同参与和科学民主决策来有力推进,确保公众参与落到实处。同时,嘉兴不断提高公众的监督能力,强化数字赋能,已经在桐乡上线了全省首个排污许可证后执法监管系统,建成污染源自动监控站点和企业产污治污设施工况监控系统,将9 600余家企业纳入一般工业固废信息化监控系统,建设以"一图一码一指数"为核心的"云管嘉"平台。

"云"上生态环保公众参与活动,因新冠肺炎疫情防控需要而产生,但并不会随着疫情好转而淡去。"云开放""云探访""云宣讲""云参与"体现了环保公众参与手段的智慧,值得创新与推广。

三、社区参与的新发展

随着社会治理的深化,青年社区参与的必要性和重要性得到越来越多学者的关注。从青年居民自身看,如何以社区主体身份进行需求的正确表达是需要引导的。在关于青年社区参与的相关实践中,我们发现青年居民不愿意或者不知道如何向社区工作人员表达自身需求,甚至没有意识到自己可以获得社区的资源支持。青年居民的需求表达是社区参与实现可持续发展的重要前提,是青年社区参与的动力源泉,这也使得社区工作能够做到有的放矢。在社区中的观察和实践也让我们看到,青年居民与居委会联系是否紧密决定着社区参与的未来走向。在社区中,大部分青年对居委会并不了解。一方面,为提升青年居民对居委会工作的了解程度,居委会有义务进行工作宣传,增强青年居民对社区参与的认识;另一方面,青年居民也要学会以恰当的方式发声与沟通,而不仅仅是在微信群发牢骚却不愿意直接面对社区工作者。从社区资源角度看,青年居民的持续参与需要社区同时提供硬资源和软资源保障。社区硬资源主要体现在社区公共空间的条件上。固定的社区活动场所能够为青年居民提供稳定的互动场地,开放式的社区公共空间能够为青年居民提供社区参与的环境条件,活动场地的便利性与可得性则能够提升青年的社区参与率。社区软资源与社区文化及居委会人员的工作风格有关,开放共享的社区文化、积极配合的居委会工作人员,是促成青年居民社区参与的有利条件。居委会工作者对青年社区参与的重视、对青年参与社区活动的倡议,能帮助进入社区的专业社会工作者与青年居民之间建立信任关系。在形成良好合作关系的前提下,居委会工作者与专业社会工作者能够成为有效推动青年社区参与的力量。最后,从社会组织角度看,要实现持续性的青年社区参与,关键在于建立社区中的青年互动平台与组织机制。社会组织搭建社区平台，根据青年的特点设计行动策略，进而在社区中建立青年的互动平台。平台的顺利搭建为青年居民的社区参与提供了丰富的可能性，思维的火花一经碰撞，在群体力量的感染之下，社区参与行动就会源源不断地发生①。

案例：社区青春行动：为青年参与社区治理赋能②

沈阳市共青团苏家屯区委深入学习贯彻党的十九届四中、五中全会精神，始终坚持党对群团工作的领导，坚持聚焦主责主业，切实履行为党做好青年工作的职责使命，发挥资源优势、围绕服务大局、突出工作重点，精心组织、广泛发动全区优秀青年同志，扎实开展社区青春行动，引导、助力当代青年成长、成才，助推辽宁新时代全面振兴、全方位振兴。

1. 发挥资源优势，继续完善社会化运作机制

（1）发挥人才优势，不断拓宽青年参与渠道。注册成立了苏家屯区青年志愿者协会，通过整合青年志愿者、青年社会组织、驻区高校优秀青年、青少年事务社工等优势资源，吸纳4 000余名会员；同时，聚焦"盛京文明风 青年当先锋"，精心组织广大青年志愿者积极投身到疫情群防群控、社会精细化治理和优化营商环境建设等中心工作，成功构建起了社会组织与共青团的基层组织有效互动的格局，青年志愿服务体系不断健全壮大，共青团的专业化素质和服务水平不断提高和完善。

（2）发挥环境优势，不断完善青年参与平台。在突出基层团组织志愿服务职能的基础上，以"团建引领、服务基层、志愿自治、多元共治"为目标，成功组建全市第一家社企联建的青少年综合服务平台——苏家屯区孔雀城社区青年之家，在促进共青团聚焦主责主业、服务中心大局方面发挥了有效带动作用，为全市共青团基层组织建设提供了优秀的经验借鉴。

（3）发挥资源优势，不断激发青年参与热情。与团辽宁省委、团沈阳市委和苏家屯区委联合组织"共青团与人大代表、政协委员面对面"活动，围绕实施社区青春行动，促进青年发展，引领青年服务等开展面对面座谈交流，一方面，让人大代表、政协委员更好地了解青少年诉求，通过省市"两会"说出青少年的心声，另一方面，发挥共青团桥梁纽带作用，引导青少年积极参与社会

---

① 吴同、邓洋洋："从个体到主体：青年社区参与的可能与实现路径——以上海B区青年社区参与行动干预为例"，载《青年学报》2020年第1期，第73页。

② 共青团沈阳市苏家屯区委："社区青春行动：为青年参与社区治理赋能"，载《中国共青团》，2021年第14期，第54-55页。

主义民主协商，不断提升青年意见收集、建议提案提交、界别议政协商的质量。

2. 围绕服务大局，初步形成项目化管理机制

（1）全力投身疫情群防群控。新冠肺炎疫情发生以来，全区广大团员青年积极投身疫情防控主战场，让团旗在疫情防控一线高高飘扬。迅速组建200余人的疫情防控青年突击队到社区、村屯防疫一线开展群防群控工作。苏家屯区"00后"志愿者风雪中帮助老人的感人事迹，被新华社、《人民日报》等中央媒体报道，引起广泛赞誉。多方筹措抗疫物资，配套团沈阳市委下拨防疫防控专项团费，下发给各基层团组织防疫物资700余件。苏家屯区青年志愿者协会为全区400余名全民核酸检测志愿者协调购买6 800万元保额保险。

（2）积极参与社会精细化治理。充分动员青年志愿力量，围绕全区重点领域，在环境治理、公共服务等方面，引领广大青年投身交通有序出行、清洁美化绿化、减霾减塑和资源节约、垃圾分类等生态文明实践。组织志愿者绘制农村文化广场文化墙1 200平方米，开展病毒消杀、秸秆禁烧、农村改厕等多项政策宣传活动数百场次。在"三城联创"、文明城市创建期间，充分发挥群团组织作用，开展主题快闪、"我想和你创"等丰富多样的创城宣传活动，营造浓厚的社会氛围。

（3）助力优化营商环境建设。持续开展"我是青年文明号，营商环境从我做起"系列助力优化营商环境活动，引导窗口行业和服务单位的青年人争当"营商环境最美践行者"。为全区省、市级"青年文明号"拍摄"营商环境从我做起"宣传视频，营造良好的社会氛围。同时，深化"万人进万企"活动，广泛开展"营商下午茶"活动，拓展与政府职能部门的联系机制，帮助企业解决实际困难。

（4）突出工作重点，积极探索信息共享机制。突出提升信息化水平，共享网络资源。积极发挥团属新媒体优势，加大对人才引进、创业就业、科技创新等各方面政策及案例的宣传，吸引越来越多的青年人喜欢、向往、扎根苏家屯。疫情期间，组织线上专题团课、队课10余次，累计参与约3万人次。推进"志愿汇"App实践应用，信息发布、计时管理等功能"一键式"操作，志愿服务工作实现智能化、闭环化。通过团中央"创青春"平台，组织开展高校学生假期返乡学习，参与社会实践活动，帮助大学生提升社会化技能，建立在外高校学子与家乡联系的制度化渠道。截至目前，返家乡社会实践已发布岗位25个，共计174人报名。

（5）突出保障青少年权益，共享法律资源。联合公检法司推进未成年人司法保护工作，以法院少年庭、检察院未成年人办案组、司法局未成年人司法社工等青少年工作法制范畴为重点，构建未成年人社会支撑体系。开展"双零"

社区创建试点工作，为青少年健康成长营造良好的社会环境。积极推广12355青少年服务台，继续开展"中高考心理减压""青春自护"等品牌工作，积极维护青少年正当权益。

（6）突出开展常态化服务，共享社会资源。聚焦党史学习教育，发挥沈阳城市学院播音主持专业优势，与地方党支部合作开展常态化党史宣讲，累计接待了省市直机关企事业单位2 000余人次。聚焦北沙河综合整治，组织广大青年利用节假日等休息时间，开展"守望北沙河"环保志愿常态化服务活动，开展清除白色垃圾、栽植花草树木等主题志愿活动16次。聚焦困难学生群体，联合市慈善总会、达沃斯论坛、市青联等社会力量，常态化打造惠民爱心工程，开展"正仪正行公益"活动、"点亮行动"、"希望小屋"等爱心慈善帮扶行动，为全区经济社会发展贡献青春。

社区治理实践越深入，伴随而来的待解问题就越繁多。社区治理的关键问题之一是社区参与。在新时代中国特色社会主义理论的指导下，在党中央的英明领导下，基层治理实践不断取得创新性的发展，将会给社区参与难题的破解提供多种可能性。

参考文献

[1] 马克思. 1844年经济学哲学手稿[M]. 中央编译局, 译. 北京：人民出版社, 2000.

[2] 马克思恩格斯. 马克思恩格斯全集[M]. 中央编译局, 译. 北京：人民出版社, 1979.

[3] 习近平. 决胜全面建成小康社会 夺取新时代中国特色社会主义伟大胜利：在中国共产党第十九次全国代表大会上的报告[M]. 北京：人民出版社, 2017.

[4] 十九大以来重要文献选编（上）（中）[M]. 北京：中央文献出版社, 2019.

[5] 中共中央关于全面深化改革若干重大问题的决定[M]. 北京：人民出版社, 2013.

[6] 中共中央关于制定国民经济和社会发展第十三个五年规划的建议[N]. 人民日报, 2015-11-4.

[7] 习近平. 在庆祝"五一"国际劳动节暨表彰全国劳动模范和先进工作者大会上的讲话[N]. 人民日报, 2015-4-29.

[8] 中共中央宣传部. 习近平新时代中国特色社会主义思想三十讲[M]. 北京：学习出版社, 2018.

[9] 中共中央、国务院关于加强和完善城乡社区治理的意见[N]. 人民日报, 2017-6-13（1）.

[10] 中共中央关于全面深化改革若干重大问题的决定辅导读本[M]. 北京：人民出版社, 2013.

[11] 中共中央、国务院关于加强和完善城乡社区治理的意见[N]. 人民日报, 2017-06-13（1）.

[12] 亚里士多德. 政治学[M]. 吴寿彭, 译. 北京：商务印书馆, 1983.

[13] 斐迪南·滕尼斯. 共同体与社会：纯粹社会学的基本概念[M]. 林荣远, 译. 北京：北京大学出版社, 2010.

[14] 罗伯特·E. 帕克, 等. 城市[M]. 杭苏红, 译. 北京：商务印书

馆，2020.

[15] 罗伯特·D. 帕特南. 使民主运转起来：现代意大利的公民传统 [M]. 王列、赖海榕，译. 北京：中国人民大学出版社，2015.

[16] 卡罗尔·佩特曼. 参与和民主理论 [M]. 陈尧，译. 上海：上海人民出版社，2006.

[17] 托克维尔. 论美国的民主 [M]. 吉家乐，编译. 北京：中国华侨出版社，2014.

[18] 罗伯特·帕特南. 使民主运转起来 [M]. 王列，赖海榕，译，南昌：江西人民出版社，2001.

[19] 埃莉诺·奥斯特罗姆. 公共事务的治理之道：集体行动制度的演进 [M]. 余逊达，陈旭东，译. 上海：生活·读书·新知三联书店，2000.

[20] 皮埃尔·布迪厄，华康德. 实践与反思：反思社会学导引 [M]. 李猛，李康，译. 邓正来，校. 北京：中央编译出版社，1998.

[21] 戴维·斯沃茨. 文化与权力：布尔迪厄的社会学 [M]. 陶东风，译. 上海：上海译文出版社，2006.

[22] 艾伦·哈丁，泰尔加·布劳克兰德. 城市理论 [M]. 王岩，译. 北京：社会科学文献出版社，2016.

[23] 科恩. 论民主 [M]. 聂崇信，朱秀贤，译. 商务印书馆，2005.

[24] 珍妮特·V. 登哈特，等. 新公共服务：服务而不是掌舵 [M]. 丁煌译. 北京：中国人民大学出版社，2004.

[25] 梁漱溟. 乡村建设理论 [M]. 上海：上海世纪出版集团，2006.

[26] 费孝通. 乡土中国：生育制度 [M]. 北京：北京大学出版社，1998.

[27] 费孝通. 费孝通全集（第六卷）[M]. 呼和浩特：内蒙古人民出版社，2009.

[28] 吴文藻. 论社会学中国化 [M]. 北京：商务印书馆，2017.

[29] 俞可平. 治理与善治 [M]. 北京：社会科学文献出版社，2000.

[30] 俞可平. 论国家治理现代化 [M]. 北京：社会科学文献出版社，2014.

[31] 蔡定剑. 公众参与：欧洲的制度和经验 [M]. 北京：法律出版社，2009.

[32] 陈家刚. 协商民主 [M]. 上海：生活·读书·新知三联书店，2004.

[33] 陈尧. 民主的要义：当代西方参与式民主理论研究 [M]. 上海：上海人民出版社，2016.

［34］李晓云，等．谁是农村发展的主体［M］．北京：中国农业出版社，1999．

［35］姜振华．社区参与与城市社区社会资本的培育［M］．北京：中国社会出版社，2008．

［36］陈芳．公共服务中的公民参与：基于多层次制度分析框架的检视［M］．北京：中国社会科学出版社，2011．

［37］孙小逸．城市社区治理：上海的经验［M］．上海：上海人民出版社，2017．

［38］王颖，杨贵庆．社会转型期的城市社区建设［M］．北京：中国建筑工业出版社，2009．

［39］刘军宁．民主20讲［M］．北京：中国青年出版社，2008．

［40］原宗丽．参与式民主理论研究［M］．北京：中国社会科学出版社，2011．

［41］燕继荣，等．中国现代国家治理体系的构建［M］．北京：社会科学文献出版社，2018．

［42］董小燕．公共领域与城市社区自治［M］．北京：社会科学文献出版社，2010．

［43］李雪萍．社区参与在路上［M］．北京：中国社会科学出版社，2015．

［44］郭湛．主体性哲学：人的存在及其意义［M］．昆明：云南人民出版社，2002．

［45］王义．九水模式：李沧社区治理创新报告［M］．青岛：中国海洋大学出版社，2019．

［46］中央编译局比较政治与经济研究中心，北京大学中国政府创新研究中心．公共参与手册：参与改变命运［M］．北京：社会科学文献出版社，2009．

［47］袁方成．国家治理与社会成长：中国城市社区治理40年［M］．上海：上海交通大学出版社，2018．

［48］毛寿龙．公共事物的治理之道［J］．江苏行政学院学报，2010，(1)．

［49］方亚琴，夏建中．社区治理中的社会资本培育［J］．中国社会科学，2019，(7)．

［50］冯猛．特大城市社区分类治理：理论框架与实践应用［J］．福建论坛：人文社会科学版，2020，(11)．

[51] 肖林. "'社区'研究"与"社区研究": 近年来我国城市社区研究述评 [J]. 社会学研究, 2011, (4).

[52] 曹海军, 鲍操. 社区治理共同体建设: 新时代社区治理制度化的理论逻辑与实现路径 [J]. 理论探讨, 2020, (1).

[53] 于显洋, 任丹怡. 社区研究方法: 反思、实践与讨论 [J]. 学习与探索, 2019, (9).

[54] 李怀. 社区社会需求治理: 社区治理能力现代化的重要议题 [J]. 中国社会科学报, 2017-1-6 (3).

[55] 叶南客. 中国城市居民社区参与的历程与体制创新 [J]. 江海学刊, 2001, (5).

[56] 姚进忠. 社区治理专业化何以可能 [J]. 中国社会工作, 2021, (10).

[57] 杨荣. 论我国城市社区参与 [J]. 探索, 2003, (1).

[58] 杨敏. 公民参与、群众参与与社区参与 [J]. 社会, 2005, (5).

[59] 杨敏. 作为国家治理单元的社区: 对城市社区建设运动过程中居民社区参与和社区认知的个案研究 [J]. 社会学研究, 2007, (4).

[60] 付诚. 公民参与社区治理的经验与民主实现形式 [J]. 社会科学战线, 2015, (12).

[61] 刘岩, 刘威. 从"公民参与"到"群众参与": 转型期城市社区参与的范式转换与实践逻辑 [J]. 浙江社会科学, 2008, (1).

[62] 王刚, 罗峰. 社区参与: 社会进步和政治发展的新驱动力和生长点: 以五里桥街道为案例的研究报告 [J]. 浙江学刊, 1999, (2).

[63] 唐有财, 胡兵. 社区治理中的公众参与: 国家认同与社区认同的双重驱动 [J]. 云南师范大学学报: 哲学社会科学版, 2016, 48 (2).

[64] 王刚, 汪丽萍. 社区参与简论 [J]. 城市研究, 1998, (5).

[65] 姚进忠. 邻里本质: 社区治理自治性的主体回归 [J]. 中国社会工作, 2021, (1).

[66] 涂晓芳, 汪双凤. 社会资本视域下的社区居民参与研究 [J]. 政治学研究, 2008, (3).

[67] 何雪松, 侯秋宇. 城市社区的居民参与: 一个本土的阶梯模型 [J]. 华东师范大学学报: 哲学社会科学版, 2019, 51 (5).

[68] 何艳玲, 蔡禾. 中国城市基层自治组织的"内卷化"及其成因 [J]. 中山大学学报: 社会科学版, 2005, (5).

[69] 向德平, 高飞. 社区参与的困境与出路: 以社区参理事会的制度化

尝试为例［J］．北京社会科学，2013，（6）．

［70］向德平，华汛子．中国社区建设的历程、演进与展望．中共中央党校学报，2019，23，（3）．

［71］刘少杰，聂石重．社区参与不足的结构分析与空间考察［J］．河北学刊，2020，40（4）．

［72］王德福．创新社区参与形式［J］．中国社会科学报，2019-6-5．

［73］袁方成．增能居民：社区参与的主体性逻辑与行动路径［J］．行政论坛，2019，26（1）．

［74］蔡禾，黄晓星．城市社区二重性及其治理［J］．山东社会科学，2020（4）．

［75］冯钢．现代社区何以可能［J］．浙江学刊，2002，（2）．

［76］张雪霖，王德福．社区居委会去行政化改革的悖论及其原因探析［J］．北京行政学院学报．2016，（1）．

［77］田毅鹏，王丽丽．单位的"隐形在场"与基层社会治理：以"后单位社会"为背景［J］．中国特色社会主义研究，2017，（2）．

［78］宋道雷．国家治理的基层逻辑：社区治理的理论、阶段与模式［J］．行政论坛，2017，24（5）．

［79］周庆智．论中国社区治理：从威权式治理到参与式治理的转型［J］．学习与探索，2016，（6）．

［80］王锡锌．公众参与：参与式民主的理论想象及制度实践［J］．政治与法律，2008，（6）．

［81］冯山．一花四叶：社区发展理论及其实践流派初探［J］．社会福利：理论版，2020，（5）．

［82］姜芃．社区在西方：历史、理论与现状［J］．史学理论研究，2000，（1）．

［83］陈伟东，陈艾．居民主体性的培育：社区治理的方向与路径［J］．社会主义研究，2017，（4）．

［84］任克强．社会治理视域下城市社区居民的形式参与：逻辑、困境及其出路［J］．南京政治学院学报，2018，34（5）．

［85］李友梅．基层社区组织的实际生活方式：对上海康健社区实地调查的初步认识［J］．社会学研究，2002，（4）．

［86］王小章，冯婷．城市居民的社区参与意愿：对H市的一项问卷调查分析［J］．浙江社会科学，2004，（4）．

［87］张亮．上海社区建设面临困境：居民参与不足［J］．社会，2001，

(1).

[88] 桂勇. 邻里政治：城市基层的权力操作策略与国家—社会的粘连模式 [J]. 社会, 2007, 27 (6).

[89] 杨秀勇, 高红. 社区类型、社会资本与社区治理绩效研究 [J]. 北京社会科学, 2020, (3).

[90] 应优优. 公众参与行为的影响因素及城乡差异：基于社会资本的视角 [J]. 甘肃行政学院学报, 2018, (4).

[91] 樊佩佩. "解码"基层群众自治困境：城市社区公共参与的内外分隔逻辑研究 [J]. 江苏社会科学, 2021, (6).

[92] 高红, 王佃利. 人力资本、社会资本与居民公共参与行为 [J]. 山东大学学报：哲学社会科学版, 2021, (6).

[93] 李黎明, 王惠. 社会资本、制度供给与居民社区参与 [J]. 西安交通大学学报：社会科学版. 2016, 36 (6).

[94] 熊易寒. 国家助推与社会成长：现代熟人社区建构的案例研究 [J]. 中国行政管理, 2020, (5).

[95] 王思斌. 改革开放以来我国社会政策的发展及其社会建设意涵 [J]. 社会, 2018, (6).

[96] 保继刚, 孙九霞. 社区参与旅游发展的中西差异 [J]. 地理学报, 2006, 61 (4).

[97] 朱明若. 健康促进与社区参与（上）[J]. 健康教育与健康促进, 2006, (2).

[98] 崔思凝. 惯习、资本与场域：布迪厄实践理论及其对中国公共政策过程研究的启示 [J]. 湖北社会科学, 2017, (9)

[99] 刘江. 重识社区：从"共同体"到"场域"的转向 [J]. 社会工作, 2016, (2).

[100] 杨君, 纪晓岚. 当代中国基层治理的变迁历史与理论建构：基于城市基层治理的实践与反思 [J]. 毛泽东邓小平理论研究, 2017, (2).

[101] 郎晓波. 城市社区公共事务分类治理模式的实践与创新：以杭州为例 [J]. 甘肃行政学院学报, 2010, (6).

[102] 高健, 秦龙, 杨乃坤. 论习近平中国特色社会治理思想的核心内容 [J]. 学术探索, 2017, (8).

[103] 贾西津. 社区参与式治理的理念和原则 [J]. 中国民政, 2015, (3).

[104] 臧雷振. 社区参与实践：比较的视角 [J]. 2011 城市国际化论坛：

全球化进展中的大都市治理论文集, 2011.

[105] 张玉佩. 社区公共事务自主治理：背景、机制和模式 [J]. 陕西行政学院学报, 2018, 32 (1).

[106] 冯敏良. "社区参与"的内生逻辑与现实路径：基于参与—回报理论的分析 [J]. 社会科学辑刊, 2014, (1).

[107] 孔娜娜, 祝捷. 互联网时代居民参与社区治理的功能价值、现实问题与路径选择 [J]. 行政科学论坛, 2021, 8 (6).

[108] 田志梅. "四社联动"：强化功能 保障发展 [J]. 中国民政, 2017, (9) 11.

[109] 湖北省民政厅课题组孟志强. "五社联动"助推基层治理体系和治理能力现代化 [J]. 中国民政, 2021, 17 (37).

[110] 葛天任. 建国以来社区治理的三种逻辑及理论综合. 社会政策研究, 2019, (1).

[111] 赵娜. 创新社会治理与社区文化建设：基于清河实验的一些思考 [J]. 民俗研究, 2017, (1).

[112] 李强, 王拓涵. 新清河实验：基层社会治理创新探索 [J]. 社会治理, 2017, (7).

[113] 陈伟东, 李雪萍. "社区自治"概念的缺陷与修正 [J]. 广东社会科学, 2004, (2).

[114] 姚进忠. 邻里本质：社区治理自治性的主体回归. 中国社会工作, 2021, (1).

[115] 任文启. 基层与动员：社会工作参与社区治理的基础与关隘. 中国社会工作, 2021, (7).